中南民族大学法学文库

法治的法哲学思省

聂长建 ◎ 著

中国社会科学出版社

图书在版编目(CIP)数据

法治的法哲学思省 / 聂长建著 . —北京：中国社会科学出版社，2017.11（2019.6 重印）

（中南民族大学法学文库）

ISBN 978-7-5203-1704-7

Ⅰ.①法… Ⅱ.①聂… Ⅲ.①法治-法哲学-研究 Ⅳ.①D902

中国版本图书馆 CIP 数据核字（2017）第 312728 号

出 版 人	赵剑英	
责任编辑	任　明	
责任校对	李佳玉	
责任印制	李寡寡	

出　　版	中国社会科学出版社	
社　　址	北京鼓楼西大街甲 158 号	
邮　　编	100720	
网　　址	http://www.csspw.cn	
发 行 部	010-84083685	
门 市 部	010-84029450	
经　　销	新华书店及其他书店	

印刷装订	北京君升印刷有限公司	
版　　次	2017 年 11 月第 1 版	
印　　次	2019 年 6 月第 2 次印刷	

开　　本	710×1000　1/16	
印　　张	16.75	
插　　页	2	
字　　数	249 千字	
定　　价	75.00 元	

凡购买中国社会科学出版社图书，如有质量问题请与本社营销中心联系调换
电话：010-84083683
版权所有　侵权必究

目　录

第一章　法治的哲学论域 …………………………………… (1)
　第一节　法治的过程论——法治发展的时间轨迹 ………… (1)
　第二节　法治的品格论——法的否定性 …………………… (18)
　第三节　法治的价值论——墨子"杀盗非杀人"的法律价值
　　　　　分析 ………………………………………………… (39)
　第四节　法治的人性论——法政制度的人性预设 ………… (49)
　第五节　法治的关系论——"见死不救"入法的道德困境 … (62)
　第六节　法治的认识论——法律的"无为"之有用 ………… (77)
　第七节　法治的方法论——进化论法学方法论 …………… (88)
　第八节　法治的本质论——法律的本质分析 ……………… (107)

第二章　法治的司法哲学 …………………………………… (119)
　第一节　司法判决有效性的形而上学思考 ………………… (119)
　第二节　从"三足鼎立"到"三位一体"的司法判决理论 …… (134)
　第三节　司法能力主义——对司法克制主义和司法能动主义的
　　　　　平衡 ………………………………………………… (147)
　第四节　司法和舆论的出牌逻辑 …………………………… (164)

第三章　法治的法哲学家思想 ……………………………… (174)
　第一节　孔子"父子相隐"的法律思想 ……………………… (174)
　第二节　休谟的法律正义观 ………………………………… (187)

第三节　哈耶克"法律先于立法"命题的三重意蕴 ……………（202）

第四节　德沃金视域下的宪法"道德解读"及其前景展望 ………（214）

第四章　法治的法哲学断想 …………………………………………（231）

参考文献 ……………………………………………………………（257）

第一章

法治的哲学论域

本章站在哲学的视角，从过程论、品格论、价值论、人性论、关系论、认识论、方法论、本质论八个方面探讨法治。

第一节 法治的过程论——法治发展的时间轨迹

正义与邪恶犬牙交错于正义发展的时间轨迹上，人类的法治发展史过程，也就是不义的法律退场和正义的法律入场的过程，正义是法律的运行轨迹和价值导向。在时间轨迹里，法律是公正的，一切不义行为在法律面前不仅是不道德的，也是不明智的。法律达到公正也是一个过程，是在与不公正的坚决斗争中逐渐实现的，公民不仅有拒绝遵守恶法的权利，也有拒绝遵守恶法的义务，司法审判也不能以恶法作为依据。法律最终实现正义，法治是依法之治和良法之治的最佳结合，法治是一种优良的生活方式和善治，每个公民以良好的法律心态依据良法堂堂正正做人，在正义发展的时间轨迹上留下光明的印记。

"过程"是一个非常重要的哲学术语，但又没有引起足够的重视。恩格斯指出："一个伟大的基本思想，即认为世界不是既成事物的集合体，而是过程的集合体。"[1] 法治有一个阐释和发展的过程，对当今法治的认识也必须放在法治发展的过程中去考察。"过程"体现于时间，古往今来，时间都是哲人们研究的主题，马克思指出："时间实际上是人的积极存在，它不仅是人的生命的尺度，而且是人的发展的空间。"[2] 法

---

[1] 《马克思恩格斯选集》第4卷，人民出版社1995年版，第244页。
[2] 《马克思恩格斯全集》第47卷，人民出版社1979年版，第532页。

律作为人类特有的重要的社会现象，和时间休戚相关。对法律观念、法律事件、法律术语等的认识，都要放在法律的时间轨迹里，从连续性、动态性、发展性等视角去认识，孤立的、静态的、静止的视角只能得出错误的结论。例如，很多人推崇西方的法治，却把孔子当作法治的阻碍因素。孔子那个时代，根本就没有现代意义的"法治"，我们今天和孔子不在时间坐标的同一点上。"法治"概念的发展有一个时间轨迹，古人的"法治"观念属于早期不成熟状态，今人不能超越当时的各种制约因素而苛求古人的法律思想。亚里士多德也说过法治是良法之治，但又鼓吹奴隶制，把奴隶制的法律当作良法，这与我们今天的法治观念相去甚远。即使古代有"法治"这一术语，那也和现代的"法治"术语具有完全不同的意义。

  法律和法治是一对既有区别又有密切联系的概念，法治顾名思义即"法律的统治"，法治离不开法律，但有法律不意味着有法治，二者还是有较大区别的：法律是伴随着国家而产生的，其标志是以国家强制力为后盾；法治是伴随着现代国家而产生的，其标志是国家权力受到制约，"限制公权力，保护私权利"是法治社会非常鲜明的特点。和法治社会相对应的是专制社会，又称前法治社会，法治社会和前法治社会都需要法律，但法律的地位、使命、性质、表征都是不一样的：就地位而言，法治社会"法律至上"，前法治社会法律处于从属地位；就使命而言，法治社会的法律是限制国家权力维护公民权利，前法治社会的法律是扩张国家权力损害个人权利；就性质而言，法治社会非常关注法律本身的性质，恶法非法，法治是良法之治，前法治社会并不关注法律本身的性质，恶法亦法，法律仅仅被当作社会治理的手段而没有价值维度；就表征而言，虽然法治社会和前法治社会的法律都以权利和义务为内容，但前法治社会是"义务本位"，法治社会是"权利本位"。法律与法治，在时间上有法律在先法治在后之分，在形态上有法律静态法治动态之分，在内容上有法律是良法性质法治是良法之治之分，因此有法律未必有法治，有法治必然有法律。而法治既然是良法之治，法治对法律具有强大的筛选功能和塑造作用，法治淘汰恶法而催生良法。正是法律的发展推动法治的产生和发展，而健全的法治又提供了法律发展的良好平台，法治的发展必然伴随着法律的发展,恶法被废止不再适用,良法被制定出来并得到正确适用。

法律的使命在于维护正义,只有到了法治社会,法律的这一使命才得以凸显,因为在法治社会才突出良法之治,只有良法才能实现正义,恶法只能摧残正义。正如罗尔斯所言:"正义是社会制度的首要价值,正像真理是思想体系的首要价值一样。"[①] 而正义的到来是有一张时间表的,博登海默指出:"正义有着一张普洛透斯似的脸,变幻无常、随时可呈不同形状并具有极不相同的面貌。"[②] 法律未必总是能够完成这一使命,法律也会制造邪恶,甚至以正义之名制造邪恶。正义发展的时间之维上,必须清醒认识每一正义或邪恶是如何进场、在场和退场的,并"对号"自己的行为,"入座"自己的角色:正义、邪恶或介入二者之间的平庸角色,不断反思自己所扮演角色的思想、行为和法律价值。

一 法律正义的发展历程

法律被称作正义女神,但法律又有良法、恶法之分,只有维护正义的良法才是正义女神,摧残正义的恶法只是正义的魔鬼。"庆父不死鲁难未已"也是法律正义发展的真实写照,如果恶法不死,那么良法不生,正义的灾难就不会停止。正义的发展是恶法良法争锋的过程,必然是曲曲折折的,而不可能是一帆风顺的,但良法必然战胜恶法,正义前进的总趋势是不可阻挡的,法治是良法之治,也必然是一个异常艰难的动态过程。尽管正义存在于多个领域,除法律外,政治、经济、社会等也存在正义问题,但法律正义是根本的和具有最终意义的,因为司法是社会正义的最后一道屏障,其他任何领域的正义最终通过法律来解决,中外历史上具有历史意义的政治改革,如商鞅改革、王安石改革、梭伦改革的主要内容都是变法,正义的发展主要体现在法律上,也只有到了法治社会,法律才能够确保正义的实现。在法治的坎坷之路上,邪恶的法律制造惨绝人寰的罪恶,至今仍让我们不寒而栗,当引以为鉴,避免

---

① [美]罗尔斯:《正义论》,何怀宏等译,中国社会科学出版社1988年版,第1页。

② [美]博登海默:《法理学、法哲学与法律方法》,邓正来译,中国政法大学出版社2004年版,第261页。

悲剧重演。

　　罗萨·帕克斯，一位美国黑人女裁缝，却在法治的时间坐标上树立起一座令人景仰的丰碑。当她于 2005 年 10 月 24 日晚以 92 岁的高龄悄然辞世时，引起全世界的热烈反响。当年她那平凡而又超凡、理智而又勇敢的行动，推动了反种族歧视斗争，使种族歧视法律最终成为历史遗迹。1955 年 12 月 1 日，帕克斯下班后，如往常一样坐在公交车中排的座位。座位坐满后，上来一位白人男子，按当地法律，黑人在座位坐满时必须让座给白人。在司机喝令下，当时车上的其他 3 位黑人站起来了，但是帕克斯拒不让座。这在今天看来再平凡不过的小事，在当时对于一个黑人来讲却是生死攸关的大事，没有将生死置之度外的巨大勇气是做不到的，帕克斯可能会被白人种族主义者打死或被警察逮捕。随后赶到的警察吼叫道："不站起来，就逮捕你。"帕克斯只是平静地说："不。"这声平静的"不"字，在法制史犹如巨雷震耳欲聋，代表了所有黑人对种族歧视法律的抗议和拒绝，是正义的呼吁、是权利的诉求、是蔑视恶法的勇气、是法治发展的推动力。公民有拒绝遵守邪恶法律的权利，也让我们明白，今天我们享受的所有正义和权利，并不是自然而来的，而是通过斗争争取来的，帕克斯之伟大就在于她以拒不让座的抗争方式为黑人争取权利。帕克斯的被捕激励了当地的黑人群众，人们纷纷参加了抗议和抵制运动。美国最高法院裁定在公交车上实行种族隔离制度违宪，帕克斯争取权利的斗争取得胜利，被视为美国黑人"民权运动之母"。帕克斯争取权利的方式是"非暴力"，这也是其值得浓墨重彩书写的地方，法治要求用法律维护正义和解决争端，暴力只能制造邪恶和更多的争端。实践证明，"为权利而斗争"的最佳方式是非暴力的，暴力带来血腥仇杀和以暴易暴的恶性循环，是对他人权利的野蛮剥夺，最终带来的不是权利保障而是权利丧失，法国大革命以"天赋人权"为旗帜，最终却是断头台的血雨腥风，被枉杀的无辜者哪有什么权利可言，而每个人都有可能成为下一个被杀者。

　　"冷战"期间，一道柏林墙将德国一分为二。可以想象，有多少翻墙者在邪恶法律下死于非命，多少制造邪恶的开枪士兵受到嘉奖。但邪恶终于走到尽头，那尽头的一枪必定成为界碑，演绎着一个正义发展史上具有里程碑意义的案件。在东德士兵英格·亨里奇射杀了一名越墙偷渡者后,柏林墙很快倒塌,这名东德士兵被推上法庭并被判处三年半徒刑。尽管亨里奇的律师以执行命令为由作无罪辩护,但被法官以抬高枪口一厘米是其应主动承担的良心义务却没有承担的理由驳回。那条规定射杀翻墙者的命令是邪恶的,并不是真正的法律,也不应该得到遵守,因此士兵从守法的良心义务出发,就应该主动抬高枪口一厘米,而不能真的射杀翻墙者。在士兵射杀翻墙者时,正义隐身了,任凭邪恶肆虐,但正义终于到来,虽然是迟到,还是迎来了对开枪士兵的审判,并由于法官的善良和智慧而对开枪士兵绳之以法,正义终于大放光彩了。

  法律和正义是"名实"关系,法律如果违背正义,那就名不副实,正如孔子所言"名不正,则言不顺;言不顺,则事不成;事不成,则礼乐不兴;礼乐不兴,则刑罚不中;刑罚不中,则民无所错手足"(《论语·子路》)。正义的法律当有如下标准:其一,以人为本,真正把人当作目的而不是手段;其二,善良宽宏,以其正当性获得民众尊敬而非仅仅以其强制性迫使民众畏惧;其三,人人平等,法治建立在民主的基础之上,法律是所有公民参与制定的,因此对所有公民一视同仁;其四,权利保障,限制公权力、保障私权利是现代法治的一个重要特征。反之,邪恶的法律的标识是:其一,以特权者为本,把人当作手段而非目的;其二,恶劣偏狭,依靠强大的暴力恐吓人民服从法律;其三,平等缺失,没有民主基础,法律是少数人制定也就偏向少数制定者,不能够对全体公民一视同仁;其四,权力膨胀,权力大于法律,权力吞噬权利。对于当今我国的法治建设,法律的正义与邪恶观念区分具有十分重要的意义,因为正义的法律才是正义的保护神,才能制造正能量,实现法治,保护公民的权利;邪恶的法律必是邪恶的帮凶,只能制造负能量,有法制而无法治,损害公民的权利。"二战"后的纽伦堡大审判,纳粹法官以执行法律为名拒不对屠杀犹太人认罪,但执行法律不是免罪的理由,因为迫害犹太人的纳粹法律是邪恶的,执行邪恶的法律就是有罪的。"二战"后自然法的兴起很大程度上是基于对纳粹法律的反思,并重新审视法律实证主义的道德法律的分离命题:"法律就是法律",而是首先确立法律的正邪性质:良法是法、恶法非法。法律的正邪观念之区分，关系到法治发展的大方向问题。纳粹德国居然也以"法治国"自居，这是法律实证主义坚持"恶法亦法"的理论必然，而实证主义所坚持的"事实价值分离"命题源自对休谟伦理学问题的误解。休谟在《人性论》第三卷第一章第一节的最后一段的附论中提到"是"与"应该"的关系时，强调"应该"这个新关系不能由完全不同的另外一些关系推出来。休谟离世后近三百年，伦理学家黑尔于20世纪初将休谟附论命名为对伦理学产生重大影响的"休谟法则"，"是"与"不是"当作事实判断，"应该"与"不应该"当作价值判断，这句话就被当作事实判断与价值判断相分离的休谟问题。自黑尔首提"休谟法则"一百多年来，"休谟问题"不仅成为伦理学最为重要的问题，而且向整个人文社会科学渗透，在法学领域是对"恶法亦法"最为有力的支撑。最新研究表明，黑尔对休谟附论的解读是完全错误的，伦理学领域所谓的"休谟问题"是子虚乌有的，尽管已经发生长达一百多年的真实影响。放在休谟的情感主义道德观里理解这个附论，休谟所说的"新关系如何能由完全不同的另外一些关系推出来"就是指"应该"与"不应该"的道德关系不能够由"是"与"不是"的理性关系推导出来，而不是像误读的那样，认为这是说事实判断（"是"与"不是"）推不出价值判断（"应该"与"不应该"）。① 正因为正义价值是法律的灵魂，所以"恶法非法"与"白马非马"是两种不同性质的命题，"白马非马"从逻辑上判断是错误的，"恶法非法"从价值上判断是正确的。既然恶法非法，良法才是法，法治必然是良法之治。

　　人类的法律发展史过程，也就是不义的法律退场和正义的法律入场的过程。法官的上司是法律，而法律的上司是正义。正义就是社会的"宇宙"，如果说自然界的"宇宙"是时间上无始无终，空间上无边无垠，那么正义就是社会最高和最终的价值。正义是法律的运行轨迹和价值导向，如果法律无视正义，就像汽车没有方向盘和刹车器一样，不仅不会快速安全达到目的地，还可能是南辕北辙甚至车毁人亡，在法律的

---

① 聂长建：《误解与正解：对休谟伦理学问题是否存在的追问》，《伦理学研究》2015年第5期。

时间坐标上，死在邪恶法律下的无辜生命会多于死于车轮下的生命。随着人类逐渐走向法治社会，被法律剥夺生命、自由、财产的情形越来越少，进入法治社会人们才能获得广泛的安全感和幸福感，因此说法治社会是正义发展史上的高级区域。法治社会的一个普通公民也比专制社会的君王幸福，由于法律的保护，这位公民是安宁的，基本上能活到自然死亡的年龄。而专制社会，由于没有法律的保护，一个人在掌握权力时肆无忌惮杀人，又在权力丧失时被肆意屠杀，人人自危，朝不保夕，在互相残杀中，很少能活到自然死亡的年龄，墨索里尼、希特勒、东条英机等都逃不脱杀人被杀的恶性循环。法治发展的道路并不平坦，尽管法治发展的前途是光明的。

到了法治社会，任何人一律得到法律的厚爱，法律和正义具有同一性，公权力不再是肆意的"利维坦"任意践踏公民的权利，而是在法律的驯服下忠诚保护公民的权利，公民有可能在强盗面前死于非命，却不会冤死于权力和法律面前。萨达姆之流在那个世界里如果也是法治社会，一定会后悔自己的所作所为，认识到是正义的法律而不是邪恶的权力才是任何人哪怕最大权力人的保护神，如果让他们再生，他们会赞成法治，但时间不给他们这个机会，只是警示每一个人尤其是那些掌握权力玩弄法律和人民的人，玩过头就把自己毁灭了，这就是萨达姆之流的宿命，若想避免这种宿命，就不要和他们同流合污，而是顺应历史潮流，融入法治社会。在法治社会，法律最大，任何人和权力都要服从法律，法治社会没有独裁者，没有独裁者在残杀人民后又被杀掉的血雨腥风的恶性循环，任何人只有在法治社会才能得到最大限度的保护，正义在法治社会才能得到充分实现。法治是人类最伟大的发明，比牛顿的万有引力和爱迪生的白炽灯还要伟大得多，如果没有法治，正义就很难从理想走向现实，只是水月镜花似的乌托邦。孔子"近者说，远者来"的理想，只有在法治社会才能够得到根本性实现。

二 司法正义的实现历程

司法是社会正义的最后一道屏障，正义的实现最终体现在每一个司法案件上。法律在发展，法治在完善，每一个公民也最终受到法律的善待。十八届四中全会提出："努力让人民群众在每一个司法案件中感受到公平正义。"个案正义是相对于一般正义而言的,集中反映了哲学上个别和一般的关系,个别是一般的基础,一般存在于个别之中,没有个别就没有一般,没有个别正义就没有一般正义,一般总是通过个别实现的,社会的一般正义总是通过每一个具体案件的正义实现的。个案正义实现的曲折反复折射出正义发展的艰难历程,实现个案正义是我们孜孜以求的目标,其中的一些案件值得反思。

发生于2006年4月的许霆案于2007年11月审判,一审以盗窃金融机构的盗窃罪判处无期徒刑,此案立即引起社会的广泛关注。媒体的讨论铺天盖地,学界也参与其中,围绕着罪与非罪、是否重判和是否"盗窃金融机构"等方面展开激烈的争论。许霆提起上诉,广东省高院发回重审,2008年3月,广州中院认定许霆犯盗窃罪,判处有期徒刑5年。许霆案之所以成为法治发展史上的经典案例,就是因为它来的正当其时,产生即时的轰动效应,推动了司法意识形态的发展,其实,许霆案动摇了克制主义的内核:把法律等同于规则,遵守法律就是遵守法律规则,对规则本身的正当性和适用范围则缺乏考虑。但是机械司法的破产也不意味着完全抛弃司法克制主义而支配于司法能动主义,因为司法克制主义对确定性的强调符合现代社会科学理性的要求,司法能动主义对正确性的强调符合现代社会正义权利的要求,既然现代社会既是科学理性的社会又是正义权利的社会,那么就应该对原有的司法克制主义和司法能动主义两种意识形态进行"执两用中"的整合,第三种司法意识形态也就呼之欲出,那就是司法能力主义。假如许霆案早来8年时间,媒体不够发达,许霆案难以得到社会各界的关注,难以得到重审和改判的机会。2000年与之类似的云南何鹏案也是以盗窃金融机构判处何鹏无期徒刑,只不过是何鹏案在当时毫无反响而已。当然,许霆案后,已经坐牢8年的何鹏由无期徒刑改为8年零6个月的有期徒刑,也很快出狱了。假如许霆案晚发生5年,2011年刑法修正案(八)出台,取消了对盗窃金融机构和盗窃文物的加重处罚,也不会在一审判处无期徒刑,更不会有是否"盗窃金融机构"的争论了。

何鹏案刑期改为8年零6个月,而许霆的刑期是5年,法院提不出何鹏究竟在哪一条上比许霆罪加一等,但我们也不要以为这个刑期是法院随意定出来，可以说是法院反复权衡、"削足适履"定出来的，但就是不按照"罪责刑"相适应的原则，按照何鹏的什么罪行定出来的。从2009年11月24日云南省高院对何鹏案的改判，到2009年12月7日最高人民法院下发刑事裁定书对云南高院的这一判决予以核准，何鹏2010年1月16日出狱的时间大致定下来了。而刑期是从羁押时间算起：2001年3月5日，何鹏被刑事拘留；2001年3月12日，何鹏被释放，同年4月6日被逮捕，11月23日被取保候审；2002年3月11日再次被逮捕。由于刑期只能到年月而不能到天数，所以何鹏的刑期就定为8年零6个月。可以想象，如果何鹏早出事早被羁押一年，那刑期就改判为9年零6个月，与其服刑时间相等；如果何鹏晚出事晚被羁押3年零6个月，那刑期就改判为5年，还是与其服刑时间相等。一言以蔽之，刑期就是何鹏的已服刑时间。法官这样判确实也有难言苦衷，如果刑期少于已服刑时间，就意味着何鹏服刑时间超出刑期，就无法对超出的服刑时间交代，就是自找麻烦留下后遗症。但我认为麻烦的背后是正义的维护、公民权利的保护和司法公信力的提高，这三者都是无价的，麻烦因此远远小于收获，我们本应该欢迎这麻烦却失之交臂了。这个8年零6个月的刑期确实表明法官不想在利益衡量的限度内多判何鹏一月徒刑，局外人很难看出法官在这个问题上的良苦用心。单从刑期来看，很难说这是一个"以事实为根据，以法律为准绳"的改判，判决的根据是法律、法院、当事人、社会等各方面的利益衡量而不是法律的要求和当事人的权利保护，这是实用主义的判决而不是正义的判决。

何鹏案被媒体称作"云南许霆案"，这就有点不专业了。很遗憾，专业的法院后来也跟着不专业的媒体走，当然我们也相信法院和媒体都不专业的表现形式在本质上是不一样的，因为法院不是无知而是无奈！法院本是很专业的，因为无奈才变得不专业，是"被"不专业的。在现代法治社会，正义是国家对公民的庄严承诺，这个承诺并没有在何鹏案中兑现。无论从事实还是法律来讲，何鹏无罪，当事人、旁观者、法官和检察官都是知道的。但是法官有难处，宣布已经有八年半牢狱之灾的何鹏无罪将带来巨额的国家赔偿，但是对于法治国家而言，正义比财产更有价值！正义才是最大的财富！当然法官也可能身不由己，判决也不必苛求，毕竟刑期从无期改为 8 年零 6 个月是一个比较的进步，但那也得反思我们的司法体制，应当能让法官做得更好！

两案有什么不同呢？在许霆案中，许霆有道德瑕疵和法律小恶，他为银行保管钱的辩护就引发连事先同情他的网友对其品性不诚实的指责。而在何鹏案中，我们看不到何鹏有任何道德瑕疵或法律小恶。许霆把钱挥霍了还诡辩说替银行保管钱，何鹏没有挥霍一分钱但也没说替银行保管钱，何鹏算是坦荡诚实的人！许霆案中，机器出错并为许霆所知，这笔钱就算一个正常的人也认为是不义的，许霆的携款潜逃正是他心虚理亏的直观体现。一些辩护者断言：我们都会成为下一个许霆，我看不尽然，不拿不义之财应该是我们的道德底线，许霆突破了这个底线，受罚不冤。但我也不认为许霆是大恶之人，他的犯意是机器出错临时诱发的，主观恶性与原始的盗窃金融机构的主观恶性不能相提并论，但这不是其免责的理由，只是减轻刑罚的理由。在何鹏案中，何鹏取出的钱都是卡上所有的，何鹏每取出 1000 元，卡上就显示出少了 1000 元；而不是像许霆案那样，明明见卡上只有 171 元，却能一次取出 1000 元，且卡上只显示少了 1 元钱；因此何鹏取钱不会像许霆那样有发不义之财的感觉，何鹏没有任何主观恶性，何鹏没有盗窃金融机构 1 分钱。何鹏案中也没有许霆案中机器出错的偶然诱发因素，何鹏的储蓄卡在建行、中行和工行的取款机上都能取出钱来。就算是银行出故障，何鹏也不能从卡上看出，也不该承担任何责任。或许还有辩解说：何鹏一个学生难道不知道自己没有 100 万元钱吗？但是一个储户取自己卡上的钱是神圣不可侵犯的权利，无须要进一步追问钱的来源。这 100 万元钱也有合法的可能解释渠道：父母发了一笔横财寄给自己，但为给自己一个惊喜而不事先通知，或者是哪个好心人资助自己打过来的，或者是哪个老板出错打过来的，也有可能是银行操作出错打过来的，不管怎样，持卡人没有查清卡上余款的来源并决定是否取出的法律义务！卡上明明白白的钱持卡人就可以明明白白地取出来，这是天经地义的！如果是谁打款错了来取回，能做到完璧归赵就是高姿态了，不应该承担任何罪名；即使何鹏拒不退款，也只能是不当得利罪而非更重的盗窃罪。法律的生命力在于正确适用，何鹏案显然是对法律的错误适用。现在都用工资卡，在每月正常的工资之外，突然多了万儿八千元，极可能是奖金、奖励或补发工资等，难道我们非要跑到财务处问明白才敢取出来吗？按照何鹏案的逻辑，一个人"被"犯罪是容易的，一个人或单位想栽赃他人犯罪也是容易的：向他的卡上打上100万，他若警惕性不够取了这笔钱那就是8年零6个月的徒刑；向他的卡上打上三五千元，他根本就无法警惕，也免不了一年半载的徒刑，这样一想下去，未免有点恐怖，我们都可能成为下一个"被犯罪"的何鹏了。因此，何鹏案的正义是打折扣的，而一个法治社会，正义本应该是无价的，是不能被利益考量扼杀的，是原原本本的而非折扣的。何鹏案会不会再审宣布无罪，我也承认可能性很小，但如果这是正义的呼唤，总是有希望的，如其然，必将是法治发展史上的一座丰碑。何鹏案如果发生在今天，也绝不会定为盗窃罪。最近发生的一起类似何鹏案的真实事件，当事人将公司错汇的500万元钱退回，不承担任何法律责任。[①] 何鹏案因许霆案将无期徒刑改为8年零6个月的刑期，能否因这个没有立案的事件而改为无罪呢？至少这个事件增加了我的期待，这是法治发展进步的必然要求。

2006年11月彭宇案发生，诉讼两造围绕着彭宇是"扶助"还是"撞倒"展开论辩，但都拿不出有力证据，南京鼓楼区法院一审宣判，双方对事故均无过错，按照公平原则，彭宇付给受害人40/100的损失。彭宇案中，法官在原告提不出证据情况下，根据或然性很大的经验法则，推定彭宇撞了老太太。法官根据日常生活经验，认为原、被告如果素不相识，一般不会贸然借款。但是这个生活经验也不能否认彭宇那

[①] 小徐家住九龙坡区歇台子。国庆最后一天假期，她收到意外惊喜，手机短信显示银行账户进账500万元。起初小徐担心是骗局，立即通过网上银行查询，500万元已在账上，这简直是天文数字。谁打来的巨款？是否是违法犯罪？会不会对自己银行征信产生影响？小徐拿着银行卡，不知所措。犹豫不决时，一通陌生电话打来。"我们是渝北区黄泥塝派出所民警。"小徐警觉起来，担心陷入骗局。谨慎起见，小徐打了110，并来到歇台子派出所报警。经核实，黄泥塝派出所民警是真的，对方也接到报警：一家位于黄泥塝的公司因出纳失误，将本该打给客户的钱，错汇入小徐卡内。昨天中午（2015年10月8日），在警方见证下，该公司负责人和小徐在渝中区大坪一家银行完成汇款。参见 http://n.cztv.com/news2014/1096477.html。

200元钱的借款性质,"在没有特殊情况下,素不相识的人是不会贸然借款给别人的。但是,在别人遇到困难或危难(如遇到车祸)而他身边又没有亲人或同伴,或者即使身边有亲人或同伴,但他们都无力拯救受害者于危难的时候,素不相识的人施以援手的事例几乎每天都见之于新闻媒体和报刊,这些人不仅给受害人出钱看病,而且往往不留姓名就离开"[①]。我以为,由于没有摄像和目击证人,彭宇是撞人者还是救人者真的说不清,就算彭宇真是撞人者,也只有双方当事人知道,法官用经验法则来推定出彭宇是撞人者并不恰当。当然此案也对以后法官审理类似案件是一个很好的警醒。此案后,社会影响消极,"以后还有谁敢做好事?"表达了人们对判决的不满。以后发生的小悦悦事件,18个路人都没有施以援手,除了人情冷漠外,还与怕惹麻烦有关,这也是彭宇案留下的阴影。还有施救者出于自保需要,在施救之前拍照、找证人等,也耽误了施救的时机。2013年6月,四川达州市,三位小孩扶起蒋老太太后,老太太坚持是被其中的一个小孩撞倒的,而小孩则坚持是老太太倒地后呼叫才去扶起的。由于案发现场不远有商家住户,几位目击证人都证明是老太太自己倒地呼叫后由小孩扶起的。达州市公安局达川区分局根据《治安管理处罚法》第四十九条之规定,决定对蒋某某给予行政拘留7日的处罚(因违法人员蒋某某已满70周岁,依法决定不予执行),同时对其闹事的儿子龚某某给予行政拘留10日,并处罚款500元的处罚。我们可以看出,此案中的三个小孩比彭宇幸运,但这种幸运是建立在旁边有目击证人的前提下。如果没有目击证人,怎么判,考验着法官的智慧和司法理念。撞人者撒赖不承认和原告虽没被对方撞倒而诬告敲诈的情况都是有的,这有时成为无厘头之案。但法官应坚持正义理念,不冤枉无辜者,不放纵作恶者,以证据说话,而不是把或然性很大的经验推定当作证据。可以说,这个案子的社会影响就比彭宇案好,正义得以实现。

十八届四中全会提出:坚持法治国家、法治政府、法治社会一体建

[①] 张继成:《小案件大影响——对南京"彭宇案"一审的法逻辑分析》,《中国政法大学学报》2008年第2期。

设，实现科学立法、严格执法、公正司法、全民守法。在这四个"实现"中，"公正司法"虽然排序第三，但实处于枢纽地位，原因在于司法是社会正义的最后一道屏障，公正司法既是科学立法的价值，又是严格执法的督促，更是全民守法的保证，没有司法公正就没有社会正义。

没有谁愿意成为冤案的主角，而如果没有正义，却谁也难以避免成为冤案的主角！

有的冤案永远不会昭雪，"及时的正义"和"迟来的正义"都没有。赵作海案中，若不是那个"被害人"赵振晌回到村中，赵作海岂不是牢底坐穿。赵振晌流落村外11年，随时都有死的可能，那赵作海真是死无对证。赵作海被冤枉是不幸的，但不幸中有万幸，所谓的"被害人"11年也没有死并最终回来了，于是才有"迟来的正义"。假如下一个赵作海没有这个万幸，岂不要把冤罪带到另一个世界里。当然，把赵作海的幸运寄托在所谓的"被害人"复活回村来，是极不可靠的。如果我们每一个人要有可靠的幸运，那还是寄托在法律上，消灭刑讯逼供这块毒瘤。

在呼格案中，若不是赵志红落网后交代的10起强奸杀人案的第1起就是9年前认定呼格吉勒图杀人案，那么呼格案就不会暴露为冤案而是定位于铁案，当年诸多警官都因为"迅速破获大案"而获得从二等功到通报嘉奖的表扬和升迁，如今却都要受到法律的追究。2015年人代会上，"两高"报告同提呼格案教训，把严防冤假错案作为必须坚守的底线，把实现个案正义落到实处。

长期以来，困扰个案正义实现的一大困惑是证据的获取，犯罪事实和显示的证据之间出现较大的缝隙以致无法科学地锁定嫌疑人。但随着科技的发展，侦破技术空前提高，事实与证据之间的缝隙越来越小，高科技将事实原原本本地显示为证据，在高科技面前，事实被彻底撕下伪装的面具而呈现本来面目。指纹、DNA、植物基因等鉴定手段能够将最隐蔽的犯罪事实还原再现，在高科技面前，再智能的犯罪也失去伪装力而昭然若揭了。遍布的摄像能准确及时甄别各种诬陷或抵赖，试想，彭宇案现场如果有摄像头，那么法官何须所谓的经验推理，只需看看摄像就行了，近来发生的几起诬陷救人的案件就这样轻松地解决的。① 高科技鉴定手段和密布的监控能够保证个案正义的实现，而个案正义既然能够得以充分实现，人们再去犯案就愚蠢了，在摄像头底下的诬陷和抵赖不是正常人所为。个案正义的实现必然震慑潜在的犯罪分子，使他们放弃作案的愚蠢想法，养成自觉遵守法律的法治生活方式。

通过公正司法实现每个案件正义而实现整个社会正义，这是正义发展的时间轨迹上闪耀的亮点。时间不是终止的一点而是绵延的一线，不管时间轨迹上的每一点如何不公正，但时间作为绵延一线是公正的最终裁决者，在每一个时间点上做事的人都应该把目光放得远一点，看到今日的不义必然是明天的惩罚，让不义止步于今天！在正义发展的时间轨迹上，人们对正义更为钟爱，制定出的法律更加优良，适用法律更加正确，正当程序更加保证司法正义不至于脱离轨道，再加上科学的方法和技术广泛应用于个案之中，冤假错案几无立足之处，不义当成往事，正义必矗立于今天和明天。我们有理由相信，在正义发展的时间轨迹上，不义的污点会越来越少，正义的亮点会越来越多。

三 法律心态的成长历程

正义不是天上掉下来的馅饼，不可能唾手而得，而是每个公民积极努力争取来的。阿伦特说，洪水吞没了村庄，每一滴水都参与了犯罪。在邪恶猖獗时，我们是不是那滴参与犯罪的水？你会说自己不是主谋，也不是帮凶，但哪怕是一个袖手旁观者，也是给邪气添柴加油，也是间接的参与者，在法治发展史上留下浑浊的痕迹。听见假话怯于揭露等同说谎，看见罪恶惧于制止无异作恶，在不义面前保持沉默最后不是明哲保身，而是个人保护的自毁长城。沉默源于试图免遭报复麻烦的恐惧，同时也使邪恶更为嚣张，正义得不到及时支援，受害者因此变得更为恐惧，旁观者的沉默、作恶者的嚣张和受害者的恐惧这三者之间，形成了

---

① 如2015年7月24日《北京晨报》报道，四川彭州一老人骑自行车过马路时，在一路口不慎摔倒。而后，一名骑着自行车路过的学生停车，热心地问候伤情。不过，该学生却遭到老人的诬陷，称是学生将其撞倒。好在当地公安调取监控画面，为学生证明了清白。录像显示，骑车老人先倒地，然后骑车学生前来扶起他。

互为因果、互相推动的恶性循环，并使曾经的沉默者循环为最终的恐惧者，就如马丁·路德·金的警告："我们看到真相却一言不发之时，便是我们走向死亡之日。"社会是一个匿名循环系统，今天的他者就是明天之你我，我们今天对"他"遭受不义的恐惧视而不见，以沉默支援不义之徒，难免明天"你我"就处在今天"他"的位置，"他者"也以沉默的方式支援不义之徒，"你我"也照样无力对抗不义之徒的侵害。时间是连续性和间断性的统一，短视的人只见时间的间断性，只见今天和明天的区别，却不见时间的连续性，不见今天和明天的联系，在正义的时间轨迹里，今天的正义或不义将会在明天延续。正义就是将今天和明天紧密相连，今天维护他者的正义就是明天你作为他者时也受到正义的保护；不义就是将今天和明天分割，让鼠目寸光者只见今天成为每个今天的沉默者而被不义分割各个击破，旁观者和受害者在轮换中无论今天和明天都得不到正义。因此，对于不义切不可沉默不语而是拍案而起，这不仅是利他的道义要求，也是利己的明智选择。在法治社会，每个公民勇于同邪恶作斗争，依靠法律伸张正义，成为正义长城的一砖一石，这才是避免不义侵害的最可靠的方式和成熟心态。

苏格拉底之死是法律时间轨迹上的浓墨重彩之笔。公元前399年，经雅典五百人会议投票表决，苏格拉底被以280票判决有罪。苏格拉底一方面认为审判不公，另一方面遵守接受不公正的审判，把朋友们所安排好的逃生当作是与法律相抵触的不义行为而选择放弃。对这一重大的法政事件，很多研究者从正面意义解读，认为无条件地遵守法是法治的基础，苏格拉底以死遵守法庭判决是法治的典范，即使这判决是不公正的。其实，苏格拉底之死对法治并无正面意义，只有反思意义。亚里士多德就认为，法治有两层含义：遵守法律且所遵守的法律是良好的法律。苏格拉底固然在遵守法律却是遵守不良的法律，服从不公正的审判不是保障雅典的法治而是摧毁雅典的法治，结果是雅典人最终翻然悔悟时，连改过的机会也没有，对三位指控者美勒托、阿尼图斯和吕孔的仓促严厉处罚也是矫枉过正和乱用法律。法律被称作善良和公正的艺术，人们都期盼法律公正，但法律达到公正也需要一个过程，是在与不公正的坚决斗争中逐渐实现的，这其中也包含着对不公正判决的抗拒。像苏格拉底这样完全接受不公正的判决，绝不是遵守法律的美德，而是亵渎了法律的美德品质，并将不公正的法律和判决向下传递，形成新的不公正，司法在苏格拉底的视野里不可能成为社会正义的最后一道防线。这也正如亚里士多德所言："而法律的实际意义却应该是促成全邦人民都能进于正义和善德的[永久]制度。"① 十八届四中全会公报强调：法律是治国之重器，良法是善治之前提。因此，虽然苏格拉底的勇气值得称道，但心态当受批评。苏格拉底服从不公正判决，帕克斯不遵守不公正的法律，谁坚持正义，苏格拉底还是帕克斯？谁的行为推动法律发展，苏格拉底还是帕克斯？答案在今天是很明显的，而古希腊三贤之首的苏格拉底却犯糊涂了。当然这也说明在正义发展的时间之维上，对待法律的心态也是一个发展过程，大思想家苏格拉底在这个问题上并不比一个普通黑人帕克斯高明。

"己所不欲勿施于人"，明天你不想被冤枉也千万不要今天冤枉别人，明天你想得到别人帮助也要今天挺身而出帮助别人。时间不是片段而是延续的，今天你冤枉了别人难免日后又被冤枉，今天你不帮助他人怎么指望日后他人帮助你。在时间面前，你和他人是平等的，只不过是轮次不同而已。在时间坐标这头制造对他人的不义等于在时间坐标那头制造对自己的不义，在时间坐标这边维护他人的正义等于在时间坐标那边维护自己的正义。如果我们的视野开阔一点、眼光长远一点、理智健全一点、心胸豁达一点，我们的认识就会真实一点、准确一点、透明一点，就会发现在时间轨迹里，法律是公正的，人己之间互补大于冲突，一切不义行为在法律面前不仅是不道德的，也是不明智的，那么我们就没有什么理由不相信法律最终实现正义、不堂堂正正做人！

孔子说："七十而从心所欲，不逾矩。"（《论语·为政》）孔子谈到十五、三十、四十、五十、六十等各个阶段的志于学、而立、不惑、知天命、耳顺，而人生的最后一个阶段就是不逾矩的心态，这种平常无违的心态是成熟人生的标识，有了它，人类的作奸犯科之事纵然还有，那也是稀少的另类。每个人自觉地将"己所不欲勿施于人"的原则贯穿

---

① [古希腊]亚里士多德：《政治学》，吴寿彭译，商务印书馆1965年版，第142页。

于行为中,"己所不欲勿施于人"应该是人类社会最伟大的原则之一,因为复杂的社会关系可以概括为人己关系,而在人己关系中,人己的角色是转换的,每个人相对于自身是"己",相对于他身则是"人",人己处于循环关系中,一个人不把自"己"的不欲强加于他"人",不制造他"人"的不快,他"人"也不把他的不欲强加于"己",制造"己"的不快,这样人己都能够将心比心,处于良性循环的关系中,这当然是理想的社会关系状态。一个正常的不想伤害自己的人必然也不会伤害他人,每一个人心中都有一杆秤作为行为准则,也就没有什么人违法。"心态"是法律的软件,相对于"强制力"等硬件更显示出法律治发展程度上的区别,就如德沃金所言:"法律的帝国并非由疆界、权力或程序界定,而是由态度界定。"① 在"不逾矩"心态下,法律也就达到"无为之治"的理想状态了,也就是法治发展史的最高阶段。法治社会既是知识系统又是行动系统,而每个人的行动总是和他的心态相联系,法治要求法律从字面知识变为人们遵守法律维护正义的行动,这都要求敬畏法律维护法律尊严的良好心态,没有这种良好的心态,再好再完备的法律也可能只是一纸具文。而良好的法律心态的形成,既有赖于法律文化的熏陶,又依赖正义制度的调整特别是对利益机制的调整。在健全的法治利益机制调整下,损人必将损己成为不明智之举,利人必将利己成为明智之举,利人利己成为人己之间的良性循环关系,"己所不欲勿施于人"成为人们生活中的金律,唯有遵守不损害他人利益的法律,才能保护自己的利益,实现社会正义。

"会当凌绝顶,一览众山小",法律就是我们仰望的绝顶和正义的护身,站在法律的绝顶上,就会看见一切不法行为何其之渺小、可耻和弱智,遵守法律才是伟岸、正气和明智,对于正义发展的时间轨迹上的法律,我们实在没有什么理由不多一些理性而少一些任性。

---

① [美] 德沃金:《法律帝国》,李常青译,中国大百科全书出版社1996年版,第367页。

第二节 法治的品格论——法的否定性

  法的特征是法哲学思考的一个重要问题。法的特征分为两种：形式上的特征和内容上的特征。一般法学理论注重对法的形式上的特征进行概括，而缺乏对法的内容上的特征进行系统性的论述。作为人类社会生活中独特的重要的人文产物——法律，在内容上是特定人文价值指向的体现和弘扬，具有特定的人道内涵而非兽道内涵，从内容上认识法的特征先在地必要和重要。与道德的"肯定性"相对应和对立的"否定性"，正是法律在内容上的根本特征或者形象地说是法的品格。它包含两层含义：一是除法律所禁止以外的领域人皆具有自由；二是法律只是为了避免人对他人伤害的较小范围内才严格地限制人。法律与道德是人类社会生活中彼此独立而又关联的两种客观存在。其一，二者是对立的，不能互相替代的，不能踏入对方作用的领域，混淆二者的对立就会产生社会恶果。其二，二者在各自发挥自己独立品格的前提下而形成互补，道德以发挥自己的"肯定性"品格而使人间存有温暖，法律发挥自己的"否定性"品格而使社会的基本秩序得到维持与保证。总之，道德因为肯定性品格而走非强制性作用的路线才有效，法律因为否定性的品格而走强制性作用的路线才有效。

  现行的法学理论将法的特征归结为：规范性、国家意志性、普遍性、强制性、程序性、可诉性。[①] 这六项特征不可谓不是，但只是在形式上对法律的概括，因而也只是停留在从形式上对法律予以认识。笔者以为，作为人类社会生活中独特的一种人文的产物——法律，在内容上就内蕴着特别的人文精神，是特定人文价值指向的体现和弘扬，具有特定的人道内涵而非兽道内涵，从内容上认识法的特征似乎先在地必要和重要。如果从内容上认识法律的特征，似乎与道德的"肯定性"相对应和对立的"否定性"，正是法律的一大根本特征。

  关于法在内容上的"否定性"品格，自古以来的中外大哲学家、法

---

① 舒国滢：《法理学导论》，北京大学出版社2006年版，第28—36页。

哲学家、政治家等，都曾有过精彩的言论，但不成体系。本书尝试对法的"否定性"的内在品格进行系统的论述。

一　法的否定性的含义

法的否定性指法律适用的消极性、限制性和它所要达到的较低目标，包含两层意思：（1）人们可以在法律所禁止以外的领域自由活动；（2）法律所禁止的领域严格限制在避免对他人（或社会）伤害这个较小的范围。博登海默区分了两类道德原则：第一类是社会有序化的基本要求，如避免暴力和伤害、忠实地履行协议等；第二类对人们提出的要求远远超过了维持社会的必要条件所必须的要求，如慷慨、仁慈、博爱、无私等；第一类原则是"必须的"，它转化为法律规则而具有强制力，而第二类原则是"应当的"，并不具有强制力，任何可被用来维护法律权利的强制执行制度是无力适用于纯粹道德领域的。① 也就是说，法律的适用范围不过是社会有序化的基本要求，就是惩恶；至于一个美好社会的较高要求，如慷慨、仁慈、博爱、无私等，也就是扬善，既不是法律的目标，更非法律的作用范围。

法律的否定性在于法律是道德的底线，是维持一个社会正常运行所必须具备的品性，这个底线是不能突破的，否则社会就不能运转。比如不偷盗、不欺诈就是道德的底线，人人都去偷盗、都去欺诈，那就连盗贼、诈骗犯都找不到对象而自行灭亡了②，所以偷盗、欺诈都成为法律制裁的对象。道德上限是维持一个社会正常发展并处于良好状态所应当具备的品性，没有它社会也能正常运转，但有了它社会就处于一种更加令人愉快的状态，比如无私慷慨、乐施好善等，都闪烁着一个良好社会所要求的人性的光辉。当我们把法律和道德并称时，这里的道德就是指道德上限，即狭义的道德，以和作为道德下限（底线）的法律相区别。就广义的道德而言，法律只是道德的一部分，法律的调整范围远远小于

---

① ［美］博登海默：《法理学、法哲学与法律方法》，邓正来译，中国政法大学出版社2004年版，第391页。

② 两个强盗从绞刑架下经过，一个强盗说："要是没有绞刑架该多好"，另一强盗反驳说："假如没有绞刑架，人人都来做强盗，那才糟了"。

道德的调整范围，法律不能调整广义道德中的上限部分，这一部分对法律来说是禁区、是否定的，对道德而言是活动区、是肯定的。正如博登海默指出的："那些被视为社会交往的基本而必要的道德正当原则，在所有的社会中都被赋予了具有强大力量的强制性质。这些道德原则的约束力的增强，当然是通过将它们转化为法律规则而实现的。禁止杀人、强奸、抢劫和伤害身体，调整两性关系，制止在合意契约的缔结和履行过程中欺诈与失信等，都是将道德观念转化为法律规定的事例。"① 按照斯密的说法，法律是建筑物的梁柱，道德是建筑物的装饰，前者是必须的，后者只是应当的。② 高全喜在研究休谟的政治哲学中指出："一个人的行为可以从他的动机来考察其善恶的本性，但是如果一旦进入社会政治领域，那么善恶问题就被正义问题所取代了。"③ 法律的否定性表现在法律的适用范围被限制在这个道德底线的界限上，这恰如房子阳台上的围栏，这个围栏线是房子的底线，人越过这个围栏线就要坠楼，所以要在这里设一道具有否定性、禁止性的围栏；在这个界限之内，即法律所禁止之外，法律是不能干涉的，正如我们不能在围栏线内的房子里到处设围栏，而我们不在房子里到处设围栏，只是把它设在阳台的那条边界线上，正是为了保证我们在房子里安全的、自由的行动。法的否定性还表明，我们对法律的适用范围要保持审慎的态度，要限制法律的"射程"在公民的自由生活领域之外，防治法律扩张到明显必要的范围之外而做了自己不应该做的事。

---

① ［美］博登海默：《法理学、法哲学与法律方法》，邓正来译，中国政法大学出版社2004年版，第391页。

② 斯密说："与其说仁慈是社会存在的基础，还不如说正义是这种基础。虽然没有仁慈之心，社会也可以存在于一种不很令人愉快的状态中，但是不义行为的盛行却肯定会彻底毁坏它。……行善犹如美化建筑物的装饰品……相反，正义犹如支撑整个大厦的主要支柱。如果这根柱子松动的话，那么人类社会这个雄伟而巨大的建筑必然会在顷刻之间土崩瓦解，在这个世界上，如果我可以这样说的话，建造和维护这一大厦似乎受到造物主特别而宝贵的关注。"［英］亚当·斯密：《道德情操论》，蒋自强等译，商务印书馆1997年版，第106—107页。

③ 高全喜：《休谟的政治哲学》，北京大学出版社2004年版，第107页。

法律的否定性还表现在法律的调整对象被限制在"行为"上。马克思指出:"我只是由于表现自己,只是由于踏入现实的领域,我才进入受立法者支配的范围。对法律来说,除了我的行为外,我是根本不存在的,我根本不是法律的对象。"[①] 思想动机不是行为,按马克思的表述,踏入现实的表现自己的活动才是行为,才能成为法律的对象,法律不会脱离人的行为而去调整人的行为动机和内心世界,所以一个仅仅有偷盗、强奸动机而没有实施偷盗、强奸行为的人绝不是罪犯,对这种思想动机的调整是道德而不是法律。思想是海阔天空、信马由缰而无边界的,而法律强制的对象是行为,行为的范围远远小于思想的范围,所以强制一种思想对法律来讲是力不能及的、不可能的,应坚持思想对思想、行为对行为的原则。再如,小孩子是"无行为能力的人",所以不是法律制裁的对象,却是道德教化的对象,从小就要培养孩子的道德情操。

法国《人权宣言》称:"对官员来说,凡是不授权的,都是禁止的;对老百姓、对公民个人来说,凡是不禁止的都是允许的。"从表面上看,这两句话具有前瞻性,符合法的否定性的特征,其实不然,远没有达到法的否定性的特征,无怪乎法国大革命的惨剧了。因为这两句话不过表达了法的否定性的第一层含义:(1)人们可以在法律所禁止以外的领域自由活动,官员的任何不被授权的行为都是禁止的,个人的任何不被禁止的行为都是允许的。但如果仅有这第一层含义,法的否定性不过是一句空话,因为它没有限定法律所禁止的领域,个人的自由活动空间和法律的禁止领域紧密相连,法律的禁止领域越大,个人的自由活动空间越小,二者成反比例;如果法律的禁止领域是"全部",那么个人的自由活动空间就是"空无"。如果法律对一切都授权,如纳粹的种族歧视的法律就授权对犹太人的拘捕和判刑,那么"对官员来说,凡是不授权的,都是禁止的"又有什么意义呢?如果法律对一切都禁止,那么"对老百姓、对公民个人来说,凡是不禁止的都是允许的"又有什么意义呢?所以仅有第一层含义是不够的,法的否定性还必须有第二层含义。

[①]《马克思恩格斯全集》第1卷,人民出版社1956年版,第16—17页。

（2）法律所禁止的领域严格限制在避免对他人（或社会）伤害这个较小的范围，才是完整的、真正的和有效的。

二　法律的否定性和道德的肯定性之比较

法律的否定性是和法律的强制性相匹配的必要品格，唯有法律的否定性才能确保法律的强制性以恰当地应用，如果没有法律的否定性，那么法律的强制性就可以不受限制地干涉人们的自由生活，法律就构成了自由的对立面而丧失去其本真的含义。法律和道德是两种不同性质的社会调控方式，法律相比道德的特点之一是强制性。法是由国家强制力保证实施的行为规范，任何违法行为都要受到法律的惩罚，所以"法"与"治"相连而为"法治"，准确地反映出法律发生作用的方式。耶林认为，法律是国家通过外部强制手段而加以保护的社会生活条件的总和，没有强制力的法律是"一把不燃烧的火，一缕不发亮的光"[①]。在哈特看来，法律和强盗的命令的区别在于：前者具有持久和稳定的特点，后者则具有暂时性，是与法律相反的一极；他进而指出："任何国家的法律都将是以威胁为后盾的普遍命令。"[②] 正因为法具有强制力，所以法不能有太高的抱负，法律不能去建立一个十分完美的社会，否则就是揠苗助长，造成巨大的破坏。道德是和法律相对应的社会规范，也具有完全相反的特点，法律以权利为中心，以权力作保证，是他律的、必须的；道德却以义务为中心，没有强力的手段保证实施，是自律的、应然的。法律的手段强硬抱负却较低，道德没有国家强制力因而手段软弱但抱负却很高，道德就是要建立一个尽善尽美的世界。道德的这种伟大抱负如果没有强有力的手段作后盾，就不会有破坏作用因而能发挥其积极作用；而一旦道德的目标以强有力的手段去实现，就是揠苗助长的具有强大破坏力的"乌托邦"运动。古往今来，古今中外，以强有力的手段去实现伟大的抱负，都是缘木求鱼甚至南辕北辙；这就是为什么，以"自

[①] 转引自博登海默《法理学：法律哲学与法律方法》，邓正来译，中国政法大学出版社2004年版，第116页。

[②] ［英］哈特：《法律的概念》，张文显等译，中国大百科全书出版社1996年版，第27页。

由、平等、博爱"为旗帜的法国大革命最终却淹没在血雨腥风之中,其领袖罗伯斯庇尔被推上断头台,这也是其始作俑者卢梭哀叹"人生而自由又无时不在枷锁之中"的悖论之所在。这些实践悲剧和理论错误的根源就在于把法律和道德混为一谈,因为法律有强力的手段却没有伟大的抱负,道德有伟大的抱负却没有强力的手段,"强力的手段"和"伟大的抱负"是不能联姻的,强制地把它们结合在一起,必生畸形怪胎。道德"乌托邦"运动超过人性的负荷,扭曲了人性,它试图变人的道德有限性为无限性,把只具有有限道德的芸芸众生改造为具有无限道德的无私君子,结果是物极必反,导致道德的大崩盘。君子只能是极少数,不具有普遍性。强求人人做君子,是违背人的自然本性的,在理论上是荒谬的、不义的;在实践上是行不通的、是不利的。狼披上羊皮仍是狼,更为阴险;小人摇身一变为伪君子,杀伤力更大。但就有那些头脑发热的理论家和实践家,误把他乡作故乡,错把彼岸当此岸,用法律的手段去实现道德的目标,简直像用水充饥、用饭解渴一样荒唐。法律的否定性就是用法律的强制手段去实现法的较低目标,而不是实现道德所追求的美好伟大的目标。

为什么法的强制手段只限定在防止伤害这个较低的目标而不能去实现善良、仁慈、博爱等伟大的目标?为什么法律可以强制的手段来禁止一个人偷抢另一个人的东西,却不可以强制的手段迫使一个人帮助另一个人呢?这是因为,法律是建立在对人性的深刻洞察之上,我们对人性要有不是悲观但却低调的估计,如果法律的目标太高,就超过人性的负荷,从而扭曲了人性。古典自由主义的鼻祖休谟精辟地指出:"正义只是起源于人的自私和有限的慷慨,以及自然为满足人类需要所准备的稀少供应。"[1] 休谟这个判断是符合实际的,人的自私是主要的,慷慨是有限的,而资源是稀缺有限的,所以要用法律来界分财产,定纷止争。但对这一事实,道德和法律的目标是不一致的:道德的目标很高,它想消灭自私,变有限的慷慨为无限的慷慨,人们就不会为资源的稀缺而争战了,这个目标很好,却不现实。假如在同样的时间,甲获得 5 单位财

---

[1] [英]休谟:《人性论》(下册),关文运译,商务印书馆 1980 年版,第 536 页。

富，乙获得1单位财富，法律强迫甲给乙2单位财富，在二人之间实现平等，实现"善"，这有什么不好呢？问题在于人的自私是主要的，自私的本性决定甲不情愿因为自己比乙富有而白给乙2单位财富，如果法律强制实现二人之间的财富平等，自私的本性就决定了甲要通过降低劳动时间和劳动强度，把自己的收入降到和乙一样多的程度，甲的工作活力和创造力就被扼杀了，推而广之，整个社会的发展活力也就没有了，中国计划经济下的大锅饭养了懒汉，北欧的高福利政策也养了懒汉，阻滞了社会的发展，这就是法律强制性地实行"善"的崇高目标的恶果。当然，虽然人的自私是主要的，但毕竟还有有限的慷慨。① 一个人出于仁爱而无私地帮助他人，无疑给我们的社会增添了光辉，是我们所欢迎的，但这应出自道德的自觉而不是法律的强制。法的目标要低得多，它承认人的自私，也相信有限的慷慨，人们可以按照法律规则解决稀缺资源的界分问题，这就是休谟所说的"稳定财物占有、根据同意转让所有物和履行许诺的那三条基本法则"②。这三条基本法则既满足了人们的自私，又控制和限制这种自私于可容忍的限度内而不对他人和社会造成危害，自己也同等地免于受他人的危害，这个目标不高，它仅锁定在建立一个可容忍的社会而非美好的社会，但这个目标是现实的。

鲧采用了"堵塞"的方式治水，违背了"水往下流"的水运行的规律，失败了；禹采用了"疏导"的方式治水，顺应了"水往下流"的水运行的规律，成功了。法律之成为法律，法律之区别于道德的普遍性和强制性，恰恰是以其否定性作保证的。如果法律没有否定性，不将其作用范围严格限制在"止恶"这个狭小的领域，而是僭越自己的作用领域，将自己的强制性作用到"致善"这个道德领域，那就是逆着人性，堵塞人性。因为人的道德性和知识理性一样，是有限的，"致善"没有

---

① 自私居于主导方面，但不能因此而否认人有慷慨的一面，尽管这一面居于次要方面，虽然我们极少遇到一个爱别人甚于爱自己的人，但完全自私而无仁爱之心的人也是很少的，"自私这个性质被渲染得太过火了，而且有些哲学家们所乐于尽情描写的人类的自私，就像我们在童话和小说中所遇到的任何有关妖怪的记载一样荒诞不经，与自然离得太远了"。[英]休谟：《人性论》（下册），关文运译，商务印书馆1980年版，第527页。

② [英]休谟：《人性论》（下册），关文运译，商务印书馆1980年版，第536页。

普遍性。伟大的道德一直受到人类的景仰，从古到今都有公而忘私的人，而且这种高尚品格是令人敬佩的，是人性光辉的体现，正如康德所说："有两样东西，人们越是经常持久地对之凝神思索，它们就越是使内心充满常新而日增的惊奇和敬畏：我头上的星空和心中的道德律。"①但是这种高尚品格之所以为人所推崇，正是因为它没有普遍性，它像金子那样稀少而珍贵，泰山的峰巅在理论上只有针尖那么大小，如果泰山的峰巅也能普遍化，山顶也能像山底一样宽大，那么它就丧失了存在的根由，必然夷为平地。大德大智如同泰山的峰巅一样不能普遍化，所以孔子说"唯上知下愚不移"（《论语·阳货》）。泰山给人"会当凌绝顶，一览众山小"的高山仰止崇高感，不正是在那峰巅的一点之上吗？我们可以仿就人的知性而言的"唯上知下愚不移"，说明就人的道德性而言，那就是："唯上善下恶不移"，"上善下恶"都不具备普遍性，"人人都去行善"这个目标不是人类社会而是虚构的天国的状态，"人人都去作恶"的逻辑是社会的完蛋。具有普遍意义的人性就如休谟所作的判断：自私和有限的慷慨，它在自然所提供的稀少供应的环境里，必须靠法律的保护才能维系。"由于我们的所有物比起我们的需要来显得稀少，这才刺激自私；为了限制这种自私，人类才被迫把自己和社会分开，把他们自己的和他人的财物加以区别。"② 因此，休谟断言："利己心才是正义法则的真正根源；而一个人的利己心和其他人的利己心既是自然地相反的，所以这些各自的计较利害的情感就不得不调整得符合于某种行为体系。"③ 正义起源于人类的协议，以补救由人类心灵的某些性质（自私和有限的慷慨）和外界对象的情况（容易转移）结合起来所产生的某些不便，它是从对人类的交往和社会状态的必须用途中派生出来的，"公道或正义的规则完全依赖于人们所处的特定的状态和状况，它们的起源和实存归因于对它们的严格规范的遵守给公共所带来的那种效用。在任何值得考虑的环境下，倒换一下人们的状况如：生产或者极

---

① ［德］康德：《实践理性批判》，邓晓芒译，人民出版社2003年版，第220页。
② ［英］休谟：《人性论》（下册），关文运译，商务印书馆1980年版，第535页。
③ 同上书，第569页。

端丰足或者极端必需，根植于人类胸怀中的或者是完全的温良和人道，或者是完全的贪婪和恶毒，即通过使正义变成完全无用的，则你们由此就完全摧毁它的本质，终止它所加于人类的责任"[1]。正义不是消除人的自私之心，也不能说自私就是不道德的，否则人们在自私的活动中不总是受到道德的自我谴责吗？相反，正义就是使自私之心受到恰当的调整，使一个人的自私不超过限度而去损害他人的自私，正义恰恰是保护自私的——合理的自私，"利己而不损人"的自私。不合理的自私本身就是一个悖论——以"我"观之，它损害了"他人"的自私而满足"我"的自私；但以"他人"观之，"我"不又成为"他人"的"他人"吗？在"我"损害"他人"利益时，"他人"会不会以其人之道还治其人之身来损害"我"的利益？解决问题的出路在于：变"损人利己"为"利人利己"，如休谟所说"这些各自的计较利害的情感就不得不调整得符合于某种行为体系"，在这个体系里，"损人"就是"损己"，因为"我"也是"他人"的"他人"，变换一下视角，"我"既是"自己"又是"他人"，"我"只是"我"一人的"自己"，却是众多"他人"的"他人"。在一个法治健全的社会，即使是一个本性难移的自私自利之徒，想走"损人"而"利己"之路，只能是适得其反，此路不仅不通，而且危险得很；真是"以己昏昏，使人昭昭"。所以老子认为：无私方能成其私（"非以其无私邪？故能成其私"《老子·七章》），不贪图不当之利正是为了保护自己的正当利益，正是为了不失去自己的利益。可见，法律的使命就在于通过打击"损人利己"而维护"利人利己"，保护社会的正常有序发展，它的目标是较低的，它的作用范围是受到限制的。至于"损己利人"这样的崇高目标，是道德的使命。

在孔子看来："为政以德，譬如北辰，居其所而众星共之。"（《论语·为政》）道德的光芒（道德上限）主要存在于理想的彼岸而非现实的此岸，但现实的此岸若不能接受它的照耀（道德下限），那将是漆黑一团，是不能正常运转的。可以说，道德对于人类社会的作用犹如想

---

[1] ［英］休谟：《道德原则研究》，曾晓平译，商务印书馆2001年版，第39页。

象力对于科学家的作用，没有想象就不可能有科学发明，而想象和科学发明之间又绝不能画等号。道德上限是道德下限的形而上之源，但二者之间不能画等号，正如不能把太阳自身燃烧的火与它照射到地球上的光画等号，否则太阳带给人类的光热度远远超过人类自身的承受能力，必为灾害；道德下限是道德上限的形而下化，其光芒已经是大为减弱了。每次道德的"乌托邦"运动之所以只能以人间的悲剧收场，在于道德是法律的形而上之源，虽然道德的底线和法律是重叠的，道德的上限却在法律的彼岸，正如星辰在天上一样，道德"乌托邦"的实质在于道德法律化，以法律的手段强制推行没有普遍性和现实可行性的崇高道德规范，它是建立在对人性高调和过于乐观的估计上，也就是一种不切实际的错误估计上，犹如揠苗助长，是注定要失败的。道德是人之为人最根本标志，孔子非常重视个人道德修养，强调"君子喻于义"，谴责"小人喻于利"，"损己利人"的君子行为是值得称道的，"损人利己"的小人行为是可恶的，从道德上讲是毫无疑问的。但从现实上看，"损人利己"和"损己利人"都不具有普遍性，人人都"损人"，谁是被损者？人人都"利人"，谁是被利者？所以，一个正常的社会，不能强制推行"损己利人"的所谓高尚道德规范，也不能任"损人利己"的恶劣道德行为肆虐。强制是法律的而非道德的手段，强制的运用是有条件的，正如康德所说："根据这些条件，一个人的意志［Willkur］可以根据一种普遍的自由法则与其他人的意志连接在一起。"[①] 这种强制，根据普遍法则，可以与一个人的自由并存，康德举例说："当人们说债权人有权要求债务人偿还他的债务时，这丝毫不是说债权人可以让债务人的心理感觉到那是理性责成他那样做,[②] 而是说，债权人能够凭借某种外在强制力迫使任何一个债务人还债。而这种强制，根据一条普遍法则，与所有的人（包括与此债务有关的各方面的人在内）的自由相符合。可

[①] 转引自哈贝马斯《在事实与规范之间——关于法律和民主法治国的商谈理论》，童世骏译，生活·读书·新知三联书店2003年版，第34页。

[②] 这与一个穷人接受慈善机构的募捐具有质的不同意义。——笔者注

见,权利和强制的权限是一回事。"① 强制必须限制在和所有人的自由相符合的范围内。一个人与他人之间有三种关系——损人利己、损己利人、利人利己,前两者是不对等关系,犹如失衡的天平,不具备普遍性;后者则是对等的关系,犹如平衡的天平,具有普遍性。一个正常的社会,最关注的是维护"利人利己"(互惠互利),打击损人利己,并用法律保证之,但法律并不能强制"损己利人"的道德善行,法律和道德理想主义并不吻合,法律的作用在于保护这种对等和平衡关系而不是破坏之;只有等值的利人利己才具有普遍性,这是道德现实主义的主张,和法律是吻合的,也是孔子的主张。只有理解这一点,才能理解:子路救溺取酬为什么受到孔子的称赞,子贡赎奴拒酬为什么受到孔子的批评。子贡赎了奴隶而不取金,够高尚的,孔子却批评他:"赐失之矣。夫圣人之举事,可以移风易俗,而教导可施于百姓,非独适己之行也。今鲁国富者寡而贫者多,取其金则无损于行,不取其金,则不复赎人矣!"(《吕氏春秋·察微》)子路救了溺水者,被救者用一头牛来酬谢他,子路接受了,这个行为并非高尚,孔子却称赞他,因为"鲁人必多拯溺者矣"!

法律的否定性和道德的肯定性的区别是:前者乃指这样一种状态,除法律规则所禁止的以外,一切事项都为许可;后者则指另一种状况,除道德准则许可的以外,一切事项都被谴责。比如,法律惩戒损人利己,禁止偷盗,只要你不偷盗,你帮助他人或不帮助他人都是法律所许可的,一个乞丐从你面前经过,你不救济他法律也不干涉你;道德倡导损己利人,帮助别人,你偷盗道德是谴责的,你虽没偷盗但没有帮助他人比如对擦肩而过的乞丐没予以救济,那也是道德谴责的。为什么会出现这种情况呢,因为法律义务和道德的义务是不同的:法律义务是否定性的、相对的、受限制的,法律的义务是依法律权利而设定的,法律权利的范围正是法律义务的范围,一个人享有多少权利,才履行相应的法律义务,二者是对等的关系,法律不能超越一个人所享受权利范围之外

---

① [德]康德:《法的形而上学原理——权利科学》,沈叔平译,商务印书馆1991年版,第43页。德语的"Recht"有法、权利、正义等意思,所以这里译成"权利和强制的权限是一回事"。——笔者注

去设定法律义务。相比较而言，道德义务是肯定性的、绝对的，不受限制的，道德义务的设置与权利没有关系，一个人可以在没有享受任何权利下履行道德义务，二者是单向度关系而非等价关系。例如，父母与子女的等价交换关系不同于一般的"共时性"等价交换关系（如通常的商品交换和情感交流），而是一种"历时性"的等价交换关系，父母关爱、抚养幼小的子女时，并没有得到子女"共时性"的回报，而是子女长大后尊敬、赡养他们的"历时性"回报，这种"君子协定"是基于父子之间亲情的天然的、特殊的对等关系而得以实现，所以，一个人关心不关心他人的孩子或父母是个道德问题，而抚养自己的孩子、赡养自己的父母不仅是个道德问题，亦是一个法律问题。正是基于父子间的天然历时性的对等关系，一个人不赡养自己的父母是犯罪，受到法律的强制性制裁，他赡养自己的父母也是自然而然的，称不上高尚的道德行为；反过来一个人与他人父母之间没有这种天然的历时性对等关系，一个人不养他人父母不是犯罪，他赡养他人父母就不是理所当然的，而是一种高尚的行为，来自道德自觉而非强制。[①] 所以，法律的否定性是抑制小人的违背基本道德规范的行为（道德下限或底线），而道德的肯定性则是倡导君子的高尚道德行为（道德上限），前者是基础的，后者是高级的。孔子有两句重要名言：一句是"己所不欲，勿施于人"（《论语·颜渊》），另一句是"己欲立而立人，己欲达而达人"（《论语·雍也》）。从句式上看，不过是否定式和肯定式之分，但表达的意思就迥然相反。前者是谈法律（道德下限）的否定性，例如，你不想别人偷你的东西，那你就别去偷别人的东西，这是人人都应当也能够做得到的，具有普遍性；后者是谈道德（道德上限）的肯定性，例如，你想得到那辆豪华轿车，那就让别人也得到它，这不过是君子的道德修养，能做到的人太少了，没有普遍性，可以得到道德的提倡却不可以得到法律的强制执行。"除小人要放在比造君子更为优先的地位；公民没有做君子的要求，但有不做小人的要求；不做君子可，做小人不可，这是保证社会

[①] 聂长建、李国强：《"孔子难题"的法学意蕴》，《太原师范学院学报》（社会科学版）2007年第5期。

正常运转的底线。"① 法律体现的是"人性",遵守法律是对作为社会中一员的每一个人的基本要求,这种要求必须达到,甚至借助于强制力实施,否则人就滑向不能忍受的"兽性";道德体现的是人所向往的"神性",弘扬道德是对作为社会成员中一员的每一个人的较高要求,这种要求不是必须达到,只能提倡而不能借助于强制力实施,所以弘扬道德的人比遵守法律的人更令人尊敬,也更难以做到。法律的作用在于保证构成社会主体的常人不向小人方向堕落,从而保证社会有序化的基本要求;至于促使这些常人向君子方向努力,建立一个美好的社会,那是道德的目标和任务。

法的否定性还表明法律不能取代道德的社会调控作用。一个社会的调控如果只依赖于法律而抛弃道德,那必然是冷冰冰的社会,是人们厌恶、远而避之的社会;一个社会的调控如果根本就不通过法律,那就是一个混乱不堪、没有任何行为预期性、人们整天生活在诚惶诚恐之中的社会,这是一个人们无法正常生存的社会;而在注重法律调控的基础上又注重道德调控的社会,那才是一个既有序又给人以温暖的社会,是人们热爱向往的社会。以上公交车为例,乘客上车买票、车主负责将乘客送到目的地是由法律保证的,如果没有这样的保证,乘客上车不买票或者车主不将乘客送到目的地,那社会秩序就乱了,人们就无法正常地生活,这里就看出法律的基础性地位,没有法律是不行的;但问题并没有停在这里,当车上座位已满却又上来了老弱病残孕怎么办?因为一个人将自己的位子让给他人坐,这并没有法律上的义务,也不能实施法律强制力,但是,老弱病残孕没有位置坐毕竟不是美好的、令人愉快的境况,在这种情形下,道德出场了,人们出于道德自觉而将自己的位置让与老弱病残孕;在公交车上,法律保证了基本有序的生活,而道德保证了温暖美好的生活。在这里,法律否定违法的行为,并以强制力保证实施;道德肯定高尚的行为,却不以强制力保证实施;正因为法律的否定性,法律的调整范围和适用领域要远远小于道德,但又有道德所不具备的强制手段。

从上面的分析可以进一步引申出:法律以"正义"为本质,它不偏

---

① 聂长建:《利的逻辑与道德提升》,《重庆社会科学》2005 年第 3 期。

不倚地调整双方或多方的利益关系，它只是禁止一方损害他方的利益，却不牺牲任何一方的利益，它对各方是公平的也能够为各方普遍接受，也具有强制执行的理由，法律对人类的每一员都是"必需品"，以上面的例子，乘客买票是换取公交车的服务，公交车的服务是为了获得收入，这是一个互利的关系，法律没有牺牲任何一方的利益，而是使双方处于均衡有序的状态；道德以"善"为本质，它总是根据特定情况调整双方或多方的关系，它倡导一方通过自我牺牲的方式来有益于另一方的利益，它对各方是不公平的，所以不能够为各方普遍接受，也没有强制执行的理由，道德对人类的每一员只是"奢侈品"，以上面的例子，正常人给老弱病残孕让座只有道德义务而没有法律义务，让座者是出于恻隐、同情等道德情感而不是获得利益，这不是一个互利的关系而是一方失利一方得利的关系，道德牺牲了一方的利益，使双方处于不均衡状态，这不可能是普遍存在的状态，具有强制普遍性的法律不能在这个领域勉为其难。法律实施时，一方对另一方的正义和另一方对它的正义是相容的，每一方都能够同时对对方是正义的；道德实施时，一方对另一方的"善"和另一方对它的"善"是不相容的，每一方不能够同时给对方"善"，一方的"善"对应另一方的"恶"，甲帮助乙是"善"，乙接受帮助就是有损于甲的"恶"。强制实施法律，双方都得到"正义"的对待，是逻辑自洽的；强制实施道德，一方得到"善"待，一方得到"恶"待，这不是逻辑自洽的，而是陷入悖论之中。所以不能用法律手段强制实施高尚道德，法律的领域是"正义"，"善"不是法律的领域，"善"之领域属于道德，对法律来说是否定的。但道德照耀着法律领域，道德和法律（正义和善）有着共同的敌人——"恶"，法律不直接带来"善"但通过对"恶"的抑制惩罚而保证"善"的良好生成环境，正义越是得以伸张，道德越是健康成长。

三 法的否定性和自由是相容的

哈耶克指出："和平、自由、正义：三个伟大的否定性理想。"[①] 法

[①] ［英］哈耶克：《法律、立法与自由》（第二、三卷），邓正来等译，中国大百科全书出版社 2000 年版，第 460 页。

律所保障的,只是在各人为了追求自己的目的而使用自己的知识的行动过程中形成的那种活动秩序的抽象特性,而不是它的肯定性内容(positive content)。法律只是从否定性方面禁止人们做什么和保护人民免受侵害,但不能从肯定性方面强制人民做什么、干涉人民的正常的私人领域。密尔在他的论著中开宗明义地指出:"本文的目的是要力主一条极其简单的原则……这就是说,对于文明群体中的任一成员,所以能够施用一种权力以反其意志而不失为正当,唯一的目的只是要防止对他人的危害。"① 在密尔看来,任何人的行为只有涉及他人那部分才须对社会负责;涉及自己的部分,自己则是最高主宰,独立性在权利上是绝对的。假如一个人的行为没有对他人构成伤害,法律是无权禁止的。马克思认为:"法律在人的生活即自由的生活面前是退缩的。"② "法律不是压制自由的手段。"③ "自由就是从事一切对别人没有害处的活动的权利。每个人所能进行的对别人没有害处的活动的界限是由法律规定的,正像地界是由界标确定的一样。"④ 康德也认识到法律强制和自由的辩证关系,他指出:"如果在某种程度上,行使自由的本身就是自由的妨碍,那么,根据普遍法则,这是错误的;反对这种做法的强迫或强制,则是正确的,因为这是对自由的妨碍的制止,并且与那种根据普遍法则而存在的自由相一致。于是,根据矛盾的逻辑原则,所有的权利都伴随着一种不言而喻的资格或权限,对实际上可能侵犯权利的任何人施加强制。"⑤ 都是强调法的否定性,避免法律对人们所进行的一切无害于社会的活动的干涉;法律只是从否定性方面强制一个人不得对他人(社会)施恶,而不是从肯定性方面强制一个人对他人(社会)行善。

---

① [英]密尔:《论自由》,许宝骙译,商务印书馆1959年版,第10页。
② 《马克思恩格斯全集》第1卷,人民出版社1956年版,第72页。
③ 同上书,第71页。
④ 同上书,第438页。
⑤ [德]康德:《法的形而上学原理——权利科学》,沈叔平译,商务印书馆1991年版,第42页。但是侵犯权利的主体,既可能是滥用"权利"的个人,也可能是滥用"权力"的政府,后者的危害是根本性的,在此,康德没有提及后者,整个康德法哲学对这个问题是忽视的,这是康德法律思想的重大缺陷。——笔者注

法的否定性和自由是相容的，因为法的否定性限制了法律对人们的干预领域，人们在思想领域是自由的，在没有对他人和社会造成伤害的行为领域，也是自由的，而且法律正是保证这种自由不受伤害，所以洛克说："这是因为自由意味着不受他人的束缚和强暴，而哪里没有法律，哪里就不能有这种自由。"① 如果从肯定性去理解法律，法律对人们的干预就不受限制了，法律也就成了自由的对立面，边沁宣称："每一部法律都是一种罪恶，因为每一部法律都是对自由的侵犯。"② 法的肯定性、法的否定性分别和肯定自由、否定自由相联系，哈耶克总结了两种自由主义传统，把它们分别称为"高卢自由"和"盎格鲁自由"；美国的政治哲学家 Francis Lieber 在 1848 年就指出：高卢自由是试图在统治和治理（government）中，在政府组织最高度的干预中寻求政治文明的自由，而这种干预是暴政抑或是自由的问题，取决于谁是干预者及这种干预对谁有利，按照盎格鲁的观点，这种干预只能是极权政制，③ 追求自由的目的为暴政的结果所取代，正是高呼"自由、平等、博爱"的法国大革命淹没在血雨腥风之中，连其始作俑者卢梭也不得不哀叹"人生而自由而又无时不在枷锁之中"，等待法国人的是两次帝制的复辟，政体翻来覆去，流血冲突不断。而英国在光荣革命后几百年间保持稳定的政体，不成文的宪法《大宪章》限定了国王的权力，国王没有权力干涉人民的自由，人民享受了免于不当干预的权利，这个没有成文宪法的国家里却很好地实践着宪政，人们享受着充分的否定（消极）自由。而肯定自由本身就是一个悖论，它通过国家组织强制人民过一种集体性的、共同的生活，剥夺了个人的生活私人领域，通过压制个人自由的方式来获得所谓的集体的自由、全民性的自由，简直是南辕北辙。因为集体的自由、全民性的自由正是通过个人自由体现出来的，国家保护了每个公民的个人自由，也就是保护了集体的自由、全民性的自由；国家无端损害了每

---

① ［英］洛克：《政府论》（下篇），叶启芳、瞿菊农译，商务印书馆1964年版，第36页。

② 转引自［英］哈耶克《自由秩序原理》（上册），邓正来译，生活·读书·新知三联书店1997年版，第69页。

③ 同上书，第62—63页。

个公民的个人自由，也就是摧毁集体的自由、全民性的自由；没有个别就没有一般，没有个人自由就不可能有全民性自由。法的否定性实质指法的适用领域的限制性，法和道德的主要区别在于法是以国家的强制力作保证，这里国家"权力"具有"双刃性"，受到限制的"权力"能发挥法的积极作用，法和自由是相容的；不受限制的权利、僭越自己适用领域的"权力"，则扭曲法律的功效，使法律走向自由的对立面。进入资本主义社会后，为什么法国和德国出现血腥的大革命和法西斯专政而英美则保持稳定的政体呢？原因在于，法国的大革命和德国的法西斯专政都是强势政府的公法之治，法律具有肯定性的特征，政府犹如庞大的"利维坦"，政府通过法律权力干涉人们的自由生活是无孔不入和不受限制的，"人民主权"淹没了"人权"，个人在国家这个庞大的"利维坦"面前为零；国家是主语，个人是宾语；权力是主人，权利是仆人；这就是法国大革命和德国法西斯专政的共同逻辑，其共同结果是个人权利被肆意践踏于血雨腥风之中。而英美则一直是弱势政府的私法之治，法律具有否定性的特征，法律不是对个人的正当自由进行限制，而是对国家的不当权力进行限制，法律规定了国家不能对个人做什么，政府不再是不受限制和无孔不入的庞大"利维坦"；个人是主语，国家是宾语；权利是主人，权力是卫士。法谚"风能进，雨能进，国王不能进"表明："房屋"虽然残破，在物理上是不完整的，不能够挡风雨，但在法律上作为私人住宅却是不受"权力"非法侵犯的独立的、完整的私人领域，在这一纯私人领域面前，法律对代表公共权力的国王说"不能进"，在国王代表的公共权力和国家威慑力面前，它却是独立的，有尊严的，不容侵犯的，王权受限，权力受限，权力止步于权利面前，法律否定了国家权力对个人权利的非法干预。

正如哈耶克指出：立法是人类充满严重后果的发明之一，它赋予了人类实现某种善所需的威力巨大的工具，向人类开放了诸多全新的可能性，"然而，那些关于谁应当拥有这种权力的讨论，却在很大程度上遮蔽了这样一个更为基本的问题，即这种权力应当扩展至多大范围。只要我们还以为这种权力只有被坏人操纵时才会产生恶果，那么可以肯定地说，它仍是一种极度危险的权力"①。权力无限膨胀的公法之治不是真正的法治也不可能带来自由，哈耶克批评公法之治的典型代表法国大革命时说道："不论这场大革命在多大程度上导源于法治的理想，但它是否真正推进了法治的进程仍属疑问……法国大革命的一些努力，原本旨在增进个人的权利，然而这个目的却流产了，导致这个结果的决定性因素乃是法国大革命所创造的这样一种信念：既然所有的权力最终已被置于人民之手，故一切用来制止滥用这种权利的保障措施，也就变得不再必要了。"② 具有强制性的法律如果缺乏否定性的品格相匹配，逾越自己适用的否定性范围而至道德的肯定性领域，那它就失去自己本真的意义和功能，所谓"橘生淮南则为橘，生于淮北则为枳"。

否定性只是避免坏的后果，而非直接带来好的结果。否定性也是对法律适用范围的一种限制，它不过多地干预人民的生活空间，不肯定性地、面面俱到地规定人们必须做什么，只有这样才能给人留下自由的发展空间，真正发挥法律的积极作用。老子早就发现：轴头能穿进车轴使车轮转动、陶器能装食物、房屋能住人，正在于其中有空隙处，"故有之以为利，无之以为用"（《老子·十一章》）。这才是对法律的辩证认识，法律对其否定性之外的领域，都是"无"，比如禁止偷盗是否定性的，在此之外，你是否"肯定性"地帮助他人，数量和结果如何，都不在法律的视野之内；唯有如此，法律才能带来社会之利。正如前面斯密所述，法律正是支撑社会大厦的梁柱，但是如果一个高楼大厦全部为梁柱所占满而无空间，那么大厦就不成为大厦了，就不能为人所用了。

亚里士多德指出法治的两个特征："已成立的法律获得普遍的服从，而大家所服从的法律又应该本身是制订得良好的法律。"③ 法的否定性是良好法律的根本保证，它严格限制法的作用范围仅在于用强力手段制止一个人对另一个人或社会的伤害，从而保障一个可容忍的社会的正常运

---

① [英]哈耶克：《法律、立法与自由》（第一卷），邓正来等译，中国大百科全书出版社 2000 年版，第 113 页。

② [英]哈耶克：《自由秩序原理》（上册），邓正来译，生活·读书·新知三联书店 1997 年版，第 246—247 页。

③ [古希腊]亚里士多德：《政治学》，吴寿彭译，商务印书馆 1965 年版，第 202 页。

转；法律并不具备一个在宏伟目标指导下的肯定性特征，去强迫一个人行善于社会或他人而去建立美好、理想的社会。笔者在这里不是否认理想社会和美好社会，而是说这样的理想美好社会是道德的目标和没有强制力的"德化"的结果，它不是法律的目标，更不能以法律的强制手段去实现，见了乞丐不伸以援助之手是道德所坚决谴责的，但就是不能以法律的强制手段去干涉。哈耶克在评价休谟的政治哲学时指出，在休谟看来，"政治上最大的善——和平、自由和公正，本质上都是消极的，是避免伤害的保护措施，而不是实在的礼品"①。虽然没有人比休谟更热情地为和平、自由和公正而斗争，但是"休谟清楚地知道，想在地球上建立另一种积极的公正的雄心，是对那些价值的威胁"②。以卢梭思想为指导的法国大革命的重大理论失误就是忽视法的否定性，误用了良好的法律并不存在的肯定性，以法律的强制手段去实现人类的伟大目标和价值，结果是适得其反，非但没有实现伟大的目标和价值，连基本的目标和价值也失去了，法国大革命的结果只能是血流成河，人间天堂的宏伟目标是以人间惨剧的结局而收场的。

四 "法的否定性"命题的理论价值

我国现行的法律理论对法律的认识是一种实证主义的观点，即从形式上探讨法律的有效性，这是一种单向度、片面的认识，当然也是一种错误的认识。法律作为人们对社会生活认识的产物，应当是康德所说的"先天综合判断"概念，即法律由内容和形式两部分组成，对法律有效性的检验也必须从形式和内容两个方面来考察。但我国现行法律理论所提出的法律的六个特征，都是从形式上认识法律，没有涉及法律的内容。实证主义的法律的有效性就是指：凡是根据合法程序而获得法律效力的，就被当作是法律，而不管其内容和价值指向，这就肢解了法律作为形式和内容、事实与价值统一体的本真意蕴。实证主义的基本观点是："任何法律体系中，一项公布的规范是否具有法律效力，以及该规

---

① [英]哈耶克：《经济、科学与政治——哈耶克论文演讲集》，冯克利译，江苏人民出版社 2000 年版，第 568 页。

② 同上。

范是否构成该法律体系的一部分,取决于其来源而非价值。"① 实证主义代表哈特坚持道德与法律的"分离命题",尽管法律在事实上往往反映或符合道德要求,却并非必然真理,法律和道德关系是偶然的,即使法律制度展示出与正义或道德的具体一致性,检验法律效力的标准也不必然要求借助于道德或正义,"在没有明确的宪法与法律规定的情况下,仅仅从一个规则违反了道德标准的事实,不能够说这个规则不是法律规则;相反,也不能仅仅从一个规则在道德上是值得赞扬的,就说它是一个法律规则了"②。哈特的承认规则是他对法律有效性理论的重要贡献,他认为:"说某一规则是有效力的,就是承认它通过了承认规则所提供的一切检验,因而承认它为该法律制度的一个规则。我们的确可以简单地说,某一特定规则是有效力的这种陈述意味着它符合承认规则所提供的一切标准。""法律制度的基础是把法律效力标准具体化的公认的承认规则。"承认规则是一种标准,用它来衡量某个规则是不是有效的法律规则,而这种标准又是一种系谱(pedigree)的标准,这种系谱的标准的根本特点是它只决定以什么方式、什么途径来产生法律,而不关乎这个法律的内容。也就是说法律实际从一个事先被确定的事实状态,而不是某一个价值标准中产生。法的规则有效性之所以是来自规则自身的,就在于规则经过制度化已经具有了一种自我生产规则,以满足社会行动需要的能力。③ 这样法律就是自足的封闭体系,并不需要这体系外的价值、正义等观念。拉兹认为实证主义的法律有效性是指:"通过有效法律体系所设置的检验,规则是可执行的,并不是因为规则的内容。"④ 实证主义从形式观出发,认为法律的识别和承认标准在于其形式来源,而不依赖于法律的内容、道德等因素,因此"恶法亦法"是实证主义理论

---

① John Gardner. Legal Positivism: 5 1/2 Myths [M]. The American Journal of Jurisprudence, 2001, pp. 199-227.
② [英]哈特:《法理学与哲学论文集》,支振峰译,法律出版社2005年版,第62页。
③ 参见[英]哈特《法律的概念》,张文显等译,中国大百科全书出版社1996年版,第104、147页;王旭:《法律规则的有效性理论研究》,《比较法研究》2007年第3期。
④ [英]拉兹:《法律的权威——法律与道德论文集》,朱峰译,法律出版社2005年版,第132页。

的必然结论,哈特宣称:"道德邪恶的规则可以仍是法律。"① "恶法是不是法"这个问题对实证主义极富挑战性,如果它作出否定性的回答,那就否定了"分离命题",实证主义的理论大厦顷刻土崩瓦解了;如果它作出肯定性回答,那么法律和实证主义岂不露出狰狞的面孔,人们选择法律和追求法治社会又有什么理性可言?纵使在西方的法律传统中,法律总是被当作正义的保护神而非凶神恶煞,我们选择法律,我们以法律来规范我们的行为,目的在于过良好的生活而非邪恶的生活,如果说邪恶的法律能带来良好的生活,这个逻辑连实证主义也没有理由相信。"恶法是不是法"这个问题把实证主义打回不受人欢迎的"原形",使之陷入理论上黔驴技穷的尴尬境地,以致哈特闪烁其词地宣称:"这是法律;但它们是如此邪恶以至于不应遵守和服从。"② 法律实证主义的另一领军人物凯尔森也无可奈何地认为:"从法律科学的角度来看,纳粹统治之下的法律(Recht)也是法律(Recht)。我们虽说可以对这样一种状况表示遗憾,但是我们却不能因此而否认它是法律。"③ 这是占统治地位的实证主义对法律的错误界定而必然的自食其果。"二战"后对纳粹分子的纽伦堡大审判就遇到这样的难题,他们辩解说他们的所作所为是根据法律(纳粹制定的法律)而来的、是合法的,因而是无罪的。因为使纳粹法律臭名昭著的不是它的形式来源而是其邪恶的内容。现代法治应是亚里士多德所言的"良法"之治而不可能是"恶法"之治,那么一个有效的法律就不能不关注它的内容和价值蕴含,所以现行的法律理论只研究法律的形式特征而不进行内容上的探讨,是极其片面的。

"法的否定性"这一命题对实证主义的价值中立的、形式主义的法律观是一种适当的纠正,但又不矫枉过正,从左右两方面回击了对法律中道德内容的不正确认识。它从左的方面回击了实证主义的形式主义法律观,认为法律的有效性的检验尺度不但是形式上的,而且还有内容上

---

① [英]哈特:《法律的概念》,张文显等译,中国大百科全书出版社1996年版,第207页。

② 同上书,第203页。

③ [英]哈耶克:《法律、立法与自由》(第二、三卷),邓正来等译,中国大百科全书出版社2000年版,第85页。

的，一个规则仅有其合法的的形式来源并不必然是合法有效的规则，像公然鼓励杀人、放火、强奸、偷盗和种族歧视的规则，即使是通过有效法律体系的检验，具有合法的形式来源，如凯尔森的"基础规范"、哈特的"承认规则"或拉兹的"最终规则"，依然不能够获得有效性保证，因为法律中的两个向度：事实与价值或形式与内容，是不同质的，也不具有通约性，形式的检验也不可能代替内容的检验，通过形式检验的规则只是法律有效性的必要条件而非充分条件，只有既通过形式检验又通过内容检验的规则才是合法有效的法律；它从右的方面回击了道德法律化的极端观点，认为在现代法治社会中，法律不仅具有不同于道德的形式特征，而且在内容上二者也不是完全同一的，在道德中，只有基本道德才能转化为法律，高级道德不能转化为法律，这就划清了法律和道德边界，稳定了人们对法律的行为预期功能。

第三节 法治的价值论——墨子"杀盗非杀人"的法律价值分析

"杀盗非杀人"是价值判断而非事实判断，是法律命题而非逻辑学命题，从逻辑学的角度来批判这一命题犯了方向性的错误。这一命题并非否认"盗是人"这一逻辑问题，而是强调"盗亦或非盗（人）孰应当被杀"的价值问题。由于价值判断是法律推理的灵魂，形式逻辑与价值没有关联，法学的涵摄推论不同于逻辑学的涵摄推论，"杀盗非杀人"这一在逻辑上不真实的命题在法学上是成立的，只有从法律价值判断的视角才能理解这一命题的意蕴。

持续两千年的从逻辑学角度对"杀盗非杀人"这一命题的批判实际上犯了"隔岸冲拳"的错误，因为这一命题并不在逻辑学这一此岸，而是在法律那一彼岸。只有跳出逻辑学理解的樊篱，从法律的视角才能认识这一命题的意义。

一 事实判断与价值判断的提出

被误解的休谟难题提出事实判断和价值判断的问题，他说："作者在一个时期中是照平常的推理方式进行的，确定了上帝的存在，或是对人事作了一番议论；可是突然之间，我却大吃一惊地发现，我所遇到的不再是命题中通常的'是'与'不是'等连系词，而是没有一个命题不是由一个'应该'或一个'不应该'联系起来的……这样一点点的注意就会推翻一切通俗的道德学体系，并使我们看到，恶和德的区别不是单单建立在对象的关系上，也不是被理性所察知的。"[1] 很多人将休谟当作实证主义的鼻祖，但法律实证主义的"事实、价值二分"的观点，像奥斯丁所说"法律的存在是一回事，其功过则完全是另一回事"并不符合休谟的意思。事实判断与价值判断确实是伦理学非常重要的问题，过去一直将休谟这段话误解为休谟提出"事实判断推不出价值判断"，事实上休谟这段话是谈理性、情感与道德的关系，休谟持"情感主义道德观"，认为道德来自情感而非理性，从理性之"是"推不出道德之"应该"，根本不触及事实判断与价值判断的关系。事实判断与价值判断问题，恰恰提出在人类科学日益发展的背景下，人们不能将视野局限于"是"与"不是"的事实判断上，而是"应该"与"不应该"的价值判断上。应该承认，这两个判断是有区别的，对纯自然事物而言，二者是分开的，我们不能因为"天应该下雨"而得出"天在下雨"这一事实，二者是无逻辑联系的。但将人的努力加进去的社会事物而言，二者又是不能分开的，"应该人工降雨"和"人工降雨"这二者间就有逻辑联系，只有天干旱需要人工降雨这一价值判断，才能导致人工降雨这一事实判断。法律具有社会的性质，人们是在一定价值的指导下制定法律的，人们所制定的法律必须符合某种价值标准，不符合这种价值标准的法律是应该废除的。对于具有社会性质的东西而言，都具有事实和价值的两个层面，事实是价值的存在载体，价值是事实存在的根本性依据，事实离开了价值就会失去存在的合法性而难以为继。大思想家孔子非常重视法律的价值维度，"儒家的礼法合一的真义是对善法的追求，对恶法的否定，凸显儒家的道德精神和人文主义价值取向"[2]。孔子对齐景公谈治国之道时说："君君，臣臣，父父，子子。"(《论语·颜渊》) 也

---

[1] [英] 休谟：《人性论》（下册），关文运译，商务印书馆1980年版，第509—510页。
[2] 聂长建、杨龙：《孔子法哲学的三个维度》，《政法论丛》2007年第1期。

就是说君臣父子按照各自的应有之道去做,君要像个君的样子,臣要像个臣的样子,父要像个父的样子,子要像个子的样子,前面一个的君、臣、父、子是指一种事实的存在,后一个君臣父子并不是事实存在,而是对前面一个事实的价值要求,比如"君、臣的样子"就是像周文王(君)那样敬德保民,像周公(臣)那样赤胆忠心。当然,读者会说,桀、纣这样的暴君有价值可言吗,你能否认他们的事实存在吗?当然不能,但也更不能否认价值对这种事实的强制性要求,所以孟子说:"贼仁者谓之'贼',贼义者谓之'残'。残贼之人谓之'一夫'。闻诛一夫纣也,未闻弑君也。"(《孟子·梁惠王下》)桀、纣的下场是在汤武革命中灭亡,就充分说明对社会性质的事物,价值对事实具有统率作用。一个缺乏价值维度的恶法(如纳粹法律)固然可能有事实性存在,但最终逃不脱废除的命运;一个严重违反道德法律的不肖之徒也有一种事实性的存在,但不是一种合法和安全的存在,不能逃脱法律的惩罚直至极刑的消灭。都自称师承休谟的边沁和哈耶克二人观点相左。哈耶克对边沁进行了激烈的批评,认为自己继承了休谟的正宗,而边沁却误解了休谟;他指出:"法治(the rule of law)因此不是一种关注法律是什么的规则(a rule of the law),而是一种关注法律应当是什么的规则,亦即一种'元法律原则'(a meta-legal doctrine,亦可以转译为"超法律原则"))或一种政治理想。"[①] 事实判断与价值判断问题的提出与科学的发展是紧密相连的。科学的发展大大提高了人类社会的"求真"能力,昔日不可能存在的"否"的"非事实"在科学面前变成了实实在在的能够存在的"真"的"事实",决定人类行为指向的不局限于人们能否做到的事实判断,而是人们应当否去做的价值判断。可以说,科学越是发展,人们的"求真"能力越强,事实判断越是不成问题,价值判断越应成为人们行为的航标,这个趋向在当今表现得更为明显,比如"克隆人"不仅在炫耀人的理性能力,更在拷问人的道德根本,禁止克隆人的法律首先是一个价值判断,它在事实判断上已毫无疑问或不成问题。人们发现和运用

---

① [英]哈耶克:《自由秩序原理》(上册),邓正来译,生活·读书·新知三联书店1997年版,第261页。

法律首先在于其目的性，通过法律达到一定的调控目标，这首先就是一个方向性问题，即法律应当如何的问题，缺乏这个价值判断，我们的法律行为是盲目的，如无头苍蝇，如没有方向盘的汽车。科学上的形式主义和价值中立只适于自然的现象，对于作为社会现象的法律并不适用。

中华民族是早熟的民族，事实判断与价值判断这个问题早就被两千多年前的孔子和墨子所认识到，最为明显的就是孔子的"父子相隐、直在其中"和墨子的"杀盗非杀人"，强调的是价值倾向：应该杀的是（有道德恶行的）盗而不应该是（没有偷盗等道德恶行的）人，从逻辑上来讲，"盗"也是"人"，"盗"和"人"都是事实状态，"盗是人"是事实命题，墨子并没有说"盗不是人"，而对墨子的诸多批评就是这么认为的。但笔者认为，把"杀盗非杀人"武断、简单地还原、简约、等同"盗非人"是对墨子的极大误解。因为"盗"和"人"均为事实，而"杀盗"和"杀人"均为法律行为，而法律行为总是在法律价值的支配下产生的，不同的法律价值赋予同一法律行为以不同的意义。盗或人是事实问题，是不容选择和取舍的；对"杀盗"或"杀人"的认识是法律价值问题，必须进行选择或取舍。拉德布鲁赫指出："'所有人必然要死亡'——'你不应杀人'，这个例子向我们说明了两种不同的法则：必然法则和应然法则，前者是要说明事物不可避免地将要实现，后者则尽可能安排事物不要出现；前者因与客观存在的实际性相一致而发生作用，后者则无视与客观存在的实际性不一致而发生作用；前者刻画出客观现实世界的大体面貌，后者则表明了一个较好世界的建设方案。对任何人来说，他都会毫不犹豫地在这两类法则中选择法律法则。人类灵魂的每一种基本活动都适用一种特定的应然法则：有关思维的正确性、实际性、科学性的法则由逻辑阐述，有关形式、艺术和美感体验的法则由美学阐述。至于规定我们的意愿和行为的伦理上的应然法则乃有三种：道德、习惯以及法律，它们相应提供了善良的、应有的、公正的行为标准。"[①] 墨子已承认"盗人，人也"这一事实，但从法律的价值来讲，偷盗的人该杀，而没有偷盗等为法律

---

① ［德］拉德布鲁赫：《法学导论》，米健、朱林译，中国大百科全书出版社1997年版，第1页。

所禁止的行为的人是不该杀的,"杀盗"者不承担"杀人罪"的法律后果,"杀盗"和"杀人"具有不同的法律意义,这就是墨子这一命题的法律意蕴。荀子对墨子的批评是:"'见侮不辱','圣人不爱己','杀盗非杀人也',此惑于用名以乱名者也。验之所以为有名而观其孰行,则能禁之矣。"(《荀子·正名》)在荀子看来,侮即辱之类,圣人为人之类,盗亦人,在外延方面"人"的范畴包含了"盗"的范畴,所以,说"盗"的时候,就意味着说他同时也是"人",杀"盗"也是杀人,不能因为名之异而将他们看作不同类,这是用名以乱名之类。但是荀子对墨子的理解是断章取义的,请看墨子自己的说法:"白马,马也;乘白马,乘马也。骊马,马也;乘骊马,乘马也。获,人也;爱获,爱人也。臧,人也;爱臧,爱人也。此乃是而然者也。获之亲,人也。获事其亲,非事人也。其弟,美人也;爱弟,非爱美人也。车,木也;乘车,非乘木也。船,木也;入船,非入木也。盗人,人也;多盗,非多人也;无盗,非无人也。奚以明之?恶多盗,非恶多人也;欲无盗,非欲无人也。世相与共是之。若若是,则虽盗人,人也;爱盗,非爱人也;不爱盗,非不爱人也。杀盗人,非杀人也。"(《墨子·小取》)墨子自己也承认"盗人,人也"这个事实判断,而荀子却以之批驳墨子,但正如墨子所提出的"其弟,美人也;爱弟,非爱美人也"和"恶多盗,非恶多人也;欲无盗,非欲无人也"等说法不是就事实而言,而是就价值取向而言,这里的"非"应该翻译成"不应当看作是",翻译成"不是"是不恰当的。"杀盗人,非杀人也"不是事实判断而是价值判断,而"白马,马也"和"盗人,人也"是事实判断,所以墨子这个命题并非像荀子所言的"以名乱名",荀子对墨子的非难在于他没有像墨子那样将事实判断与价值判断区别开来。

二 逻辑上的"涵摄"和法律上的涵摄的区别

一旦将此命题理解为法律上的价值命题,那么其与"白马非马"这样的事实命题的区别就是显而易见的,而对墨子的非难恰恰是将这两个命题混为一谈。"白马非马"之所以错误,就在于"马"与"白马"都是就事实而言的,"马"的外延大于"白马"的外延,逻辑学上的涵摄,也就是将外延较窄的概念划归于外延较宽的概念之下,将前者涵摄于后者之下;"马"能够涵摄"白马",因为"马"是由包括白马在内的各种颜色的马组成的,"白马非马"是错误的。作为法律适用基础的涵摄推论,并不是将外延较窄的概念涵摄于较宽的概念之下,而是"将案件事实归属于一法规范的构成要件之下"①。司法三段论中作为小前提的案件事实与作为生活事件的案件事实不同,后者是前者指涉的对象,"涵摄推论的小前提乃是如下陈述:法条构成要件所指陈的要素,其于陈述所指涉的生活事件中完全重现",其推演模式如下:T籍要素m^1、m^2、m^3而被穷尽描述;S具有m^1、m^2、m^3等要素;因此S是T的一个事例"。② 所以说,司法三段论的大前提对小前提的涵摄,与逻辑学的大前提对小前提的涵摄是不同的,前者是从构成要件而言,后者是从外延的宽窄而言。在司法三段论中,外延较宽的大前提并不必然涵摄外延较窄的小前提,关键在于构成要件能否涵摄。如《刑法》第二百三十二条规定:"故意杀人的,处死刑、无期徒刑或者十年以上有期徒刑;情节较轻的,处三年以上十年以下有期徒刑。"如果用逻辑学上的外延较宽的大前提涵摄外延较窄的小前提来适用案件事实,那是非常不合逻辑的,因为"故意杀人"这个概念的外延非常宽,完全能够涵摄诸如刽子手执行枪决、警察击毙歹徒等外延较窄的法律行为,但在此种情况下能对刽子手或警察判刑吗?不可以!为什么?因为司法三段论的"涵摄"是就构成要件而言的,而不是就外延而言的。单就逻辑学上外延宽窄的涵摄而言,"故意杀人"是指一切故意杀人行为,包括刽子手执行枪决、警察击毙歹徒等;但就司法三段论构成要件的涵摄而言,并非如此。因为法律与逻辑的不同在于法律不仅是事实判断,而且是价值判断;价值判断是司法裁判和法律推理的灵魂,就如同汽车的方向盘并不指向所有的方向而是指向一定的方向;经过法律上价值判断的梳理、过滤和取舍,一个法律概念基于价值判断所指的构成要件,在外延上不同于逻辑学上一个概念所指的外延,因为价值判断已经限定了法律概念的外延。又如《刑法》二百六十三条规定:持枪抢劫的要加重处罚,甲拿了一支

---

① [德]拉伦茨:《法学方法论》,陈爱娥译,商务印书馆2005年版,第33页。
② 同上书,第152页。

儿童玩具枪实施了抢劫,是否对甲实施加重制裁?如果就逻辑涵摄的外延宽窄而言,儿童玩具枪也是枪,当对甲加重处罚,但这是不合理的,因为就法律涵摄的构成要件而言,"枪"是指具有极大杀伤力的凶器,也就不可能指儿童玩具枪。"白马非马"是就事实而言,马的外延没有受到限制,马作为属概念其外延大于作为种概念的"白马"的外延,因此"马"能够涵摄"白马"。"杀盗非杀人"则不同,这里是指偷盗的人该杀,而没有偷盗等为法律所禁止的行为的人是不该杀的,在这个命题中,"人"的构成要件是指没有偷盗(抢劫、致死、强奸、诈骗、纵火、投毒等为法律所禁止的)行为的人,"人"的构成要件里并没有"偷盗的人"这个构成要件,因此二者并不构成涵摄关系。又如,人的自由是神圣不可侵犯的,抢劫犯也是人,是否抢劫犯的自由也是神圣不可侵犯的呢?否也,因为这里"人"的构成要件是遵守法律的人,他遵守了法律,他的自由才受到法律的保护,如果他触犯了法律就应受到法律的制裁;虽然抢劫犯也是人,我们却不能从"人的自由是神圣不可侵犯的"这个命题中,得出"抢劫犯的自由也是神圣不可侵犯的"这个结论,因为大前提"人"的这个概念里并不包含"抢劫的人"这个构成要件。《民法通则》第十一条规定:"十八周岁以上的公民是成年人,具有完全民事行为能力,可以独立从事民事活动,是完全民事行为能力人",这里的"十八周岁以上的公民"并不是指所有的年满18岁以上的人,它不包括第十三条所规定的以下两种年满18岁的人:(1)不能辨认自己行为的精神病人——无民事行为能力人;(2)不能完全辨认自己行为的精神病人——限制民事行为能力人,这两种人不具备完全民事行为能力。法律只有首先具有"应当"的灵魂才能被赋予"是"的躯体,法律有效性具有这样的逻辑:它首先是正当性存在,然后才能存在;在它存在后,如果丧失了正当性,必将不再存在;正如黑格尔所言:"凡是合乎理性的东西都是现实的,凡是现实的东西都是合乎理性的。"[①] 现实的东西如果是不合理的,必然是短命的、暂时的、被淘汰的。判警察击毙歹徒以故意杀人罪,抢劫犯的自由是神圣不可侵犯的,精神病人具

---

① [德]黑格尔:《法哲学原理》,范扬、张企泰译,商务印书馆1961年版,第11页。

有完全的行为能力，诸如此类的规定因为没有正当性，所以不能成为事实性的法律；纳粹法律在存在后，由于丧失正当性，很快变得不复存在。尽管杀盗在事实上也是杀人，但在法律上，基于价值判断，杀盗并非杀人罪，这就是"杀盗非杀人"的真实意蕴。

程仲棠指出：具有"杀有 X 特性的人非杀人也"这种形式的命题还有更可怕的，例如，"杀美女非杀人也"，"杀英雄非杀人也"，"杀革命家非杀人也"……只有疯子才会认为这些命题是合乎逻辑的，可是，一旦以"盗"这个可憎的概念取代"美女"、"英雄"、"革命家"……这些可爱或可敬的概念之后，连逻辑学者也认为"合乎逻辑"，岂非咄咄怪事？这是价值的僭妄，逻辑的失落，情感的轻狂，理智的懦弱。①这段议论颇有煽动性，但作者还是把逻辑学的他乡误当作法律的故乡。在法律上，"美女"该杀吗？"英雄"该杀吗？在法治的今天，"革命家"该杀吗？程教授认为，一旦以"盗"这个可憎的概念取代"美女"、"英雄"、"革命家"这些可爱或可敬的概念之后，连逻辑学者也认为"合乎逻辑"，此乃咄咄怪事！这完全是误解，因为"杀盗非杀人"根本不是一个逻辑学问题，而是法律上的价值判断问题，它只是说：法律应对那些具有偷盗等为法律所禁止的行为的人给予处罚（"杀"只是一种处罚），而对那些没有为法律所禁止的行为的人不应给予处罚，在这里，"人"是指没有为法律所禁止行为的守法的人，所以就事实而言，盗和美女都是人，杀盗和杀美女都是杀人，但在法律上，一个人"偷盗"是被杀的理由，而一个人长得"美丽"则不能成为被杀的理由，一个人因为偷盗而承担法律后果，却不能因为长得美丽而承担法律后果，如果因为盗和美女都是人而赋予同样的法律后果，把盗和美女都是人这一事实，理解为在法律上杀盗和杀美女是一回事，这样的法律是相当恐怖的，每一个守法的公民在法律面前就没有安全感可言：我没有违法却要和违法者一样受到法律惩罚，法律惩罚"盗"（违法者）就是惩罚"人"，而我也是人呀，我是不是也要受到惩罚？这样的逻辑才是咄咄怪事！法律赋予一个警察击毙一个穷凶极恶歹徒的权力，

---

① 程仲棠：《从"杀盗非杀人"看逻辑与价值的混淆》，《中国哲学史》2005 年第 1 期。

警察击毙一个疯狂的歹徒不是犯杀人罪，杀害一个无辜的公民却犯了杀人罪，歹徒和公民都是人，但击毙歹徒和击毙没有违法犯罪的公民所承担的法律后果就不一样，这难道不符合逻辑吗？美女、英雄、革命家、歹徒、公民在事实上都是人，但一旦进入法律领域，他们就具有不同法律意义，被赋予不同的法律后果，这是法律常识而非什么是否符合逻辑的问题。这一事实上不真实、价值上正确的法律命题表明，"价值"是人所具有的特性，价值的进入增加了人们认识事物的复杂性和深度，价值是目的，逻辑是手段，价值以"对错"来评价，逻辑则以"真假"来评价，这是两套不同的评价标准，"杀盗非杀人"这一命题也就不是什么"逻辑屈从价值，价值牺牲逻辑"①。矛盾尽管在主观思维上是要排除的，但在现实上是客观存在的，要把形式逻辑所遵循的矛盾律和客观事物本身所存在的辩证矛盾区别开来，遵循逻辑而消除思维上的矛盾是应该的，但企图通过逻辑来消除表述客观事物本身的矛盾那才是逻辑学的僭越。辩证法是对外在事物的客观运动而言，形式逻辑是对内在思维的主观运动而言，辩证矛盾是客观事物本身存在的，逻辑矛盾则是主观思维本身所必须避免的。辩证法和形式逻辑本来处在隔着岸的不同领域，是互不搭界的，它们的交战也是虚妄的，起因于把客观事物运动和主观思维运动混为一谈。辩证矛盾与形式逻辑矛盾律是处在不同两"岸"的法则，用一方反对另一方是完全错误的。② 比如"他不是人，禽兽不如"，"既是天使又是魔鬼"，这样的话符合逻辑吗？是价值的僭妄，逻辑的失落，情感的轻狂，理智的懦弱？不，正是人类理性的体现和智慧的闪光，正如恩格斯指出："一个民族要想登上科学的高峰，究竟是不能离开理论思维的。"③

法律的概念、判断和命题是通过语言来表述的，而语言的表现力总是有限的，一个语言表达，只有在它所指的范围内才是明确、有效的；

---

① 程仲棠：《从"杀盗非杀人"看逻辑与价值的混淆》，《中国哲学史》2005年第1期。

② 聂长建：《困境与解困——从"飞矢不动"看理论和实践的关系》，《中共南京市委党校南京市行政学院学报》2007年第1期。

③ 《马克思恩格斯选集》第4卷，人民出版社1995年版，第285页。

超出其所指的范围，通常是含糊、无效的。"他不是人，禽兽不如"是就价值而言的，表明他不具备人的道德品行，而不是就生物学意义上的人而言的；"既是天使又是魔鬼"也是表明某人道德的两面性，不是说在事实上该员既是天使又是魔鬼。上文研究表明，"杀盗非杀人"是就法学而言，而不是就哲学、逻辑学而言的，这就限定"杀盗非杀人"这句话所指向的对象。其实我们进一步分析，即使在法学里，"杀盗非杀人"仍有其所指的范围，即它是指受价值导引的法律规范或大前提，而非与价值无涉的案件事实或小前提。以《刑法》第二百三十二条为例，刑法上的故意杀人罪是指故意非法剥夺他人生命的行为，"故意杀人"这个概念的构成要件包括杀人行为必须具有非法性这一价值判断，而逻辑学上的"杀人"作为事实命题不受此限，而是指一切杀人行为；刽子手执行枪决、警察击毙歹徒就不是刑法的法律规范或大前提里的故意杀人罪，但肯定是"故意杀人"这一事实，警察击毙歹徒同样是故意杀人这一事实，但这一事实具有合法性，不在《刑法》第二百三十二条的构成要件里，因此它只是事实而非法律上的案件事实，不会被赋予所规定的法律效果。

三　学科壁垒是误读的根源

墨子是先秦诸子中注重逻辑的学者，他怎么会犯下这样在论者看来极其低级的错误？孔子也因为"父子相隐，直在其中"的主张而饱受指责。其实，不是孔子、墨子犯了低级错误，而是我们把他们的正确主张误读了，所谓"横看成岭侧成峰"，我们是站在和他们不同的视角看问题，因而把他们正确的主张误读了。关键在于，和孔子一样，墨子是大智慧者，虽以哲学闻名于世，同样精通法学，两人的这两个命题都是谈法律的价值问题的，却被当作逻辑问题而进行隔岸冲拳式的攻击，此乃这两大"学案"的悲剧之所在。问题在于，现代人既没有孔子、墨子那样的智慧，又面临孔子、墨子所没遇见过的日积月累呈加速发展的庞大知识大山，从而导致学术壁垒和学术分工的纤细，像孔、墨这样既有敏锐洞察力又有宽阔学术视野的人堪称凤毛麟角，我们像井底之蛙，只见井水而不见河水、只知井水而不知河水，却把"河水"当作"井水"谈，谈得不着边际还自以为道出真谛。学科之间甚至同一学科的不同专业之间,也是井水与河水的关系。哲学家不懂法学,就把这两个问题当作哲学问题去批判;法学家不懂哲学,也不敢去哲学阵地把自己被侵占的疆土夺回来,是宿命还是悲哀?不可否认,在浮躁心态和知识割据的今天,我们已经失去了和先哲们全面对话的平台,因为我们早就将自己置于一个非常狭窄的平台上。

第四节 法治的人性论——法政制度的人性预设

人性的自私、有限的慷慨和资源的稀缺产生了正义制度。休谟的"无赖原则"认为,政府在制度设计上应该把成员设想为谋求私利的无赖之徒,然后采取措施严加防范,并使无赖之徒从私利出发在行动上表现出美德。正义制度对人的德性有一种形式上过滤的功用,让美德通过而无赖通不过。制度也是一种智慧,如果制度能改变人们的认识观念,使一种无耻的行为又被看作一种愚蠢的行为,那就使大部分理智健全人的道德表现形式更符合道德,这至少能够在形式上提高人们的道德水准。

休谟是西方具有颠覆性意义的思想家,他将西方传统的肇始于柏拉图的唯理主义转向为经验主义,在经验主义基础上将西方传统的理性主义道德观转向为情感主义道德观,并在情感主义道德观的基础上将西方传统的法政人性预设由"美德"转为"无赖",这种转换体现了休谟的法政智慧,如老子所言的"反者,道之动"(《老子·四十章》),真是英雄所见略同。休谟的"无赖"预设绝非他对"无赖"情有独钟,而是他对"美德"有着清醒现实的认识,他是通过对"无赖"的预防来为"美德"开拓出生存土壤和发展空间,这是法政上"明修栈道,暗度陈仓"的高超智慧,休谟这位"无赖原则"的始作俑者也是追求"美德"的满腔热忱者和实现"美德"的超强能力者。

一 自私和有限慷慨的人性

自休谟之后,西方的法政逐渐走向正轨,应证了休谟"政治可以解析为科学"①的预言。休谟认为关于人的科学是其他科学的唯一基础，人性本身是"这些科学的首都和心脏"②，法政科学必须建立在关于人的科学之上。休谟强调人的科学"必须建立在经验和观察之上"③，而反对在此之前的两种人性假设：（1）以洛克为代表的、诗人虚构的"黄金时代"，物质极大丰富和人心极大善良，财产、责任、公正和不公正这些概念也随之抛到九霄云外去了。如果人的慈爱和大自然的供应都是无限度的，那么作为正义前提的利益计较和产权区分，也就不必要了，"把人类的慈善或自然的恩赐增加到足够的程度，你就可以把更高尚的德和更有价值的幸福来代替正义，因而使正义归于无用"④。例如，父母对年幼子女慈爱到足够程度，就不会起诉年幼子女说那件衣服是"我的"；大自然所恩赐的空气极其丰富，没有人起诉说哪里的空气是"我的"。（2）以霍布斯为代表的哲人设想的"自然状态"，物质极大匮乏和人心极大邪恶，一切人反对一切人的不断战争，是人类自私和野蛮的本性未受约束的必然后果。例如，强盗对受害者毫无慈爱之心，也不会起诉受害者说那件东西是"我的"而是直接抢劫那件东西；对于大自然根本就没有的东西，也不会有人起诉说这东西是"我的"。休谟认为这两种假设对于人性的认识都是不适当的，这样一种人性状态是否总是存在，假若它确已存在，能否延续相当长一段时期以至可以称为一种状态，这是完全值得怀疑的。这两种假设在法政理论和实践上有着广泛的影响，如苏格拉底和柏拉图都认为卫国阶级都具有金银铸造的"美德"，卫国阶级不可以有任何私人财产，因为他们已经从神明处得到了金银，藏于心灵深处，他们更不需要人世间的金银了；另外，法西斯暴政则信奉"丛林法则"，实行赤裸裸的强权法政，对人性作了"恶魔"预设。

对于绝对的"美德"，根本没有必要用正义规则加以防范；对于绝对的"恶魔"，任何正义规则也无法发挥规范作用。但人性的准确描述

---

① ［英］休谟：《休谟政治论文选》，张若衡译，商务印书馆2010年版，第5页。
② ［英］休谟：《人性论》（下册），关文运译，商务印书馆1980年版，第7页。
③ 同上书，第8页。
④ 同上书，第535页。

不是"美德"也不是"恶魔",而是介于"二者"之间的性质——"无赖","无赖"人性预设对正义规则提出强烈的呼唤。休谟认为"正义只是起源于人的自私和有限的慷慨,以及自然为满足人类需要所准备的稀少供应",① "稀少供应"是自然的性质,"自私和有限的慷慨"是人的性质。人性的这两个特点是对立统一、相辅相成的,通过彼此之间的限制而不使另一方极端化,有限的慷慨对自私的限制使其不至于下滑为兽性,而自私对有限的慷慨的限制使其不至于升华为神性,只有介于神性兽性之间的人性和自然稀缺性质的结合才诞生正义规则。公道或正义的规则完全依赖于人们所处的特定状况,如果根植于人类胸怀中的或者是完全的温良和人道,或者是完全的贪婪和恶毒,就会使正义变成完全无用的。

人性就是介于善恶之间的"无赖",这与西方的"一半是魔鬼、一半是天使"还有所不同,因为"无赖"中,魔鬼与天使并不是分为两半,而是交织在一起,至于最终显现出来是天使还是魔鬼,那就仰仗制度保证了。在这种人性预设基础上,休谟提出"无赖原则"的法政宣言:"在设计任何政府体制和确定该体制中的若干制约、监督机构时,必须把每个成员都设想为无赖之徒,并设想他的一切作为都是为了谋求私利,别无其他目标。我们必须利用这种个人利害来控制他,并使他与公益合作,尽管他本来贪得无厌,野心很大。不这样的话,他们就会说,夸耀任何政府体制的优越性都会成为无益空谈,而且最终会发现我们的自由或财产除了依靠统治者的善心,别无保障,也就是说根本没有什么保障。"② 休谟是说,古往今来,一个不变的人性是,除极少数的高尚君子和卑鄙小人外,占绝大多数的芸芸众生是"自私和有限的慷慨",占主导地位的是自私,谋求私利是行动的主要目标,但"有限的慷慨"之存在也能够使他权衡利弊,遵守正义规则,使自己的自私行动不至于对他人和社会构成危害,而是有益于社会公益的。正因为人性中"有限的慷慨",休谟对西方基督教自私"原罪说"也持批判态度:"自私这

---

① [英] 休谟:《人性论》(下册),关文运译,商务印书馆1980年版,第536页。
② [英] 休谟:《休谟政治论文选》,张若衡译,商务印书馆2010年版,第27页。

个性质被渲染得太过火了,而且有些哲学家们所乐于尽情描写的人类的自私,就像我们在童话和小说中所遇到的任何有关妖怪的记载一样荒诞不经,与自然离得太远了。"① 有研究者因此把休谟当作"西方传统中少见的性善论者",② 笔者也是不赞同的,因为在休谟的人性中,有限的慷慨终究是第二特征,自私作为第一特征与西方传统是一脉相承的而非"革故鼎新之举"③,休谟整合这两个相对立的人性特征,就表明休谟既不是性善论也不是性恶论,休谟这个观点类似于孔子人性观"性相近习相远",而区别于孟子的性善论和荀子的性恶论。休谟和孔子承认人性中所蕴含的善恶对立统一的矛盾,是对人性的深刻认识,构成了法政社会的人性基础。如果人性中没有恶的一面,人们是极大的善良,那么用以区别"你我他"的正义法律也就没有必要诞生了。但是仅仅认识到这一点是远不够的,单单性恶导致不了正义法律,动物也是恶的,动物界奉行弱肉强食的丛林法则而绝无法律规则可言。我们固然不难看到动物之间的"亲子之情",动物中的父母也可以为子女做出牺牲,但那是一种本能而非善性,动物也不可能将这种本能扩展到血缘关系之外,因此,动物不可能遵守以一定的自我牺牲为前提的规则,哪怕这种一定自我牺牲的遵守规则会带来更大的长远利益。动物既然不可能遵守规则,因此动物界也不可能诞生规则。

人类和动物相比,人性高于兽性的地方正在于"有限的慷慨",也就是相比恶性而言要稀薄得多但毕竟还有的善性,这就避免了人性的"极大的邪恶",使人类之爱超越动物的本能、超出动物狭小的血缘关系,人类因此能够遵守以一定的自我牺牲为前提的规则,而这种一定自我牺牲的遵守规则会带来更大的长远利益。大部分"有限的慷慨"的人都因此希望在一个规则的调整下,不去损害别人的利益,同时也希望别人也同样地不损害自己的利益,正义规则因此被制定和遵守,从社会学意义讲,人和动物的区别正在于人是能够遵守规则的动物。

---

① [英]休谟:《人性论》(下册),关文运译,商务印书馆 1980 年版,第 535 页。
② 赵敦华:《西方哲学简史》,北京大学出版社 2001 年版,第 233 页。
③ 同上。

因此休谟从情感主义论述了正义规则的产生:"这样,正义就借一种协议或合同而确立起来,也就是借那个被假设为全体所共有的利益感觉而确立起来;在这种感觉支配下,人们在作出每一个单独的正义行为时,就都期待其他人也会照样行事。"① 在这种情况下,人们能够发扬"有限的慷慨"的善性一面,以暂时牺牲一点利益来遵守规则而获取长远的更大利益,改变动物界"弱肉强食"的本能性活动,变成遵守善良规则的意识性活动,在极大丰富人类社会物质生活的同时,也极大地提高人类的精神世界。两个强盗从绞刑架下经过,甲对乙说:"没有绞刑架该多好,我们可以放心做强盗。"乙回答说:"如果没有绞刑架,人人都去做强盗,那才糟糕呢。"乙的认识是深刻的,正是法律的威慑作用,大部分人才放弃做强盗的兽性,强盗成为个别现象,而不像动物界那样强大者吃掉弱小者成为普遍现象。尽管人性无法改进,但社会制度可以改进,好的制度可以抑制人性恶的一面,彰显人性善的一面,从而使人类在道德本质并无改进的情况下,道德的表现形式却大大地改进了。

二 "美德假设"机制下的无赖和"无赖假设"机制下的美德

休谟的"无赖原则"表明:政府成员善与不善,并不主要取决于政府成员本身,而在于民众是否具有防范的自主性:如果民众把政府官员当作无赖之徒并有着切实可行的防范措施,一个政府成员即使本质上是无赖的也必然是表现良好的,否则就会被"无赖假设"机制淘汰掉,在"无赖假设"机制下,"无赖"是墓志铭,"良好"是通行证,纵是本质上的无赖之徒,从理智和自身利益出发,也没有理由不表现出良好。反过来如果民众把政府成员当作天使恩人丝毫不加防范,那对不起,一个政府成员即使本质上是良好的也必然是表现无赖的,否则就会被"美德假设"机制淘汰掉,在"美德假设"机制下,"良好"是墓志铭,"无赖"是通行证,纵是本质上的善良人,从理智和自身利益出发,也有理由表现出无赖。

"无赖假设"机制是指,政府在制度设计上,把每一个官员当作自私自利的无赖,然后对这种无赖行为严厉和严密打击,无赖行为在理智

---

① [英]休谟:《人性论》(下册),关文运译,商务印书馆1980年版,第538页。

计算上是不利的，必然会被一个理智正常的人所抛弃，哪怕该员的道德修养不怎么样。在"无赖假设"机制下，无赖之徒出于利益的考虑也会有较好的道德表现形式，只要他还没有丧失理智。在这种机制下，官员的贪婪是"有贼心而无贼胆"，因为这种机制对腐败处罚严厉，腐败在利益上得不偿失；这种机制对腐败的查处严密，通过公布财产、阳光作业等措施编织密网，使腐败分子很少有漏网之鱼，从而打消官员在腐败问题上的侥幸心理；腐败无异于跳崖、自残和引火烧身，只有精神病和过于侥幸的官员才会做出这样的愚蠢之举。"美德假设"机制是指，政府在制度设计上，把官员当作道德模范而不加防范或疏于防范，官员的腐败行为若得不到严惩就对他是有利的，自利的本性使他把腐败当作理智和利己的行为，整个官场逐渐为腐败分子控制住，清廉的官员反而被当作另类而失去生存土壤和发展空间，形成劣币驱逐良币的恶劣官场生态，官员很难有好的道德表现形式而是成为活生生的无赖。

有人说，人性如水往下流，官员的腐败是必然的。这句话在"美德假设"机制下才是符合逻辑的，在"美德假设"机制下，官员满口仁义、好话说绝；但同时满手肮脏、坏事干绝；美丽的光环掩盖丑恶的真相，这正是"美德假设"机制下有腐败的"一体两面"。如果我们改变这种机制，就发现这句话在"无赖假设"机制下才是不符合逻辑的，在"无赖假设"机制下，官员说少做多，做得比说得好，不可能出现美丽的光环掩盖丑恶的真相，因为无真相可被掩盖，这正是"无赖假设"机制下无腐败的"一体一面"。固然人性如水往下流，但如果政府机制也是这样，那就会出现萨达姆、卡扎菲这样为非作歹的人，他们在"美德假设"机制下都曾是全民歌颂的领袖，谁敢不歌颂他们就会人头落地，他们行使权力就像水往下流一样不受任何限制，直至他们被推翻。但是在动力机器下，水又由下往上流，"无赖假设"机制就相当于那台动力机器，使政府官员不能随心所欲地行使权力，必须按照机器所要求的轨道逆流而上行使。也就是说，这种"无赖假设"机制就能使政府官员的权力行使不是水往下流满足自己的私欲，而是水往上流满足公众的利益。哪个官员不沿着这个轨道走，立刻被淘汰出局。这个机制也就不可能出现萨达姆和卡扎菲，这个机制下的官员既不可能像萨达姆、卡扎菲那样风光，也不可能像他们那样惨！这个机制才是民主法治的机制，每一个民众都是监督官员行为的主人，每个官员不过是民众监督下的雇员而已，不好好干就走人！

　　休谟的"无赖原则"为人类的法政曲折发展史反复证明，无论民众还是官员、领袖，如果我们进行的人性预设是"美德"因而不进行制度上的防范，那么他们绝大部分都会最终原形毕露为"无赖"和"恶魔"。我们相信，在原则上大部分人是好的；而面临实际的利益选择时，如果缺乏正义制度的约束，遵守正义规则不利而违背正义规则有利，大部分人都不会遵守正义规则而变坏的；如果正义规则的约束到位，遵守正义规则有利而违背正义规则不利，大部分人会遵守正义规则而变好的。如果说自然科学提升了人们获取资源的能力，那么人性科学的法政设计则大大提升了人们的"美德"水准，尽管这种提升仅仅是外在的、形式上的，缺乏康德所说的内在动机，被康德称作是没有道德价值的。康德认为，道德是纯粹无功利的，"在交易场上，明智的商人不索取过高的价钱，而是对每个人都保持价格的一致，所以一个小孩子也和别人一样，从他那里买得东西。买卖确乎是诚实的，这却远远不能使人相信，商人之所以这么做是出于责任和诚实原则。他之所以这样做，因为这有利于他"①。在康德看来，商人不是出于纯粹责任而是出自利己的诚实，其实也是没有什么道德价值的。那么官员不是出自纯粹责任而是出于利己的诚实，也没有什么道德价值。显然，我们不能说康德的观点是错误的，但是他对人性的估计和要求过高，无论是官是民，有多少人是出自纯粹责任而表现出诚实的道德品格呢，只有极少数道德君子才能做到，而且不管什么道德运动，都不能使道德君子由极少数变为大多数，康德所要求的这种不计功利的纯粹道德是很不现实的，其实践价值也极其有限。那么，退而求其次，在不能做到出自责任的诚实之外，无论官民，出自利己的诚实不也具有政治价值和社会价值吗，不也能够带来社会利益而成为一种称道的品质吗？所以，一种好的制度，不是无视和消

---

　　① ［德］康德：《道德形而上学原理》，苗力田译，上海世纪出版集团2005年版，第13页。

灭利己自私，而是正视和调整利己自私，使人的利己自私行为符合正义规则的要求，符合社会公益，带来社会利益，"由于我们的所有物比起我们的需要来显得稀少，这才刺激起自私；为了限制这种自私，人类才被迫把自己和社会分开，把他们自己和他人的财物加以区别"[①]。在正义规则的调整下，自私能够发挥勤奋、节俭、拼搏、成就等积极面，激发人们的工作和创新热情；并能遏制懒惰、奢侈、懈怠、平庸等消极面，打消人们通过歪门邪道发财致富的幻想。休谟也承认，高尚的道德能使正义归于无用，但是人性并不是高尚的道德，而是自私和有限的慷慨，道德君子从来都有但也都是凤毛麟角，对于大多数人和社会来讲，正义比道德更为必须和有用。如果没有正义，社会就会解体，回到野蛮状态；而遵守正义规则，则会给人和社会带来无限的利益。人和动物的区别是什么，回答千万种，在休谟看来是人能够制定和遵守正义规则，动物则不能。正义规则使人们能够协作提高能力、分工增长才干、互助减少偶然意外事件的袭击，从而使人在和动物竞争中胜出，并促进社会发展，带来社会文明。

因此，通过正义规则对利益的调整，使诚实的行为有利，不诚实的行为不利，那么理智正常的人都会放弃不诚实而走向诚实，尽管这种利己的诚实如康德所言缺乏道德价值，但对人类的法政文明来讲是必要的和珍贵的。所以高全喜在研究休谟的政治哲学中指出："一个人的行为可以从他的动机来考察其善恶的本性，但是如果一旦进入社会政治领域，那么善恶问题就被正义问题所取代了。"[②] 也就是说，在这种人性预设的法政设计里，人的道德本质不会改变，人内心的贪婪、自私和少量同情心的秉性依然如故，但道德的外在表现形式大为改观：贪婪不仅依然是无耻的，更是变成弱智的，所以不是这种设计里有理性人的明智选择，也就无从表现出来。自私的目的是利己，但这种设计里唯有利人才能利己，损人必将损己也是必须放弃的不明智选择，所以自私也是以不违背美德的形式表现出来，不再变得面目可憎了。休谟非常自信地认

---

① [英] 休谟：《人性论》（下册），关文运译，商务印书馆1980年版，第535页。
② 高全喜：《休谟的政治哲学》，北京大学出版社2004年版，第107页。

为，不是人之善，而是制度能够使坏人也可为公众的幸福服务。人性并不乐观，但立基于人性的法政设计却使我们有理由乐观，在民主法治国的健全制度下，政府官员的贪污腐化行为首先是一种愚蠢的行为，健全理智的人都不会做的，就是这种制度提升了人们的道德表现形式，而这种制度又是建立在预防人的道德"无赖"上，这就是我们制度认识上的"二律背反"。

公仪休很喜欢吃鱼，当了鲁国的相国后，很多人向他送鱼，都被他一一回绝，"以嗜鱼，故不受也。今为相，能自给鱼；今受鱼而免，谁复给我鱼者？吾故不受也"（《史记·循吏列传》）。也就是说，公仪休拒不受贿，并不是因为他的道德很高尚，毫无自私利己之心，出自责任而表现出诚实，而是因为他受到正义规则的调整，出于自私自利而表现出无私和诚实，完全符合老子所提出的"反者，道之动"和"无私故能成其私"的观点。可以说，绝大部分商人和官员的诚实，不一定和不仅仅出自道德修养的要求，更是理智功利的要求。只要制度健全，正义规则调整到位，即使那些自私的人也会表现出无私，在道德本质上只具有限道德的人却能够在行动上表现出高尚的道德，即使那些自私贪婪的官员也会在行动上理智地选择廉洁，像躲避瘟疫一样远离腐败，贪婪心理的官员和清正廉洁的政府并行不悖，就在于立基于对人性的深刻洞察而设计出的遏制贪婪的正义制度。

正义制度有赖法治的保障，法治就是依法治理，法律规则在本质上是诚信，诚实信用是民法的霸王条款，法律规则保护诚信行为，制裁不诚信行为。如果诚信的规则被谎言的潜规则取代，那将是什么状况？握权的官员、掌刀的医生、分配好座位的小学班主任都能够发挥极致地以权谋私，面子工程、数据工程、豆腐渣工程总是吸引人们的眼球，假文凭、假职称、假身份乃至假离婚打造着全民造假大军，地沟油、瘦肉精、毒生姜腐蚀普通民众的心灵，人们面对谎言节节败退直至缴械投降，越是做着见不得人的事，越是用动人的言语去掩盖，谎言如无限发酵的泡沫一样攻城略地，直至诚信的阵地尽失。人们在精心编织谎言的谋人中哪能够诚实谋事呢，日计有余岁计不足，一群群本是精明的人却做不成实事。

规则是利益的公正调整，意味着为了他人和社会的更大更正当利益而放弃一己的不正当小利。规则具有逻辑可持续性，某人在某次遵守规则中损失一点私利，必然在他人的遵守规则中得到更大的利益回报。这是一种以德报德的高尚行为，当别人也以德报德时，这种高尚行为又演变成明智的有利行为，其结果是人际交往的诸方"诸赢俱好"。可以说，没有正义就没有社会利益和个人利益，人们遵守正义规则也是从自身利益出发，"甚至每一个人在核算起来的时候，也会发现自己得到了利益；因为如果没有正义，社会必然立即解体，而每一个人必然会陷入野蛮和独立的状态"①。正义规则使人们放弃舍远求近的狭隘目光，愿意为了长远的利益而遵守正义规则并牺牲眼前的一些利益，如别人的东西不偷不抢，公家的东西不贪不占，否则社会就会乱套，社会公益没有了，个人的利益也没有了。在正义规则对利益的有效调整下，"社会上每一个成员都感觉到这种利益：每个人都向其他的人表示出这种感觉，并且表示决心，愿这种感觉来调整他的行为，假使其他人也照样行事的话"②。也就是说，一个人遵守规则是以其他人也遵守规则为前提，这就要求正义规则的普遍有效，这也是法治社会的真谛，唯有法治社会规则才会得到普遍遵守。"履行许诺"被休谟称为正义三原则之一，所谓履行许诺就是遵守已经制定的规则，通过相互为对方服务而达到双赢。"因此，我就学会了对别人进行服务，虽然我对他并没有任何真正的好感；因为我预料到，他会报答我的服务，以期得到同样的另一次服务，并且也为了同我或同其他人维持同样的互助往来关系。因此，在我为他服务了而他由我的行为得到利益以后，他就被诱导了来履行他的义务，因为他预见到，他的拒绝会有什么样的后果。"③ 这就是说，虽然人是自私的，遵守规则会有一点眼前和暂时的利益损害，但对于长远和更大的利益是有利的，遵守规则也就成为理性人的明智选择，并不需要多么高尚的道德。

规则盛行，谋事不谋人，日计不足岁计有余，单个规则行为的于己

---

① [英] 休谟：《人性论》（下册），关文运译，商务印书馆1980年版，第538页。
② 同上。
③ 同上书，第561—562页。

不利放在大社会这个宽阔的视野里都是有利,在"利"他人又被他人所"利"的良性循环中,任何人都只是规则偶然的失利者却是必然的得利者,遵守规则都是一时的输家和最终的赢家;守规则的这种既道德又明智的行为却被讥讽为迂腐,也是源自鼠目寸光的人生哲学,只想着这次的"失之东隅",却没想到下次的"收之桑榆",一时的"小失"遮蔽了长远的"大得"。

当规则失效潜规则盛行时,遵守规则不利而遵守潜规则有利,卑鄙是卑鄙者的通行证,高尚是高尚者的墓志铭,除了少数执着的君子外,潜规则会成为人们行为的信条,黄钟毁弃、瓦釜雷鸣,谎言遍野、恶事丛生,绝大部分人处于不利地位而要求变革,从新树立规则的权威和效力,潜规则盛行是张扬人性恶的一面,是法治的反面,也具有暂时性。规则有效而潜规则无效时,遵守规则有利而遵守潜规则不利,卑鄙是卑鄙者的墓志铭,高尚是高尚者的通行证,遵守规则受到道义和利益的双重嘉奖,遵守潜规则受到道义和利益的双重惩罚,潜规则在冷落中溜之大吉,除极少数道德极其败坏的人外,规则成为人民信奉的教条,黄钟歌唱瓦釜哭丧,诚信遍布、好事丛生,绝大部分人处于有利地位而维护规则的权威,规则盛行是张扬人性善的一面,是法治的正面,具有持久性。通过"无赖原则"设计而促进政府遵守正义规则的美德,是有利于人类整体利益和每一个公民的正当个人利益的,最终会成为每个选民、政府、官员的必然选择,低调的人性预设带来乐观的政府美德。

三 法治是反腐败的最佳选择

"天下熙熙,皆为利来;天下攘攘,皆为利往。"(《史记·货殖列传》)马克思指出"人们所奋斗的一切,都同他们的利益有关。"[①] 除了极少数道德君子外,占绝大多数的芸芸众生都有逐利的行为取向,这是人的本性,不可改变的,绝不可能通过一场"斗资批修"的思想道德运动就将人们自私自利的本性消灭掉,这种道德乌托邦运动的危害性已有前车之鉴。所以马克思又说:"思想一旦离开利益,就一定会使自己

---

① 《马克思恩格斯全集》第1卷,人民出版社1956年版,第82页。

出丑。"① 虽然腐败表现为谋取私利，但清除腐败并不在于抛开利益，而在于正视利益，通过健全公正的法律利益调整机制，使腐败和利益逆向，而清廉和利益同向，官员还是从利益出发，自觉地抛弃腐败而选择廉洁。一旦腐败不利，清廉就不再被嘲笑为迂腐的呆子行为，而是一种深谋远虑、大智若愚的精明行为，那么官员清廉的内在动力呈几何级增长，腐败就不再是不可医治的癌瘤，而是药到病除的小病。显然，这种"药"就是法治，在前法治社会，腐败是不可能根治的。而法治社会是一种全新的利益调整机制，这种机制里，腐败是最大的不利，追求私利的官员只要神经正常就当避开腐败，这种机制没有腐败生存的土壤，腐败对于社会就像小病对于普通人一样，当然会偶尔来之，却不会当作一个无法破解的大问题。例如，北欧的小国芬兰，曾是腐败盛行的国度，现在却成了最清廉的国家，根除腐败也是靠民主、法治、制衡、监督、公开、透明、教育等，但是做得很彻底很到位。官员如果有吃请受贿等腐败行为，基本上意味着仕途的终结；企业如果有商业贿赂等行为，立即丧失信誉，成为其他企业不愿打交道的孤家寡人，离破产也就不远了。公款请客，从总理到科员，何人、什么菜、多少钱，都要上网列清单，让阳光杀死一切病菌。在芬兰，腐败之愚蠢不亚于一个在十层楼上的人看到楼底下一堆黄金而纵身跳楼，只有神经病才会这么干，只有神经病的官员才会腐败。因此，尽管芬兰的官员和其他国家的官员一样自私自利，但那种机制下，他们是通过清廉来实现自己的自私自利的。芬兰最高检察院总检察长库西马基任职 30 年里，没有一个人以任何形式向他行贿，这说明，只有在前法治社会，权力导致腐败，而在法治社会，法律最大，权力服从于法律，就不再具有腐败的力量，法治可以破灭腐败，消除腐败在法治社会绝不是天方夜谭，相反，在法治社会，腐败成了稀少的不正常行为。法治是人类社会最伟大的发明，如果说航天飞机发明之后，"比登天还难"终成为历史，那么法治发明后，在健全的法治社会，腐败绝不再是无法根治的癌变，而是像秋风扫落叶一样凋敝，想找一个腐败分子都是很难的。在法治社会，清廉抑或腐败不仅仅

---

① 《马克思恩格斯全集》第 2 卷，人民出版社 1957 年版，第 103 页。

是一个道德问题,更是一个理智判断问题,理智正常的官员,不管内心如何龌龊,在行动上必然是干净的,内心的无赖转化为行动上的美德,法治是反腐败的最佳选择。

但中国只是处于"法治进行时",腐败依然是全社会瞩目的大问题。令人警醒的是,道德滑坡已经从官场向民间蔓延。山东潍坊地区农村,长期使用已被禁用的剧毒农药"神农丹"种植生姜。因为有毒,他们自己不吃这种毒生姜;也因为检验严格,他们出口的姜并未使用"神农丹"农药;吃上这种毒生姜的就是不知情而又没有严格检验作保障的国内同胞。毒生姜事件呈现给我们道德滑坡的表象,但深层次的问题是利益机制的调整错了方向,使"见利忘义"成为人们切实可行的行为准则。例如,送检而不是抽检的检疫机制形同虚设,农民只选送无毒的生姜去检验。为什么农民不可能把生姜卖到国外呢,因为国外的检验严格,是抽检而不是送检,有毒生姜肯定会被检验出来和退回的,不仅一分钱赚不到,还要付出赔偿罚金。可见都是"利"字当头,检验机制不一样,农民对自己的同胞就是无赖行为,而对外国人就是美德行为。假如我们矫正了方向,使"无义有利"寸步难行,"有义有利"大行其道,行为的义与不义并不取决于个人的道德素养,而是利益机制的调整方向,理智正常的人不论其道德品质的优劣,都会选择"有义"而不是"不义"之举,因为这种选择对他们有利。

如果制度设计为无赖,那就有一种防范无赖的措施,反而使其无法无赖,表现出一定的美德;反之,如果设计为美德,就不会防止其无赖的一面,最终表现为无赖。实际上,人的美德与无赖是交杂并行的,只是在某人身上美德多一些,在另一些人身上无赖多一些,制度对人的德性有一种形式上过滤的功用,让美德通过而无赖通不过。因此预防无赖的好制度下无赖很少,追求美德的坏制度下美德也很少。应该说,制度只是过滤器,不会提升或降低一个人的道德;但是制度也是一种智慧,如果制度能改变人们的认识观念,使一种无耻的行为又被看作一种愚蠢的行为,那就使大部分理智健全的人的道德表现形式更符合道德,这至少能够在形式上提高人们的道德水准。

第五节　法治的关系论——"见死不救"入法的道德困境

"见死不救"从道德视角来看可分为三种：对于损人利己的见死不救和损己利人的见死不救，前者严重违背基本道德，后者不违背基本道德，前者入法后者不入法，争议不大。使道德陷入困境的是"利人利己"的这种见死不救的情形，一个和受害对象并无特殊关系和联系的普通民众，在施救对自身并无危害的情况下，是否应该施救，法律是否有此要求，一直是人们争论不休的问题。对自身并无伤害的施救并不是高级道德的要求，而是我们这个社会基本道德的要求，而基本道德的要求通常体现在法律中。

赵敦华先生认为，伦理学中的"金律"是最普遍的道德律，这也是价值最高的道德律；我们可以把比"金律"次一等的道德律称作"银律"。如果用金属的价值来类比，我们可以把价值律由高到低地排列成"金律"、"银律"、"铜律"、"铁律"。①"金律"对应着孔子所说的"己欲立而立人，己欲达而达人"（《论语·雍也》），用现代话说就是"舍己为人"、"损己利人"、"助人为乐"、"推己及人"；"银律"对应着孔子所说的"己所不欲，勿施于人"（《论语·颜渊》）、"以直报怨，以德报德"（《论语·宪问》），用现代话说就是"利己利人"、"互惠互利"、"将人心比自心"；"铜律"没有孔子所对应的言论，赵敦华先生的解释是："人施于己，反施于人，别人怎样对待你，你就怎样对待别人，这就是铜律。"比较接近"铜律"的孔子言论是《论语·宪问》中的"以直报怨"。②"铁律"在《论语》中也没有对应的言论，赵敦华，"铁律"就是"己所不欲，先施于人"。我们耳熟能详的一些格言，如"先下手为强，后下手遭殃"，"宁使天下人负我，不使我负天下

---

① 赵敦华：《中国古代价值律的重构及其现代意义（上）》，《哲学研究》2002年第1期。
② 同上。

人",都表达了"铁律"的意思。① 当然,孔子所说的"小人喻于利"应该对应着铁律。因此,基于孔子的道德层次分类,根据利益的人己之分,道德"金律"相当于"损己利人",道德"银律"和"铜律"相当于"利己利人",而道德"铁律"则相当于"损人利己"。通过对道德律的分类,有助于我们对"见死不救"这种非道德行为的认识。

"见死不救"从道德视角来看可分为三种:对于损人利己的见死不救和损己利人的见死不救,前者严重违背基本道德,后者不违背基本道德,前者入法后者不入法,争议不大。使道德陷入困境的是"利人利己"这种见死不救的情形,一个和受害对象并无特殊关系和联系的普通民众,在施救对自身并无危害的情况下,是否应该施救,法律是否有此要求,一直是人们争论不休的问题。对自身并无伤害的施救并不是高级道德的要求,而是我们这个社会基本道德的要求,而基本道德的要求通常体现在法律中。它是一定程度地违背道德,介入前两种情形之间,向前靠就是当立法的第一种情形,向后靠就是不当立法的第二种情形。"利人利己"的见死不救既然已在一定程度上违背道德,应当入法,但是所承担的法律行为后果要小于"损人利己"的见死不救这种情形。

2011年10月13日,年仅2岁的女童小悦悦在佛山被两辆车碾轧,18名过路人无一施以援手,连个报警电话也没有,最后还是一位捡垃圾的中年妇女陈贤妹抱起小悦悦并找到她的妈妈,小悦悦最后也是不治而亡。在18位路人于鲜血直流的小悦悦身旁漠然而过的摄像视频播出后,人们在异口同声地谴责这18位麻木的路人的同时,也对社会道德江河日下深感震颤和不安,很多人主张通过立法惩治"见死不救"者,以挽救加速颓废的社会道德。但也有很多人认为"见死不救"入法是以道德干预法律,是对法治建设的破坏,因此"见死不救"尽管是道德所谴责的,却不能由法律介入。"小悦悦事件"刺痛了道德疲惫的国民的神经,引起了舆论一边倒的碰撞:支持亦或反对"见死不救"入法者都能提出ABC的理由,都是言之凿凿,却是谁也说服不了对方的"隔岸

---

① 赵敦华:《中国古代价值律的重构及其现代意义(上)》,《哲学研究》2002年第1期。

冲拳"。如果我们仔细一分析，对立的双方何以可能都言之凿凿，似乎有些不合逻辑。事实上，如果他们能站在对立方的视角看问题，就会发现开始的言之凿凿立即变成了理屈词穷；但这样一来，对立的双方立即被消解了。所以这种"如果"是一种天真的假设，那么这种针锋相对的争论症结在哪里呢？原因在于争论双方站在不同的观察视角，陷入了"非此即彼"的视角错觉。不错，如果说横看是岭的话，那么侧看成峰本是再自然不过的了，但侧看者如果告诉横看者"峰"的视觉，那就会被横看者当作说谎者。就"见死不救"是否入法来看，一方都可能觉得对方不可理喻，越是从自己的视角越看出充分的理由，越是觉得对方太没道理了。走出这种视角误区，就是要相信黑格尔所言"真理是具体的"，抽象地谈论"见死不救"是否入法不能够消除分歧和解决问题，只能陷入"山重水复"的死胡同；只有具体地分析哪些"见死不救"的情况该当或不当入法，才能使我们豁然开朗，进入"柳暗花明"的开阔地。

主张"见死不救"入法者多是从道德的外在视角看待法律，而反对"见死不救"入法者则是从法律自身的内在视角看待法律，其实这两种视角虽然是对立的，但仍然是有中间交叉地带的，这个中间地带并不是存在于抽象的观念里，而是存在于具体的生活世界中。这里我们要弄清楚道德和法律的关系。

一　法律和道德的交叉关系和领域

（一）交叉关系

在法治社会"见死不救"的入法之争，反映出围绕道德和法律关系的理想和现实之争，一方面，我们生活在现实之中，反对道德理想主义的横加干涉，历史上的道德理想主义最终是以反道德收场的，强迫将高尚的道德进入法律，是对法律的核心价值"自由"的毁灭，也会降低人们的实际道德水准，使社会陷入混乱的状态。另一方面，我们生活在现实之中，却又不能不接受理想光芒的照耀，否则我们的生活漆黑一团。也就是说，我们的现实生活与理想保持适当的距离，现实既不等于理想又不能完全脱离理想，这就如地球与太阳保持适当的距离，如果地球离太阳太远不能够接受太阳的照耀，那就立即丧失了生命的能量来源；反过来，如果我们离太阳太近或者就在太阳里，我们的能量又太多而无法吸收导致灭亡的同样结局。同理，在法律和道德的关系上，高级的道德正如太阳一样离我们甚远，高级道德是不能够入法的；而低级道德正如太阳的光芒一样离我们很近，实际上，绝大部分法律是由低级道德转化而来的。高级道德是利他的，舍己利人，法律并不强求，如法律不强求施舍；低级道德强调利己利人，平等互利，坚决反对损人利己，这通常为法律所反映，如法律肯定严惩抢劫、偷盗、诈骗，公然鼓吹和奖励抢劫、偷盗、诈骗的法律是不可想象的。法律和道德中的低级部分是重合的，法律必然反映最基本道德的要求，法律绝不会对偷盗坐视不管，因为偷盗为基本道德所反对；法律也不会禁止施舍，因为施舍是高级道德所提倡的。在法治社会，高级道德和法律是分离的，低级道德和法律是重合的，因此法律和道德之间必然有中间地带，而救助的情形或涉及理想的高级道德，抑或涉及现实的低级道德，这种交叉就说明"见死不救"是否立法不是"非此即彼"的对立态势。

在法治社会"见死不救"的入法之争，也反映道德和法律关系的普遍性和个别性之争。法律（基本道德）以利人利己、平等互利为标识，具有普遍性，这就要求法律之规定应该以普通人能够达到的道德为标准，所以说，法律只与基本道德而非高级道德相吻合，因为高级道德超出了普通人所能接受的标准，不具有普遍性，高级道德虽然存在于人类之中，却是奢侈品，当然也是珍品，所以为人敬仰，正如康德所言："有两样东西，人们越是经常持久地对之凝神思索，他们就越是使内心充满常新而日增的惊奇和敬畏：我头上的星空和心中的道德律。"[①] 这就决定引起我们敬仰的是有道德的人而不是守法律的人，如一个人赡养无亲故老人的善举肯定比赡养自己父母的分内之举更令人肃然起敬；反过来，一个人不赡养无亲故老人也不引起人们的道德谴责，但如他不赡养自己的父母就会受到道德的谴责和法律的制裁。一个人与他人之间有三种关系——损人利己、损己利人、利人利己，前两者是不对等关系，犹如失衡的天平，不具备普遍性；后者则是对等的关系，犹如平衡的天

---

① ［德］康德：《实践理性批判》，邓晓芒译，人民出版社2003年版，第220页。

平，具有普遍性。一个正常的社会，最关注的是维护"利人利己"（互惠互利），打击损人利己，并用法律保证之，但法律并不能强制损己利人，法律和道德理想主义并不吻合，法律的作用在于保护这种对等和平衡关系而不是破坏之；只有等值的利人利己才具有普遍性。道德非常高尚的人如同智力超群的人一样，都只占极少数，我们不要幻想通过法律规定把人们变成道德君子，法律也不应该对人们提出太高的道德要求。

（二）交叉领域

"见死不救"的包涵范围很宽广，既有理想部分的高级道德、特殊性的情形；又有现实部分的低级道德、普遍性的情形。因此，我们不能抽象地谈论"见死不救"入法抑或不入法，而是应该进行具体情形具体分析，使我们这个社会既充满温暖的道德之光，又不让这光芒过于强烈使我们睁不开双眼或干预我们的生活自由。其实，在此之前也有"见义勇为"入法的争论，我是持反对观点的。因为法律具有否定性的品格，法律只能否定一种恶，而不能强制出一种善。"就广义的道德而言，法律只是道德的一部分，法律的调整范围远远小于道德的调整范围，法律不能调整广义道德中的上线部分，这一部分对法律来说是禁区、是否定的，对道德而言是活动区、是肯定的。"[①] 否定性和肯定性是法律和道德的重要区别之一，尽管目前学界对这个问题还缺乏足够的认识，"法律的否定性在于法律是道德的底线，是维持一个社会正常运行所必须具备的品性，这个底线是不能突破的，否则社会就不能运转。比如不偷盗、不欺诈就是道德的底线，人人都去偷盗、都去欺诈，那就连盗贼、诈骗犯都找不到对象而自行灭亡了"[②]。法之否定性表明，基本道德必然转化为法律，正如博登海默指出："那些被视为社会交往的基本而必要的道德正当原则，在所有的社会中都被赋予了具有强大力量的强制性质。这些道德原则的约束力的增强，当然是通过将它们转化为法律规则而实现的。禁止杀人、强奸、抢劫和伤害身体，调整两性关系，制止在合意契

[①] 聂长建、杨龙：《论法在内容上的否定性品格——兼释法在人类文明中何以有效之问题》，《太原师范学院学报》（社会科学版）2009年第3期。

[②] 同上。

约的缔结和履行过程中欺诈与失信等,都是将道德观念转化为法律规定的事例。"① 而高级道德并不能转化为法律,这是因为人之道德具有有限性,高级道德必然超过人们所能承载的平均道德力,也不可能转化为具有普遍性的法律。强制一种善德的法律绝对是恶法:首先,有了这样的法律,你立即变得不安定、不自由了。法律会强令个人救助孤寡老人、孤儿、残疾人、乞丐,灾区捐款、学校捐款,这些都是行善啊,都是高级道德之要求啊!法律若是有这样的权力,每一个人就都是生活在没有围栏的监狱中,你在法律的行善要求中失去自由,你的生活没有预期并充满着不确定性。其次,只有出自内心的、主动的行为才能称作善,善不可能"被制造",不可能来自法律的强制。最后,如果法律强制善,那么人们再也辨别不出善行,因为如果没有法律的强制,出自内心主动做好事的人就是行善;一旦有了法律的介入,人人都被要求去做好事,他是被动的还是主动的又不写在脸上,那就分不清真正的行善,这反而抑制人们行善的动力。不过,见死不救与见义勇为既有重叠的情形,对于这种情形,我也反对入法,如果这种救助有可能严重威胁救助者的生命,那么法律就没有理由强迫人们这么做,中小学生去救落水者常常搭上自己的年轻性命。但是二者也有不重叠的情形,也就是说,如果救死扶伤对施救者并无损害,救助者无需抗拒伤害乃至牺牲的勇气,那么在场者应该成为热心的救助者而非冷漠的旁观者,这种救助行为充其量也就是人们所应该达到的基本道德。

二 见死不救入法的类型化分析

通过上述法律和道德的交叉关系和交叉领域的分析,他们之间具有交叉地带,这交叉地带既不属于"此"又不属于"彼",所以要走出"非此即彼"的认识误区,不能笼统、绝对地坚持或反对"见死不救"入法,而应该进行类型化分析,澄清哪些见死不救的情形当入法或不当入法。道德和法律都反对损人利己,这二者是重合的;道德主张损己利人,法律没有此主张,对此二者是分离的;法律保护利人利己,道德也

---

① [美]博登海默:《法理学、法哲学与法律方法》,邓正来译,中国政法大学出版社2004年版,第391页。

不反对利人利己,对此二者是交叉的,正是这交叉的地带,是见死不救是否入法的争论地带。比如,对于小悦悦事件,之所以令人痛心,是因为小悦悦并非落在惊涛骇浪里或悬崖峭壁中,可以说救助小悦悦是利人并不损己的正常人所能做的事,但那么多的旁观者却不能成为救助者,暴露了我们这个社会的道德阴霾。没有高级道德是令人遗憾的,但连基本道德也没有,那就是不可容忍的,在这种情况下,确实有法律出场的必要了。因此,对"见死不救"进行以下类型化分析:

(一)损人利己的见死不救,是严重违背道德的,必须入法。又可以分为:(1)典型的情况,先行行为和法律行为引起的义务。比如驾驶员撞伤人而不营救,当是犯罪,这点人们凭直观就能感觉到。"对因行为人的先行行为使被害人处于死亡危险状态而见死不救的,应在《刑法》二百三十二条加上一款:行为人因自己的行为使被害人面临死亡危险,能够救助而故意不予救助的,以故意杀人罪论。"[①] 这种情况是一种典型的损人利己行为,害怕负担医疗费、赔偿费等,通常采取逃逸的方式,拒绝自己利益受损而置被自己伤害的受害人于不顾。把弃婴抱回家,就有对其温饱和疾病的救护义务。(2)非典型情况。包括:(a)职务行为,如警察救护人质,消防队员烈火中救人;(b)业务行为,医生救护病人,船主救护落水游客,车主救助急病乘客;(c)特殊关系,如夫妻相救、恋人相救、老师救护学生;(d)天然关系,如父母与子女相救。先行行为、法律引起的行为、职务行为、业务行为、特殊关系和天然关系产生法律义务,都可能对施救者造成不利影响,拒绝施救就是一种利己行为,也是对救护对象的一种损害。这类见死不救行为入法是共识的,没有争议的:职务上的见死不救可以转为渎职罪,如警察不施救落水儿童;业务上的和特殊关系的见死不救转为故意杀人罪,如医生眼见病人上吊而不施救或拒绝救治重症病人,夫妻、恋人的一方看到另一方自杀,老师看到学生危险;天然关系的见死不救可以转为遗弃罪,如父母任凭幼小子女饿死病死,子女任凭年迈父母饿死病死。

[①] 孙昌军、张辉华:《"见死不救"的刑事责任分析》,《湖南大学学报》(社会科学版)2005年第1期。

（二）利人利己的见死不救，是一定程度地违背道德，可以入法。严格来说，施救是利人，很少有利己的，至于那种索取酬劳在先、施救在后，没得到酬劳之前就不施救的行为已经是损人的，谈不上利人，也不是本文意义的利己。当然施救者在施救顺利结束后，也可以接受被施救者及其家庭自愿付给的报酬。本文的利己是指施救行为对自己物质、安全和精神损害微弱，但又获得道义上的褒奖，就精神和物质的总和来讲还是有利的。引起争议的见死不救类型，应该是这一种。如，有研究者指出："我们理解公众对目击者'见死不救'行为表现出的愤慨心情。任何一名有良知的社会成员都不愿看到自己生活在一个冷漠无情的社会中，但是我们也不得不接受社会心理学家向我们揭示的客观现实！因此，对于普通社会公众的'见死不救'行为，我们不能寄希望于通过法律的干预来改变。"[①] 对此，笔者不赞同。尽管在这种情况下，"普通社会公众"并不像第一种情况那样与受害人有着先天或后天的特殊关系和由此产生的毋庸置疑的法定义务，但法律对他们的要求也是不一样的：第一种情况下，哪怕对施救者不利也要施救，如消防官兵跳入烈火中救人肯定是有风险的，但这是由职务引起的责任，而且消防官兵更具有防护能力，从而降低风险；这种情况是，对施救者并无不利的情况下予以施救，例如普通民众确实没有冒着生命危险跳入火海救人的法定义务，但对自己无害的施救行为，还是应该出手的，否则就是不作为的犯罪。如1997年8月31日凌晨，前英国王妃戴安娜在法国巴黎的一个地下隧道中遭遇严重车祸。她在车祸后一直有意识，是被送到医院几个小时后，因抢救无效而死亡的。戴妃的专车是为摆脱"狗仔队"的紧盯因司机酒驾、车速太快而撞上桥洞边柱出事的。车祸发生后，尾随的"狗仔"在现场拍摄了不少戴妃车祸的照片，亲眼看到血泊中尚未咽气的戴妃在挣扎，却没有通过报警或其他方式施以援手。法国警方事后将这些"狗仔"一一逮捕，还把他们告上了法庭，罪名就是：见死不救。根据这一指控，可以判处长达5年的监禁，并处相当于人民币60万元的罚

[①] 池应华：《"见死不救"行为的事实认定与法律评价》，《法商研究》2005年第6期。

金。① 本案中，面对戴妃的死亡危险，"狗仔"忙于拍摄具有猎奇价值的新闻照片而不施以援手，而施以援手对"狗仔"并无伤害，所以法律可以对"狗仔"定罪处罚。法律应该有一点价值导向，而不能是一副冷冰冰的面孔，当然法律也不能勉为其难地强迫公民作出超过其道德承受能力的善举。在一个人遭受重大危险需要救助而这种救助对救助者并无危害时，法律是可以要求施救的。子路救了溺水儿童，小孩父母用一头牛来酬谢他，子路接受了，这个行为并非高尚，孔子却称赞他，因为"鲁人必多拯溺者矣"（《吕氏春秋·察微》）。但是子路接受酬劳是在救人之后而非在先，与现在那些不先给钱就不救人的情形还是有根本区别的。这说明，孔子也是赞成施救的，施救之后接受对方主动的酬劳也是可以的，但如果在施救之前索取报酬则是不可取的。

（三）损己利人的见死不救，虽然违背高级道德，并不违背基本道德，不可入法。公民都有保护自己的权利，公民没有法律义务为救援别人而损害自己。这只是高级道德的要求，不是法律的领地。当然这里的"损"是指达到一定程度，不能说打一个报警电话、把受害人扶起来等举手之劳就是损己。博登海默认为，慈善、施与、舍己为人等高级道德有一种自发和自愿的成分，而法律则有强制的成分，"任何可被用来维护法律权利的强制执行制度是无力适用于纯粹道德要求的"②。高级道德有助于提高生活质量和增进人际友好关系，但是"对人们提出的要求则远远高过了那种被认为是维护社会生活的必要条件所必需的要求"③。高级道德并不是社会交往的基本道德之正当原则，是不入法的。如法律不能要求普通人为救助小悦悦而冒着身体伤害乃至性命的危险，小悦悦的父母有为救助小悦悦而支付大笔医疗费的义务，普通人并无此义务。但是，即便是不入法的行为，也不代表着一个公民就可以心安理得地为之，也不代表这种行为不是巨大的负价值，而最终给社会、给包括行为

---

① 李盛明：《"见死不救"等于犯罪》，《光明日报》2011年11月15日。
② [美] 博登海默：《法理学、法哲学与法律方法》，邓正来译，中国政法大学出版社2004年版，第392页。
③ 同上书，第391页。

者本人的每一个人造成巨大的伤害。

损己利人的见死不救,虽然不可入法,照样也是我们行为规范的强烈要求,首先这是道德要求,行为的损己程度反映着行为者的道德高度,这是我们的社会最稀缺和最受崇敬的品性,所以康德将心中的道德律和头顶的星空相提并论,法律是达不到这个高度的。有时一件见义勇为之举,正是我们人性光芒的显现,其价值远远超过挽救一条生命这样可以计算出的利益。所以,对于损己利人的见死不救,不可入法是指不可强制人们损己利人地救助,但是在另一种意义上,对损己利人地救助,给予法律上的保障,解除勇于行善的优秀公民的后顾之忧,让社会正气压住邪气,这种意义上的入法是十分必要的。有的地方出台政策法律,对见义勇为者重奖和保障措施,使见义勇为者不因为见义勇为丧失工作能力而导致生活上的困难,这也反映了社会对损己利人地救助的强烈呼唤。

在法治社会,道德依然是个敏感话题,从彭宇案到小悦悦事件,最使人们痛心的是:人们不敢做好事、不愿做好事、不做好事,作为人性根本的道德光芒日薄西山,作为社会纽带的道德水准江河日下,明哲保身之邪气弥漫,见义勇为之正气稀缺,人们看到别人受到侵害时都想避而远之,却幻想在自己受到侵害时有别人挺身而出,都陷入只想得到却不想付出的逻辑悖论之中,结果是每个人在受到侵害时得不到他人的帮助而付出被侵害的代价。每个人都是无助的输家,只是轮次不同罢了,这次你不帮助他他付出了,下次他不帮助你你也付出了,这是一个恶性循环。当然,法律由于其自身的否定性特征,确实不能强制公民舍己为人,见义勇为不是出自法律而是出自道德律,这也说明在法治社会,法律也有其自身的局限性,道德仍是和法律并驾齐驱的行为规范。尽管道德规范的基础性地位不如法律,我们是法治社会而不是德治社会,但是在凸显人性光辉、弘扬社会正气的行为调整方面,道德律具有法律所不具备的优势。

正邪之气是此消彼长的,见义勇为的人多了,为非作歹的嚣张气焰就消沉了。见义勇为作为损己利人的高尚道德,虽然不入人定法,却早已进入自然法,进入我们心中的道德律,孔子早就指出:"非其鬼而祭之,谄也。见义不为,无勇也。"(《论语·为政》)在一个人人都是见义勇为的社会,人们见义勇为的机会反而不多,就是因为正气已经将邪气压下去了;反过来,公民今天遇到这股邪气喷在别人身上不敢挺身而出,选择了明哲保身甚至助纣为虐,明天这股邪气就极可能喷在自己身上,又怎么指望别人救助你呢?网上疯传的小小说《人心》正反映了人们对这种最高尚道德的期盼:有一个女司机开着一辆满载乘客的长途客车行驰在盘山公路上,三名持枪歹徒强迫中巴停下,要带女司机下车去"玩玩"。女司机情急呼救,全车乘客噤若寒蝉。只有一中年瘦弱男子应声奋起,却被打伤在地,这位男子奋起大呼全车人制止暴行,却无人响应,任凭女司机被拖至山林草丛。半小时后,三歹徒与衣衫不整的女司机归来回到车上,女司机要被打伤流血的瘦弱男子下车,其他乘客也附和着要中年瘦弱男子下车,并最终将其赶下车。汽车又平稳地行驶在山路上,旋即却像离弦的箭向悬崖冲去。第二天,当地报纸报道:伏虎山区昨日发生惨祸,一中型巴士摔下山崖。半路被赶下车的中年人看到报纸哭了。

是的,法律不强迫人们见义勇为,因为法律所面对的是平均的道德,我们也不幻想人人都有那位中年瘦弱男子的高尚道德。但是一对比,车上的其余人都是道德侏儒,唯有那位中年瘦弱男子才显出鹤立鸡群的道德高度。尽管人定法不强制我们舍己为人,但自然法和道德律却有这样的要求,这就是高尚的中年瘦弱男子和卑微的车上其余人的不同结局之所在。有时道德也是真正的正利益,尽管是以迂回曲折的方式达到的,中年瘦弱男子就是这样,而相比较而言,三位歹徒固然死有余辜,冷漠的车上乘客不也为自己的反道德行为付出代价吗?假如车上的乘客有中年瘦弱男子的道德水平,能够舍己为人地救助,那么三个歹徒怎敢不收手,怎么会有除中年瘦弱男子外全车人同归于尽的悲剧!懦夫和冷漠越多,歹徒和不幸也越多,所有人最终都会成为反道德行为的牺牲品;勇士和温情越多,歹徒和不幸也越少,所有人都会成为道德行为的嘉奖者和受益者。

正如康德所言,最令人惊奇和敬畏的两样东西是头上的星空和心中的道德律。这就决定引起我们敬仰的是有道德的人而不是守法律的人,如一个人赡养无亲故老人的善举肯定比赡养自己父母的分内之举更令人肃然起敬;反过来,一个人不赡养无亲故老人也不引起人们的道德谴责,但如他不赡养自己的父母就会受到道德的谴责和法律的制裁。见义勇为既是道德律的要求,又是引起人们敬畏的高尚道德,这种正气越浓厚,我们的社会越健康;这种正气越稀薄,我们的社会越病态,甚至我们的呼吸都很困难了。见义勇为应该出自主动,源于我们心中的道德律,道德的绝对命令促使我们见义勇为,而法律是不能够强制人们见义勇为的。尽管如此,法律对于见义勇为也不是无所作为的,法律的否定性决定了法律对见义勇为不应当采取积极的强制力,而应该采取消极的保障力,通过立法鼓励和奖励见义勇为者,表明我们这个时代对于见义勇为的鲜明法律和道德立场,解除见义勇为者的后顾之忧,开辟出见义勇为之正气弘扬的广阔空间。

三　不救助罪:从实在法到自然法

通过这三种情况的分类,我们既看到法律和道德的区别,不能把所有的道德要求都放入法律中;又要看到法律与道德的联系,它们是有交叉地带的,一些道德要求必然会反映到法律中,这也是法治社会人们对法律的一种良好祝愿和殷切期望。法律能够做些什么,像小悦悦事件这样举手之劳、秋毫无损、利人利己的善举人们都不屑为之,而法律又袖手旁观、毫无作为,这当然不是法律的应有姿态。

所以,我国的《道路交通安全法》第70条就规定:在道路上发生交通事故,车辆驾驶人应当立即停车,保护现场;造成人身伤亡的,车辆驾驶人应当立即抢救受伤人员,并迅速报告值勤的交通警察或者公安机关交通管理部门……乘车人、过往车辆驾驶人、过往行人应当予以协助。《法国刑法典》明文规定:任何人对处于危险中的他人,能够个人采取行动,或者能唤起救助行动,且对其本人或第三人均无危险,而故意放弃给予救助者,处以5年监禁并扣50万法郎罚金。《德国刑法典》规定:意外事故、公共危险或困境发生时需要急救,根据行为人当时的情况急救有可能,尤其对自己无重大危险且又不违背其他重大义务而不进行急救的,处1年以下自由刑或罚金。挪威、意大利、日本等国刑法也有类似规定。根据这些规定,普通人员在有能力且对自身并无伤害的情况下，应该施救，否则就是犯罪。有研究者认为，对"不救助罪"应作如下规定："负有法律上的义务、职务或业务上义务的人员，面对他人遭受生命威胁时，有能力救助而不予积极救助，致使他人遭受严重伤害或死亡的，处三年以上七年以下有期徒刑。虽不负有法律、职务或业务上的义务的人员，当他人遭受死亡威胁向其求助，而行为人的救助也不会对自身或社会造成重大危险时，不予救助，致使他人遭受严重伤害或死亡的，以不救助论，比照前款规定从轻或减轻处罚。"[①] 也就是说，"不负有法律、职务或业务上的义务的人员"，即普通人员，并不因为普通身份而对自身无害的见死不救的不作为免责，虽然罪责可以轻一点。

对损人利己的见死不救和损己利人的见死不救，前者严重违背基本道德，后者不违背基本道德，前者入法后者不入法，争议不大。使道德陷入困境的是"利人利己"的这种见死不救的情形，一个和受害对象并无特殊关系和联系的普通民众，在施救对自身并无危害的情况下，是否应该施救。笔者认为，是肯定的，这并非"道德入法"，因为对自身并无伤害的施救要求并不是高级道德的要求，而是我们这个社会基本道德的要求，而基本道德的要求通常体现在法律中。当然，我们讨论这三种情形是否入"法"，指的是实在法，对损人利己的救助行为，入实在法的理由十分充分；对利人利己的救助行为，入实在法的理由比较充分；对于损己利人的救助行为，没有入实在法的理由。但如果上升到道德层面，这三种情形都有进入自然法的理由，实在法虽然不介入损己利人的见死不救，但道德对这种行为予以谴责，自然法对这种行为予以惩罚。

在法治社会，我们也不能把所有的问题都寄托在法律上，那必然使法律不堪重负。法律规则也不是联系人际关系的唯一纽带，道德律仍是人际关系的重要纽带，缺乏它，市场经济就是冷冰冰的，人的主体性丧失了，人间的温暖丧失了，社会的文明之光丧失了。法治建设如果缺乏道德的支撑是无法通畅的，孔子提出"道之以政，齐之以刑，民免而无耻；道之以德，齐之以礼，有耻且格"（《论语·为政》）。这种德、法

---

① 孙昌军、张辉华：《"见死不救"的刑事责任分析》，《湖南大学学报》（社会科学版）2005年第1期。

并行的双轨道路径正是我们所需要的。当小悦悦事件促使人们希望通过立法惩治"见死不救"时，也许我们更应该反思，更为深层次的问题还是国民的道德已麻木、冷漠、堕落到令道德本身都感到吃惊、无力和绝望，以致被迫向法律伸出求援之手。解铃还须系铃人，道德问题终究靠道德本身来解决；当道德本身无能为力时，法律的出场不仅是无可奈何的，也是降格以求的。一个人的行为符合道德与符合法律是处在不同的层次的，前者能够引起人们的敬仰，后者则是理所当然的。如果把惩罚见死不救仅仅定位为法律的要求，那么人们的施救行为并没有受到道德的嘉奖，仅仅是惧怕法律的惩罚而不得已为之，行为的道德价值大为降低，反过来又扼杀人们施救的道德冲动，如此的立法也会有负面影响，所以笔者说："利人利己的见死不救，是一定程度地违背道德，可以入法。"为什么说是"可以"立法呢，就是因为立法的理由和效果并不是十分充足和十分好的。对这种情况的入法也是一种无奈之举，对于自己无害的施救行为，人们应该从道德视角主动为之；退而求其次的，才是迫于法律的强制被动为之。对自己无害的施救行为而拒不为之，是可耻的。对小悦悦事件的立法争论，最后归结到一点，那就是，我们在道德上已经没有退路了。如果今天我们遇到别人需要援助、自己又可以施援的情况而拒绝救助，那么明天转换一下角色，到了我们需要援助之时，我们还能指望得到援助吗？提高整个社会的道德水平是要从自己做起、从现在做起、从点滴做起，不要抱怨道德滑坡，而要问一问自己为社会道德贡献了什么。

四 见义勇为的入法选择

和"见死不救"相对应的是见义勇为，所以对"见义勇为"的入法探讨是对"见死不救"入法研究的深化。近期颁布的《山东省见义勇为奖励和保护条例》规定：见义勇为受益人应当对见义勇为人员及其家庭成员表达谢意、予以慰藉。同时，各级政府及部门应对见义勇为人员及其家庭、子女在基本生活、教育、就业、医疗、住房等方面给予优先照顾。此条例好，它不仅让见义勇为入法，而且是消极地入法。关于见义勇为是否入法，大概有三种观点：

第一种观点是不入法，这种观点认为，见义勇为是道德行为，虽在道义上是值得称赞的，却在法律的调控范围之外。法律要保持自身的独立性，就要避免道德的干预，而见义勇为入法实质上是道德干预法律，是"以德入法"，是对法治的破坏。

第二种观点是积极入法，也就是通过法律强制见义勇为，对见义不为者进行惩罚。这是一种德治的观点，认为道德高于法律，法律要反映道德，道德要求见义勇为，法律也要强制见义勇为的实施。

第三种观点是消极入法，也就是法律并不强制见义勇为，但是对见义勇为进行有力保障，确保英雄在流血的同时而不流下伤心的眼泪，能够受到"以德报德"的善待，社会正气弘扬而邪气消散。

第一种观点之错误在于将法律和道德完全对立化，没有认识到法律和道德亦有交叉地带，道德要求是可以在某些情况下进入法律的，很多法律的制定和修改都是时代发展的道德要求所致，法律需要找出对道德的适当回应方式，并非只有"强制"这唯一的积极方式。第二种观点之错误在于企图通过法律强制高尚的道德，强制一种较高善德的法律最终都会同时损害道德和法律。第三种观点是正确的，它既不干涉人们法律行为的自主选择，又保障和鼓励人们的行善能力和动力。懦夫和冷漠越多，歹徒和不幸也越多，所有人最终都会成为反道德行为的牺牲品；勇士和温情越多，歹徒和不幸也越少，所有人都会成为道德行为的嘉奖者和受益者，这种观点是有利于社会道德和法律的良性发展的。

见义勇为不是人们的法律义务，但是人们的道德义务。行为的损己程度反映着行为者的道德高度，见义勇为是我们社会最稀缺和最受崇敬的品性，所以康德将心中的道德律和头顶的星空相提并论。一个优秀的公民为社会履行了这份道德义务，从而使我们的社会闪耀着人性的光芒，那么我们的社会和政府难道不应该反过来也尽一下与之相匹配的道德义务，在物质和精神上弥补这些勇士所受到的损失吗？法律在见义勇为上当采取中庸之道，不能"过"绝对强制之，也不能"不及"完全回避之，而是通过保障措施大力鼓励之，为见义勇为培育适宜的生存土壤，让见义勇为在社会上蔚然成风。有人担心这种保障措施会增加国家的经济负担，我们看大可不必，因为这种保障措施是法律正义的要求，政府义不容辞，就不应该从经济负担上去考虑；这种保障措施培养出社会正气，压住了社会邪气，人们见义勇为的机会也是很少的，未必会增加多少政府的经济负担。

针对一些人害怕扶起老人被讹诈的心理，北大副校长吴志攀说："你是北大人，看到老人摔倒了你就去扶。他要是讹你，北大法律系给你提供法律援助，要是败诉了，北大替你赔偿！"浙江温州设立见义勇为基金，中华民族尊老敬老、乐于助人的传统美德让做好事的好心人不冤屈、不流泪、得好报。当然见义勇为不仅仅是道德的考量，也是生活智慧的考量，争取以较小的代价取得更好的结果，我们经常看到学生救溺水者反而搭上自己性命的惨例，中山大学法学院教授杨伟文认为，家长和学校在日常的教育中，应引导学生见义智为，也就是说，指导少年儿童在其他人遇到危险时，能够正确地提供力所能及的帮助，如打报警、救护、火警等电话，能准确报告所处的位置等。

"见义勇为"是一种高尚的品行，也是一种公共利益，有时一件见义勇为之举，正是我们人性光芒的显现，其价值远远超过挽救一条生命这样可以计算出的利益。因此我们认为山东省的条例在力度上还不够，至少应该补足见义勇为者在义举中所受到的一切损失，如因见义勇为受伤而丧失工作能力的，政府就应该按当地人的年平均收入救济一辈子，因见义勇为死亡的，应向英雄的父母子女按当地人的平均年收入逐年发放，发放年限为预期寿命80岁减其死亡时的年岁。

第六节　法治的认识论——法律的"无为"之有用

只以"有"的形态存在并处处在生活中扩张的法律是相当危险的，既无益于秩序之维护，又无助于正义之实现。好的法律，不能仅仅只以"有"的方式存在，更多的是以"无"的方式存在。"有为而治"也是法律"父爱主义"的极端化，出于追求自由的本性，生活中只有一小部分领域属于法律的调整范围，大部分领域属于自主选择的私人空间，法律对这部分领域是"无"为。只强调法律的"有为"而忽视法律的"无为"，势必造成法律与自由的对立，只有在强调法律"有为"的同时又重视法律的"无为"，才是对法律全面和正确的认识，才能实现法律保障自由的价值。

自由是人的本性，唯有法律才能保证自由的实现，唯有现代法治社会才是自由社会。但是，法律对于自由犹如食物对生命健康一样，正如缺乏食物而导致的饥饿会影响生命健康，没有法律或法律不足不良就不能保障自由，前法治社会正是这样。在物质极大丰富的今天，食物从另一个方向影响着生命健康，那就是摄食太多，太饱会加重胃的负担，将食物能量转化为脂肪，构成了对健康的威胁。在法治社会的今天，法律也从另一个方向影响着自由，那就是法律过于扩张，加大意志选择的负担，将强制性规定转换为义务性要求，构成了对自由的威胁。物极必反，中庸之道才是科学的方法论，在试图"以法律控制社会"的今天，法律已经不知不觉地不断突破自身的界限，法律过于"有为"的实践危害性日益凸显，有必要纠偏，从理论上探讨法律"无为"的价值。

一 两种自由法律观

我们每个人一旦踏入行为领域，就要面临着林林总总的选择，而为了协调好每个人所面临着的林林总总的选择，就有法律上的林林总总的规定。问题就在于，这两个不同对象的"林林总总"是否是一一对应的关系。在唯理论哲学指导下的概念法学就有这种执着，唯理论认为人的理性是无限的，人之理性可以制造出完备的法典，这种哲学思想在德法等国占据主导地位，确立了以制定法为主的大陆法系，就是通过法典化运动来制造出一个包罗所有案件事实答案的"法律大全"。如1794年《普鲁士法典》条文达1.6万余之多，编纂者的雄心是：明察秋毫般地对各种可能性进行事无巨细地详尽规定，杜绝将来可能产生的任何疑问。专制的法律也通过暴力机器将这二者画等号，制定者将自己的意志赋予法律之规定，将人们的一切日常行为纳入法律的管辖范围之内，人们只能按照这法律之规定行为而不得越雷池半步。事实上，如此的法律理论和法律实践一直是扭曲的，就如边沁宣称："每一部法律都是一种罪恶，因为每一部法律都是对自由的侵犯。"[①] 边沁的认识是错误的，法

---

① [英]哈耶克：《自由秩序原理》（上册），邓正来译，生活·读书·新知三联书店1997年版，第69页。

律是善良和公正的艺术，每一部法律的充分存在理由是对自由的保护，法律因为善良的品性和保护自由的功能才得到人们的尊敬和自觉遵守，法治因此成为人们孜孜以求的目标。

　　法律理论越发展，法治社会越进步，法律上的林林总总的规定是越少的，人们所面临的林林总总的选择是越多的，这两个不同对象的"林林总总"之间的交叉地带是越来越大的，人们所得到的法律自由也是越来越充分的，所以洛克就认为："这是因为自由意味着不受他人的束缚和强暴，而哪里没有法律，哪里就不能有这种自由。"① 这就揭示了法律对于自由的意义。

　　边沁和洛克的两种法律观实际上法律之规定的林林总总和人们之选择的林林总总的关系，前者要求两者是完全重叠的，人们的一切选择都由法律规定好，人们的行为也就毫无自由可言；而后者则认为二者是不重叠的，只有一部分选择由法律规定好，大部分选择不是出于法律之规定而是自由之意志，人们的行为是自由的。这两种不同表述在西方法制史上称作积极自由（positive liberty）和消极自由（negative liberty），也译作肯定自由和否定自由。柏林是最早对这两种自由作出划分的人，柏林认为，积极自由回答这个问题："什么东西或什么人，是决定某人做这个、成为这样而不是做那个、成为那样的那种控制和干预的根？"消极自由回答这个问题："主体（一个人或人的群体）被允许或必须被允许不受别人干涉地做他有能力做的事、成为他愿意成为的人的那个领域是什么？"② 消极自由是"免于……"的自由，积极自由是"去做……"的自由，积极自由的实质是"导致一种规定了好的生活，并常常成为残酷暴政的华丽伪装"③。在柏林看来，消极自由是英国古典政治哲学家休谟、洛克等所指的自由，意味着个人不能被别人干涉，消极自由强调的是对个人私权利的保护，柏林以高度赞扬的口吻称："是什么使得保护

---

① ［英］哈耶克：《自由秩序原理》（上册），邓正来译，生活·读书·新知三联书店1997年版，第203页。
② ［英］柏林：《自由论》，胡传胜译，译林出版社2003年版，第189页。
③ 同上书，第200页。

个人权利对于穆勒如此神圣？在他著名的论文里，穆勒宣称，除非个体被允许过他愿意的生活，'按只与他自己自己有关的方式（生活）'，否则文明就不会进步；没有观念的自由市场，真理也不会显露；也就没有自发性、原创性与天才的余地，没有心灵活力、道德勇气的余地。社会将被'集体平庸'的重量压垮。"① 积极自由正好相反，强调的是对公权力的扩张，柏林指出："就'积极的'自由的自我而言，这种实体可能被膨胀成某种超人的实体——国家、阶级、民族或历史本身的长征，被视为比经验的自我更'真实'的属性主体。"② 积极自由"包含着操纵者所希望的任何意义"③。使自由本身面目全非，"很容易把人格分裂为二"④。卢梭"人生而自由，又无时不在枷锁之中"的悖论正是积极自由的逻辑结果，法国大革命的革命者最后成为被革命者，血腥的断头台与革命的气息也是"分裂的"，却同样是这种革命方式的逻辑必然。可见积极自由和消极自由正代表着公权力和私权利的不同方向，是公权力扩张的方向还是私权利保护的方向，这涉及现代法治的核心问题。

边沁的观点代表着积极自由，又叫作"高卢自由"，人们的所有行为都由法律所规定，根本没有自主选择的自由，所以积极自由是一个悖论，是在政府组织最高度的干预中寻求政治文明的自由，政府犹如庞大的"利维坦"，通过法律权力干涉人们的自由生活是无孔不入和不受限制的，正是高呼"自由、平等、博爱"的法国大革命淹没在血雨腥风之中，革命领袖罗伯斯庇尔也被推上断头台，等待法国人的是两次帝制的复辟，政体翻来覆去，流血冲突不断。洛克的观点代表着消极自由，又叫作"盎格鲁自由"，法律之规定只是人们之选择的一小部分，按照密尔的观点，法律"对于文明群体中的任一成员，所以能够施用一种权力以反其意志而不失为正当，唯一的目的只是要防止对他人的危害"⑤。一

---

① [英]柏林:《自由论》，胡传胜译，译林出版社2003年版，第200页。
② 同上书，第203页。
③ 同上书，第204页。
④ 同上书，第203页。
⑤ [英]密尔:《论自由》，许宝骙译，商务印书馆1959年版，第10—11页。

个没有对他人构成伤害的行为不受法律干涉,是人们自由选择的,因此否定自由是逻辑自洽的,英国在光荣革命后几百年间保持稳定的政体,不成文的宪法《大宪章》限定了国王的权力,国王没有权力干涉人民的自由,人民享受了免于不当干预的权利,法谚"风能进,雨能进,国王不能进"表明:"房屋"虽然残破,在物理上是不完整的,不能够挡风雨,但在法律上作为私人住宅却是不受"权力"非法侵犯的独立的、完整的私人领域,这个没有成文宪法的国家里却很好地实践着宪政,人们享受这充分的消极自由。

可见,积极自由的实质是将"公权力"神圣化,并假借"法律下自由"之名而剥夺个人的自由,人们除了从事法律所规定的活动外没有任何自由选择,但法律已将人们的所有活动规定好了,所以自由对个人就成为一纸具文。比如,法律规定臣民见了国王要下跪,那么臣民见了国王就没有挺胸站立的自由;美国20世纪50年代的法律规定黑人给白人让座,黑人就没有坐自己位置的自由。

二 法律的"有、无"界限

为什么法律之规定不能够覆盖到人们之选择的一切,为什么否定自由如此之重要,我们可以从多种视角认识这个问题,我认为老子所提出的"有、无"之辩证关系提供了很好的分析视角。《老子》指出:"三十辐,共一毂,当其无,有车之用。埏埴以为器,当其无,有器之用。凿户牖以为室,当其无,有室之用。故有之以为利,无之以为用。"轴头能穿进车轴使车轮转动、陶器能装食物、房屋能住人,正在于其中有空隙处。如果没有这虚无的地方,车轮不能转动,陶器不能装物品,房屋不能住人,老子从这生活的现象发现一个深刻的道理,从微观论证上升到宏大叙事:"故有之以为利,无之以为用",其实,这也是对法律的辩证认识,法律对其否定性之外的领域,都是"无",比如禁止偷盗是否定性的,在此之外,你是否"肯定性"地帮助他人,数量和结果如何,都不在法律的视野之内;唯有如此,我们才说法律是保护自由的,是值得我们期待和追求的。老子早就提出"天网恢恢,疏而不失",网不是板块,当然有网口;但网要发挥其自身作用,网线要保持适当的密度,才能够疏而不失,让小鱼虾和水自由通过,而把大鱼网住,发挥网的作用。在这里,网线相当于法律的"有为",网口相当于法律的"无为"。刑法也是这样,刑法要打击犯罪活动,就要像网保有网口一样,不能把公民的一切活动都当作犯罪从而摧残公民的自由;但是主观恶性和危害性达到一定程度的活动,就要像阻止于网线一样被网住。好网应该密疏有致,保持适当的密度;好的刑法网不仅宽严相济,也应该密疏相济。"密"就是不使犯罪分子漏网,震慑和打击犯罪;"疏"就是对那些主观恶性和社会危害性不大或没有的行为不当作犯罪不进入刑法网中,保障公民的自由和人权。"密"就是法律的"有为","疏"就是法律的"无为",密疏相济也就是法律的有为和无为相统一。

在笔者看来,只以"有"的形态存在并处处在生活中张目的法律是相当危险的,既无益于秩序之维护,又无助于正义之实现。这其实是法律上的"有、无"辩证关系,好的法律,不能仅仅只以"有"的方式存在,更多的是以"无"的方式存在,也就是说对纯粹个人自由的领域,法律并不去干预。马克思反复强调,"法律在人的生活即自由的生活面前是退缩的"[1],"法律不是压制自由的手段"[2],"自由就是从事一切对别人没有害处的活动的权利。每个人所能进行的对别人没有害处的活动的界限是由法律规定的,正像地界是由界标确定的一样"[3]。正如一块地的边沿才需要界标,一所房子的阳台才需要围栏,我们不能在一块地里面乱立界标,也不能在一所房子里乱设围栏,法律对人们生活的干预也犹如田地的界标和房屋的围栏,只在特定的地方出现,而不是无处不在。按照马克思的观点,一个人的活动对别人有没有害处,是决定法律干预是否出现的特定界标和围栏。而一个人的行为大部分是无害于他人的,因此用不着法律的干预。近年来,"见义勇为"立法、"救死扶伤"等立法主张甚嚣尘上,有些地方做出了在公交车上给老弱病残孕让座的惩罚性规定。笔者认为,见义勇为和救死扶伤都是人们的自由选择(职业人员除外),这种选择在法律的视野之外,法律之规定对这些行为

---

[1] 《马克思恩格斯全集》第 1 卷,人民出版社 1956 年版,第 72 页。
[2] 同上书,第 71 页。
[3] 同上书,第 438 页。

之选择是"无"的。法律没有权力做这样的规定,有了这样的规定也不见得有助于见义勇为、救死护伤和给老弱病残孕让座的良好社会风气的形成,因为这样的高尚行为本来是出自道德的自觉行为,不应该由法律强制实施,法律对这些领域是不"适格"的,是"无"为的。

如何界定法律的"有为"和"无为"呢?如果从法律与道德关系来看,道德可分为基本道德和高级道德。基本道德必然转化为法律,正如博登海默指出:"那些被视为社会交往的基本而必要的道德正当原则,在所有的社会中都被赋予了具有强大力量的强制性质。这些道德原则的约束力的增强,当然是通过将它们转化为法律规则而实现的。"[①] 这就是法律的"有为",对于杀人、抢劫、强奸之类严重违背道德的行为,法律当然要"有为"介入,严厉打击。而高级道德并不能转化为法律,这是因为人之道德具有有限性,高级道德必然超过人们所能承载的平均道德力,也不可能转化为具有普遍性的法律。偷盗和不施舍都是违背道德的"恶",但是"不偷盗"属于基本道德,所以法律介入,惩罚偷盗;而"施舍"属于高级道德,法律不可强制之。

法律只与基本道德而非高级道德相吻合,因为高级道德超出了普通人所能接受的标准,不具有普遍性,高级道德虽然存在于人类之中,却是奢侈品,当然也是珍品,所以为人敬仰,正如康德所言的头上的星空和心中的道德律。法律只是基本道德的转化并赋予强制性,同道德相比,法律的调整在范围对象上大为缩减,而在刚性力度上大为增强,因此法律和道德作为社会调控的两种基本规范,各有优缺点,应取长补短而不是相互代替。即使在法治社会,强调法律在社会调控中的基础性地位,也绝不能过于扩张,超越法律自身的界限而侵占道德领域。法律和道德有一个中间的缓冲交叉地带,这一领域,法律予以保护,道德也不禁止,这是一个占社会上大多数人所生活的以"利人利己"为准则的领域。在这样一中间领域之上,是一个以"损己利人"为核心的高级道德领域,是培养高级教养的道德君子的;在这一中间领域之下,是一个以

---

① [美]博登海默:《法理学、法哲学与法律方法》,邓正来译,中国政法大学出版社2004年版,第391页。

"损人利己"为核心的领域，它已经滑出低级道德领域，达到人类正常生活所不能容忍的程度，所以要通过法律严厉打击，严防这一领域的扩散蔓延，确保大部分人生活在能够容忍的中间领域。对社会议论纷纷的"见死不救"入法，也应具体分析：（1）损人利己的见死不救，是严重违背道德的，必须入法；（2）利人利己的见死不救，是一定程度地违背道德，可以入法；（3）损己利人的见死不救，虽然违背高级道德，并不违背基本道德，不可入法。说到底法律的作用和使命是打击小人，锻造君子是道德而不是法律的使命，法律的界限因而限于打击邪恶这一范围，而不是强制善良这一范围。

三 "无为而治"是法律的智慧

毋庸置疑，我国现在的一些立法，确实存在着以"有为"僭越"无为"之嫌。例如《老年法》中的"常回家看看"，在笔者看来是多此一举，"有"不如"无"。"常回家看看"针对的多是在外地工作而又经济条件差的家庭，这种情况下，家里老人最需要和最希望的是寄钱，而不是回家看看中花掉车费和误工所少挣的钱。只有对那些非常富裕的家庭，钱确实不算什么，"常回家看看"才算是无可争议的尽孝道的形式，至少中国的大部分家庭目前还没达到这样的标准，这样的规定对当下中国并不适合。既然是尽孝道，那必然是主动的，不能在法律的强制下，好像有孝心"常回家看看"的子女是被动而为之，这对人的孝德也是一种亵渎，反而不利于道德的健康发展。实际上，"常回家看看"根本不能作为评定孝道的标准，孔子说过："色难。有事，弟子服其劳；有酒食，先生馔，曾是以为孝乎？"（《论语·为政》）对父母的孝道应该出自内心的亲情和天然的感恩心理，不可能通过外在的标准来衡量，即使一个人整天和父母生活在一起，也供养父母，但脸色难看，也称不上孝。是否尽了孝道，父母和子女心中都有一杆秤，是不能够用"常回家看看来"测量的。我们甚至发现有的啃老族倒是做到了"常回家看看"，但不是为了尽孝道，而是向父母要钱，这样的"常回家看看"是违背入法提议者的初衷的。是否"常回家看看"，应该由父母子女自行解决，法律应该对此"无为"，而不是"有为"介入。

"无为而治"是中华文化的精髓，它在现代法治和市场经济中得到最充分的体现，老子和孔子都将其作为政治哲学的最佳方式和最高理想，人们熟知老子的无为而治思想，却往往忽视孔子对这个问题讲得更具体："无为而治者，其舜也与？夫何为哉？恭己正南面而已矣。"孔子还专门称赞小其30岁的弟子宓子贱："子谓子贱：'君子哉若人！鲁无君子者，斯焉取斯？'"（《论语·公冶长》）为什么孔子称赞宓子贱呢，宓子贱的为官之道正是无为之治。宓子贱任单父宰，身不下堂鸣琴而治；巫马期事必亲躬，废寝忘食，单父亦治。二人都使单父获得治理，但宓子贱无为而治，事半功倍；巫马期有为而治，事功相当，因此一比较，宓子贱更为高明。孔子编纂的《诗经》就载"毋教猱升木，如涂涂附"，意即猴子天生会上树，谁去教猴子上树那是多此一举。老百姓也有一种天然的自我生存能力，老百姓的大部分日常行为都无需政府的指手画脚。无为而治的实质是政府对百姓过于干预，百姓能够做好的事就让百姓自己去做，让人民群众自己当家做主，这也是尊重每个百姓的人格和个人利益，相信他们的聪明才智，他们在做自己的事时也就发挥了他们的智慧，他们在做自己的事时也就能最大限度地激发工作热情，所以，无为而治能够开启民智、集中民力，发动、整合和激活整个社会的发展潜力。反过来，有为而治的实质就是政府束缚百姓的手脚，认为百姓是愚蠢的，做不好自己的事，而由政府来为他们计划好，由政府来分配和决定他们的利益，这是不尊重百姓的人格和个人利益，不相信百姓的聪明才智，让每一个公民丧失自主自决的权利、创造力和工作热情，整个社会的发展潜力将丧失殆尽。现代法治建立在民主的基础之上，而民主最核心的意思是"人民自己做主"，如果法律过于"有为"，处处干涉人们的自主生活，这就是破坏民主，也是摧残法治。无为而治就是意识到人民的伟大，人民有权利决定自己做什么，政府之无为就是说政府没有权力干涉人民的正常活动，这和现代法律"限制政府的公权力、保护公民的私权利"的宗旨是一致的。

"有为而治"也是法律"父爱主义"的极端化，法律以成熟的父亲自居，把公民当作心智不全的未成年子女，以关爱子女之名干涉子女的正常生活，这完全是法律的虚幻和自大。正如研究者指出："但父爱式法律不得逾越作为基本权利核心的人性尊严这一界限。人性尊严既是法律父爱主义适用的出发点，也是产生其良好效果的依据，更是对法律父爱主义予以限制适用的标尺。要反对借'父爱'之名，行侵犯人民权利之实的制度与行为，为此，除了在立法时要注意不得侵犯人性尊严外，最好的方法就是建立宪法诉讼和司法审查作为制度上的保障。"① "二战"后，随着福利型国家的发展，政府逐渐改变过去"守夜人"的角色，以加强公民福祉特别是弱势群体的福祉为目标，通过立法将国家权力不断向公民和社会延伸，例如最低工资和最高工时的限制性规定，这就干预了雇主和工人的契约自由选择。如此一来，看起来是保护工人的利益，却消解了契约自由这一基本原则，迫使资方在招收工人时谨慎和恐惧，造成居高的失业率和低下的生产效率，反过来又最终损害了工人利益。这就不奇怪，占据选民大多数的工人一次次在经济不景气时将自称代表他们利益的左翼政府赶下台，也说明法律带有倾向性的过于渗透最终损害了劳、资、执政党三方的利益，真是不明智之举。

四 "有无相生"的辩证法

马克思指出："我只是由于表现自己，只是由于踏入现实的领域，我才进入受立法者支配的范围。对法律来说，除了我的行为外，我是根本不存在的，我根本不是法律的对象。"② 更进一步说，对于我的任何无害于他人的行为，我对法律也是不存在的，这才给我的自由选择提供了巨大的成长空间。在法治社会，法律所规范的对象是极其"有"限的，当一个人没有对他人造成危害时，法律对他应该是以"无"的形式存在的，不干预他的自由，法治社会就是自由社会。无孔不入、无处不在、无所不包的法律其实是恐怖的，它否认了人的自由意志的选择、否认了人与人之间的差别，它让每个人戴上相同的行为面具，从而使整个社会机械化，使每个人丧失了自由选择的人格尊严，丧失创造力，整个社会也失去发展的活力。法律的过于"有为而治"导致社会的一潭死水，"治而不治"；相反，法律"无为而治"导致社会的潺潺流水，"不治而治"。和道德相比，法律是"带牙齿"的规范，身怀利器杀心起，极有

---

① 孙笑侠、郭春镇：《法律父爱主义在中国的适用》，《中国社会科学》2006年第1期。
② 《马克思恩格斯全集》第1卷，人民出版社1956年版，第72页。

可能伤及无辜，所以立法和法律的适用应该非常慎重。可见，法律之"无"的作用是非常大的，唯有法律的"无"为，首先是法律的"无"为，才能把法律的"有"为之作用发挥到极致。老子讲，"其政闷闷，其民醇醇；其政察察，其民缺缺"。如果法律对公民的一切行为都想管，结果必然是管了不该管的，也意味着该管的反而没管好，我们当然看到法律之"有"之用，更要看到法律之"无"之用，对法律来讲，有所不为方能有所为，"无"为方能"有"为。发挥一下东方朔在《答客难》中的名言"水至清则无鱼，人至察则无徒"，我们也可以说"法至明则无从"，也就是说法律不能照亮人们生活的每一个角落，出于追求自由的本性，生活中只有一小部分领域属于法律的调整范围，大部分领域属于自主选择的私人空间，法律对这部分领域是"无"为。法律对人们生活扩张的领域越广泛，越是难以被有效遵守；而且法律若幻想调整人们生活的一切领域，那也是一种自大的表现，反而会扭曲自身的调整效果。

在公民可以自主并无对他人和社会伤害的领域，法律应当是无为的。法律是针对行为的，法律针对偷盗、抢劫、诈骗等有害行为是禁止和惩罚的"有为"，而对公民的正常无害行为是不干预的"无为"。所以说，"风能进，雨能进，国王不能进"，在法治社会，法律就是国王，法律是为保护公民的权利的，既采取有为的方式，又采取无为的方式，有所为有所不为，有所不为而后可以有为，有无相生，这才体现法律运行的辩证法。

"二战"以后，西方发达的福利型国家走上了政府扩张之路，通过立法将国家的意志和力量向社会延伸，法律呈"有为"的态势。这种"有为"的态势在一些领域取得较好效果，如社会保障法律维护底层民众的生命权，有利于缓和贫富分化和社会不公，化解了社会矛盾。但即便在这些大受褒奖的领域，也问题丛生，如高福利所带来的懒惰、低效、高失业率，进而导致政府债台高筑。这就说明，法律的"有为"必须建立在"有度"的基础上，否则解决一个问题又带来另一个同样乃至更甚的问题。在日新月异的社会大发展的今天，面对新问题，法律的"有为"在有时候也是必要的，例如打击醉驾和明星知假仍代言虚假广告，已有相关法律和司法解释出台，得到社会的广泛认可，对于严重危害社会的行为，笔者当然主张法律的有为。但是立法应慎重，如果一部法律，解决小问题而导致大问题，解决少量问题而导致大量问题，解决简单问题而导致复杂问题，那这部法律就是不明智的，其存在形态是"无"而不是"有"。如果我们相信民众有足够的智慧，相信社会有强大的免疫力和自我调节能力，有一些法律就不应该制定出来。

从根本上讲，法律的"无为"就是保障公民个人的自由发展空间。自由既是个人发展的基本条件，又是人的本质属性和个人的幸福之源，更是社会发展的目标价值，正如马克思恩格斯在《共产党宣言》中所指出的："代替那存在着阶级和阶级对立的资产阶级旧社会的，将是这样一个联合体，在那里，每个人的自由发展是一切人的自由发展的条件。"[①] 现代法治下的法律，应该是"有为"与"无为"的统一，保护自由、正义、秩序、平等等法律价值，法律的有为是通过打击危害活动刚性保障自由，法律的无为则是以"不干预"所提供的宽松自主空间柔性保障自由，法律和自由实现了最佳程度的结合，法律是真正保护自由的，法律下的自由激发每一个公民的工作动力和创造力，保障每一个公民的尊严和幸福，法律因此获得公民的尊敬和权威。如果只强调法律的有为而忽视法律的无为，势必造成边沁所理解那样的法律与自由的对立，只有在强调法律有为的同时又重视法律的无为，才是对法律全面和正确的认识，才能实现法律保障自由的价值，这就是法律的"无为"之"有用。"

第七节　法治的方法论——进化论法学方法论

哈耶克基于经验主义哲学的立场，在"唯理主义"和"非理性主义"两种对立的理性观中坚持"理性不及"，否定法律是人理性的产物。在批判"自然的"和"人为的"的二分观的基础上，提出"人之行动而非人之设计"的三分观，确立了进化论法学方法论，法律不是

[①]《马克思恩格斯选集》第1卷，人民出版社1995年版，第294页。

"建构的",而是"发现的"。自生的私法优于人为的公法,在私法之治里,法律和自由是统一的;在公法之治里,法律和自由是对立的。

在哲学史上,休谟的经验论和笛卡尔的唯理论是针锋相对的,它们在法学方法论上演变为进化论法学方法论和建构论法学方法论之争。在哈耶克那里,这两种法学方法论区别是:"前者根据的是对一切文化和人类现象所作的一种进化论解释,以及对人类理性能力之局限性的洞察,后者根据的则是我所说的'建构论'理性主义,这种观点导致把一切文化现象都作为特意的产物看待,它所根据的信念是,按照预定的计划重建所有逐渐生成的制度,不仅是可能的,而且是可取的。"① 哈耶克批评笛卡尔唯理主义所坚持的理性无所不及的全知知识观,提出了理性不及的无知知识观,在批判"自然的"和"人为的"的二分观的基础上,提出"人之行动而非人之设计"的三分观,确立了进化论法学方法论,法律不是"建构的",而是"生成的"。通过进化论法学方法论而确立的私法之治,法律和自由是一致的,这就消解了边沁、卢梭等建构论法学家的公法之治里,自由和法律相矛盾的困境。

一 批判视法律为立法产物的建构论法学方法论

法律建构论者把法律当作人为设计的,视法律为立法的产物,奥斯汀认为:"我们径直而且严格地使用'法'一词所指称的法,是由掌握主权的个人,或者群体,对独立政治社会之中的一名成员或一些成员制定的。"② 哈耶克认为这种立法先于、优于法律的观点既于学理上无据,又与事实相悖,因为"法律本身却从来不是像立法那样被'发明'出来的,因此与这种法律不同,立法的发明在人类历史上要相对晚出一些"③。那种信念在当下所盛行的形式乃所有的法律都是、能够是也应当是立法者随心所欲发明的产物,正是建构主义的错误观点。更有甚者,视法律为立法的产物势必导致严重的后果。在哈耶克看来,立法是人类

---

① [英]哈耶克:《经济、科学与政治——哈耶克论文演讲集》,冯克利译,江苏人民出版社 2000 年版,第 390 页。

② [英]奥斯丁:《法理学的范围》,刘星译,中国法制出版社 2002 年版,第 11 页。

③ [英]哈耶克:《法律、立法与自由》(第一卷),邓正来等译,中国大百科全书出版社 2000 年版,第 113 页。

充满严重后果的发明之一,它赋予了人类实现某种善所需的威力巨大的工具,向人类开放了诸多全新的可能性,但只要人类还没有学会控制它,就不能够确使它不产生大恶。立法赋予人类一种支配自己命运的权力观,但与其说这是一个谁有这种权力的问题,倒不如说是这种权力的限度的问题,"只要我们还以为这种权力只有被坏人操纵时才会产生恶果,那么可以肯定地说,它仍是一种极度危险的权力"①。这种危险的后果是:(1) 导致激进主义的破坏。法律是立法的产物,法律既为人所立,当为人所破;法律成为人意志的产物,其本身的正当性荡然无存。(2) 法律公正性的破坏。"如果法律完全是有意设计的产物,设计者指定的无论什么法律肯定是公正的法律,不公正的法律便成了一种自相矛盾的说法。"② 从立法是法律的唯一渊源这个观点演化出对政治发展产生重大影响的两个观念:"其中的第一个观念认为,一定存在着一个至高无上的立法者(a supreme legislator),而且他的权力也是不能加以限制的,因为不这样的话,就需要有一个更高的立法者,如此循环往复,就会无穷无尽。第二个观念则宣称,那个至高无上的立法者所制定的任何东西都是法律,而且也只有反映他意志的东西才是法律。"③ 正是法律实证主义的盛行,才使法律卫士们面对专制政府卷土重来而无防范之力,以致法律实证主义的领军人物凯尔森也无可奈何地认为:"从法律科学的角度来看,纳粹统治之下的法律(Recht)也是法律(Recht)。我们虽说可以对这样一种状况表示遗憾,但是我们却不能因此而否认它是法律。"④ 这是占统治地位的实证主义对法律的错误界定而必然的自食其果;"二战"后对纳粹分子的纽伦堡大审判就遇到这样的难题,他们辩

---

① [英] 哈耶克:《法律、立法与自由》(第一卷),邓正来等译,中国大百科全书出版社 2000 年版,第 113 页。

② [英] 哈耶克:《经济、科学与政治——哈耶克论文演讲集》,冯克利译,江苏人民出版社 2000 年版,第 528 页。

③ [英] 哈耶克:《法律、立法与自由》(第一卷),邓正来等译,中国大百科全书出版社 2000 年版,第 140 页。

④ [英] 哈耶克:《法律、立法与自由》(第二、三卷),邓正来等译,中国大百科全书出版社 2000 年版,第 85 页。

解说他们的所作所为是根据法律（纳粹制定的法律）而来的、是合法的，因而是无罪的。

哈耶克以理性主义进化论法学方法论反对唯理主义建构论法学方法论，否定了立法和成文法的至上性。他指出："显见不争的是，在英国为我们这个世界贡献出那项弥足珍贵的代议政府制度的同时，它也给我们带来了议会至上（parliamentary sovereignty）那项可怕的原则；而根据议会至上这项原则，代议机关不仅是最高的权力机构，而且也是不受限制的权力机构。"[①] 曼斯菲尔德认为，普通法"并不是由特定案例组成的，而是由一些一般性原则构成的，当然，这些原则从那些案例中得到了证明和解释"。哈耶克对这句话理解为：普通法法官"要有能力从那些指导他们的先例中推导出能够被适用于新案件的具有普遍意义的规则"[②]。在这个司法过程中，普通法法官形成了发现一般性原则的能力，而依赖已立法好了的规则大全进行审判的法官则很难获此殊能。所以哈耶克认为："在没有现成的一般性原则可适用的情况下，构造抽象规则的能力当然会不断地得到发挥，而机械地运用文字程式则会扼杀这种能力。"[③] 在"二战"以前，大陆法系的国家德、法、俄等都把法律当作政府立法的产物，当作政府的统治工具，而不管法律本身的正当性，因而政体不稳，翻来覆去。哈耶克批评道："这种实证主义的法律观，实际上完全是一种错误的解释，即把生成的制度说成是设计的产物，我们将此归咎于建构论的理性主义。"[④] 采用普通法系的英国、美国、加拿大、澳大利亚等国政体是稳定的，普通法的基本原则和理念是不变的，它作为法官造法又充分发挥法官的作用而具有灵活性，因是一种演进式的发展；法律不是人或立法机构主观创制的，而是在法律实践中被逐渐

---

① ［英］哈耶克：《法律、立法与自由》（第二、三卷），邓正来等译，中国大百科全书出版社 2000 年版，第 271 页。

② ［英］哈耶克：《法律、立法与自由》（第一卷），邓正来等译，中国大百科全书出版社 2000 年版，第 133 页。

③ 同上书，第 134 页。

④ ［英］哈耶克：《经济、科学与政治——哈耶克论文演讲集》，冯克利译，江苏人民出版社 2000 年版，第 528 页。

发现的。知识的调适性构成了哈耶克的文化进化观,他所说的自生自发的规则系统"乃是对一种事实上的常规性的调适,而对于这种常规性,我们一方面依赖于其上,但同时我们只是部分地知道它们,而且只要我们遵循这些规则,那么我们就能对它们有所依赖"①。因此这种自生自发的规则系统实乃"一个缓慢进化过程的产物,而在这个进化的过程中,更多的经验和知识被纳入他们之中,其程度远远超过了任何一个人能完全知道者"②。从某种意义上说,哈耶克的无知知识观和进化论理性主义是对英美普通法成长的总结和肯定,大陆法系的制定法、成文法、大全的法典、建构论法学方法论和普通法系的判例法、不成文法、单行法、进化论法学方法论形成鲜明的对比,前者是通过立法一步到位的,后者则是演进式发展而来的。两种法系的不同传统至今仍影响着各自的法律思维方式,比如"入关"的法律谈判,我们较容易和欧盟达成总体性协议,中国也属于大陆法系,二者有一致性。而美国人则不大相信理性有那么大的能力,能将所有细节都考虑到一个总的法律条文中,还是相信一种演进式的法律发展过程。和欧盟谈判注重总体,从一般到个别,欧洲人遵循的大陆传统,希望就普遍的原则达成一致,而这些原则适用于其他的贸易领域和不同产品,并延伸到其他国家。和美国人谈判则要注重细节,从个别到一般,比如先就医疗器械的标准达成一个协议,然后推敲出不同的合同,用以涵盖诸如电子产品和药品生产的其他领域。

边沁就认为:"整个法律……可以被界分为两个部分,其间的第一部分乃是那些真的由人们制定出来的法律——它们是由那些被普遍认为经确当授权并有权立法的机构制定出来的法律……在英国的治理架构中,它已然以制定法(statute law)之名著称……在英国的治理架构中,这一部分法律事实上是由普通法(common law)和不成文法(unwritten law)这些词不达意的、没有特色的、颇不恰当的名称来指称的。"③ 哈

---

① Hayek, *Studies in Philosophy, Politics and Economics*, Routledge & Kegan Paul, 1967, p. 80.

② Ibid., p. 92.

③ Hayek, *law, Legislation and liberty: The Mirage of Social Justice* (Ⅱ), China Social Sciences Publishing House, 1982, p. 45.

耶克批驳这种观点只是对那种建构主义谬误所作的一种幼稚的表达，"显而不争的是，就正当的法律行为规则尤其是私法而言，法律实证主义所谓法律的内容始终是立法者意志之表示的断言，根本就是谬误的"①。

中国近代思想家梁漱溟通过对中外法律传统的考察批评了视法律为立法者产物的建构论法学方法论，正如有学者指出："正是经由认可法律乃生活方式的表达，这里漱溟实际上相应地肯认了三点。第一，法律是发现和宣谕的，而非发明和创制的；第二，法律须具有一定程度的形式理性，所谓'某种程度的固定性和形式化'，以便于循依；第三，生活方式是多种多样的，因应天时地利而来，所谓一方水土养一方人，则法也必是多样的，必以因应此特定生活方式为自身合法性与效率的前提。"②

中国采用大陆法系，自20世纪以来的百余年法律发展历程值得反思，正如有学者指出："还以宪法为例……'指导思想'、'宗旨'、'任务'乃至'国体'、'政体'等，彼此乃极相轩轾。这一此起彼伏、相互否定的立宪现象本身，就是对于其各自标示的合法性的嘲讽。"③法律成了"一朝天子一朝臣"、"你方唱罢我登场"的多幕剧，法律本身其实是不存在了，立法者想它怎么样它就是怎么样，它是舞台上的被动的演员，担什么角色，红脸、白脸、黑脸连自己就不知道，全由立法者导演安排。

二 自生的法律和立法的法律、私法与公法的区别

针对当时的主导法理学理论：公法为主且服务于公共利益，而私法不但被视为次要且来源于公法，并且它不是为公共利益而是为个人利益服务。哈耶克批驳道："然而反过来说才更接近真实。公法是组织法，

---

① ［英］哈耶克：《法律、立法与自由》（第二、三卷），邓正来等译，中国大百科全书出版社2000年版，第71页。

② 许章润：《说法、活法、立法——关于法律之为一种人世生活方式及其意义》，清华大学出版社2004年版，第55页。

③ 许章润：《法意阑珊 不得不然》，许章润主编：《法律的中国经验与西方样本》，广西师范大学出版社2004年版，第39页。

是有关政府这一上层建筑的法律，而当初政府的设立，不过是为了保障私法的实施。'公法多变而私法持久'的说法是不错的……创设法律的行为是出现在公法领域，而在私法领域，数千年的发展是一个发现法律的过程，在这个过程中，法官和法学家仅仅致力于对长期支配着行为的规则和'公正意识'作出明确的表述。"① 这个公正意识正是法律实践中逐渐形成和被发现的，它是与人为秩序的外部规则相区别自生秩序的内部规则，是与立法的法律即公法相区别的自生的法律即私法，它具有否定性、目的独立性和抽象性，而不具有"公正意识"的外部规则、公法则具有肯定性、目的依附性和具体性的特征，不符合法律的本真精神。休谟指出："我们如果允许在各种场合下，随着应用这个规则时所发现的各种特殊效用，各不相同地来应用这个规则，那么我们就永不能达到防止争端的这个目的了。"② 作为正当行为规则的私法不像公法那样出于特定目的，也不是为特定目的制定出来的，而是演进而来，正如有学者指出："整体而言，其法制与法意的现代形态的逐渐完成，亦一本乎此。其中，特别是尤为后人称道的诸多私法规则，多是从中世纪以来逐渐累积的商事习惯中慢慢演变而来，为其民间固有商业实践的法律肯认。"③ 法律的发展本应如此，这是进化论法学方法论的进路；但与之相反，建构论法学方法论遵循由规则到事实的过程，法律服务于特定的目的而被制定出来宰制生活，就不可能不偏向、不可能有什么公正意识，于是乎，为了镇压"反革命"，"疑罪从无"出来了，害了多少条无辜的性命才被废止。哈耶克通过公法、私法的界分批驳了私法、公法与私人利益、公共利益相联系的错误认识，"作为政府组织之法律的公法要求它所适用的那些人以刻意的方式为公共利益服务，而私法则允许个人去追求他们各自的目的，并只是通过限定个人行动的方式而使他们最终

---

① [英] 哈耶克：《经济、科学与政治——哈耶克论文演讲集》，冯克利译，江苏人民出版社 2000 年版，第 366—367 页。

② [英] 休谟：《人性论》（下册），关文运译，商务印书馆 1980 年版，第 543 页。

③ 许章润：《法意阑珊　不得不然》，许章润主编：《法律的中国经验与西方样本》，广西师范大学出版社 2004 年版，第 26 页。

都有助益于普遍的利益"①。正因为私法体现了真正的法律精神,而法律是有利于社会的,那种认为唯有公法服务于普遍利益、私法只保护个人私利的观点,乃是对是非的完全颠倒。哈耶克在 1973 年发表的《自由主义》一文中明确指出:"如果政府实施的规则要成为法律(亦即成为英国式自由主义传统中用以指称自由之条件的那种法律)的话,那么这些规则就必须具有像英国普通法这样的法律所拥有的某些特征:第一,它们必须是一般性的个人行为规则;第二,它们必须在无数的未来情势中平等地适用于所有的人;第三,它们必须对确获保护的个人领域做出界定;因而第四,它们必定在本质上是具有禁令性质的一般性规则而不是具体的命令。然而我们知道,立法的产物却未必拥有这些特征。"②

哈耶克的前辈亦对进化论法学方法论进行研究。萨维尼指出:"法律首先产生于习俗和人民的信仰(popular faith),其次乃假手于法学——职是之故,法律完全是由沉潜于内、默无言声而孜孜矻矻的伟力,而非法律制定者(a law-giver)的专断意志所孕就的。"③ 他评价罗马法时说:"迄至古典时代,罗马法的历史展现出一种渐进而有机的全面发展。一旦一种新的形式形成,立刻即与旧有的传统形式相结合,而著力于后者的稳定与完善。这就是有关罗马法的发展之最为重要的情节之意义所在,而经常可笑地为现代人所误解者。"④

这就是说,理性在立法中的建设性作用不是说它能"创造"法律,而只是"发现"业已存在但不显现的法律并用明确的形式把它表达出来;这正如万有引力一直客观地存在着,牛顿只是发现了它并用科学公式表达之,而绝对不是创造了万有引力;在牛顿发现万有引力之前,苹果落地已然存在着。休谟精辟地指出:稳定财物占有、根据同意转让所

---

① [英]哈耶克:《法律、立法与自由》(第一卷),邓正来等译,中国大百科全书出版社 2000 年版,第 210 页。

② Hayek, *Studies in Philosophy, Politics and Economics*, Routledge & Kegan Paul, 1967, p. 75.

③ [德]萨维尼:《论立法与法学的当代使命》,许章润译,中国法制出版社 2001 年版,第 11 页。

④ 同上书,第 25 页。

有物和履行许诺"这三条法则是在政府成立以前就已存在"①。立法机构将这三原则确立为法律绝不是创造了法律,而是发现了法律并明文表达之。

三 逻辑和经验在法律中的作用

建构论法学把法律看作逻辑的产物,而进化论法学则很重视经验在法律中的作用。哈耶克坚持进化论法学方法论,称霍姆斯的论断"法律的生命向来不是逻辑,而是经验"为"洞见"。真正的法律是人们在经验生活中渐进形成的,并非逻辑推理出来的,"从经验中学习(learning from experience),在人类中就像在动物中一样,主要不是一个推理的过程,而是一个遵循、传播、传递和发展那些因成功而胜出并盛行的惯例的过程"②。在《感觉秩序》中,哈耶克认为,在原子水平上所描述的世界是不可感知的,也是没有秩序的。我们对物质世界的现象性理解之所以井然有序,乃是因为心智所作的对感觉进行排序——也即"感觉秩序"。但我们永远不能完全理解我们的心智,因为,"任何分类器官都必须要具有比它所要分类的对象复杂程度更高的结构……因而,任何解释主体的能力必然要受到比它本身复杂程度较低的解释对象的限制"。在哈耶克看来,心智是一套关于现实世界的排列和预期,他用"地图"和"模型"两个比喻来描述心理秩序。"地图"是指大脑作为过去经验之结果已建立起来的暂时的关联,"模型"是指"刺激的型式,在任一时间点上都可以追溯至暂时性渠道的既定网络中",地图形成模型,该模型也具有前瞻性,它能使主体预见到他本人的行动及外部事件的可能后果,心智是经验和对经验进行分类的东西的产物。我们对世界的了解,大部分采取理论形态而非原始事实。③ 我们所知道的,是根据我们的经

---

① [英]休谟:《人性论》(下册),关文运译,商务印书馆1980年版,第581—582页。
② [英]哈耶克:《法律、立法与自由》(第一卷),邓正来等译,中国大百科全书出版社2000年版,第16页。
③ 比如看到苹果,小孩想到它"好吃",口渴者想到它能"解渴",商人考虑到它的"商业价值",医生想到它的"营养价值",疏通人际关系的人想到它是"礼品",各人从不同的经验所形成的理论模型出发,对同一事实材料,竟能做到"仁者见仁,智者见智",但这并不否定材料本身,苹果就是苹果。——笔者注

验所形成的关于某些类型的情境的预期，以及在这些情境中如何行动最好；把知识看成是预期和猜想，与哈耶克一向强调的在自发秩序中规则的作用，是一脉相承的。① 这个看法和休谟的因果关系论是一致的，在休谟看来，因果推理的原则是"习惯"，如果以往经验中的一事物总是和另一事物联系在一起，那么我们"就会由一件事物出现而期待那一种事物的出现"。休谟非常自信地说道："一切从经验而来的推论都是习惯的结果，而不是运用联想的结果。因此，习惯是人生的伟大指南。"② 在休谟看来，如果没有经验和观察的帮助，我们不可能决定任何事情、推出任何原因或结果。

经验只经受有限次检验，经验知识并不能给因果关系以充分的理由，所以休谟认为：由经验得来的一切结论的基础是什么？这就包含了一个新问题，这个问题最难以解决和解释。经验推理只具备或然性而不具备必然性，但这不能说这是经验推理的缺陷，它只能说明人的理性的有限性，更不能以此来否定经验而寄望于逻辑来寻求推理结果的确定性，把复杂的法律行为简单化，以确定性排除各种可能性，而推导出不应有的结论。正如有学者指出："在演绎有效的推理中，前提真结论假是不可能的；在归纳上强的推理中，前提真结论假在某种程度上来说也是不大可能的；而在似真推理中，前提真结论假则是可能的。我们可以把这三种类型的推理用公式表示如下：

演绎推理：对所有 x 而言，如果 x 是 F，那么 x 是 G；a 是 F；因此，a 是 G。

归纳推理：对大多数或特定比例的 x 而言，如果 x 是 F，那么 x 是 G；因此，a 是 G。

似真推理：一般情况下，如果 x 是 F，那么 x 是 G；f 是 F；因此，a 是 G。

---

① 对《感觉秩序》中"心智"的介绍，参见［美］拉齐恩·萨丽等《哈耶克与古典自由主义》，秋风译，贵州人民出版社2002年版，第219—212页。

② 北京大学西方哲学教研室：《西方哲学原著选读》（上册），商务印书馆1982年版，第528页。

从本质上讲，法律推理既不是演绎推理，也不是归纳推理，而正好是第三种类型推理——似真推理。似真推理的大前提是考虑到例外情况。可是，主流逻辑学家们倾向于不把这第三种类型的推理当作逻辑的一部分，因为他们认为逻辑应当是研究精确性的科学，而似真推理是不精确的。"① 在《感觉秩序》中，哈耶克区分物理世界和现象世界，物理世界是物理科学研究的对象，可以追求确定性至少是相当程度的确定性，而理论心理学的研究对象是现象世界，没有确定性；但所谓的没有确定性，也不能走向另一个极端，把前因后果关系完全取消了，哈耶克还是相信其中的一种中间状态——预期。卡多佐认为："只有当判决提供了一个合情合理的预期：相似的情况将导致类似的判决时，判决本身对学者来说才是重要的……足以为人们提供一种具有合理确定性的预期时，法律就存在了。"② 一个严重违背多数人预期的判决通常是有问题的，一个使谬误暂时通行的判决，在卡多佐看来必会在将来某个时候被推翻。卡多佐对此提出两个警醒：其一，我们尊崇法律的确定性，但必须区分合理的确定性和伪劣的确定性，法律的确定性并非追求的唯一价值，实现它可能会付出过高的代价；其二，对确定性的过分强调可能导致我们崇拜一种无法容忍的刻板教条。③ 霍姆斯认为"确定性不过是一种幻想"，"我们之所以追求形式逻辑，进而满足我们内心深处对于世界的确定性与和谐状态的确信，其所追求与确信的其实不是什么'逻辑性'秩序，而恰恰是一种价值期待"④。法律不能是立法机关经由逻辑推演而制定出来的，霍姆斯断言："我们并未意识到，吾人法律中有相当大的一部分，乃是根据公共心意的潜移默化而重予审议的……我们之做大部分事情。其理由无非是吾侪之父辈或吾侪之邻人亦且如此行事，

---

① 熊明辉：《法律推理的逻辑基础》，葛洪义主编：《法律方法与法律思维》（第3辑），中国政法大学出版社2005年版，第190—192页。

② [美]卡多佐：《法律的成长——法律科学的悖论》，董炯、彭冰译，中国法制出版社2002年版，第23页。

③ 同上书，第21页。

④ 许章润：《法律之道即生存之道——霍姆斯〈法律之道〉问世百年与中译感言》，许章润主编：《法律的中国经验与西方样本》，广西师范大学出版社2004年版，第209页。

推而广之，其理亦然，其范围甚至超出吾人之所思。"① "法律的生命在于经验"是就法律的内容而言的，意指法律根植于经验生活，而不可能是主观臆断、空中楼阁，不可能是理性建构的。任何法律的基础是经验生活而非逻辑推演，有什么样的社会生活就有什么样的法律。当然并不能因此而否定法律的逻辑性，有些法学家，如卡多佐，虽也赞成霍姆斯的论断，但给逻辑相当的地位，揭示了法律的第一种因素是逻辑，有学者对此解释道："作为一种规则体系，法律必得首先自洽而后自治，始成为规则；作为一种意义体系，法律也必得自洽而圆融……而无论是作为规则体系还是意义体系，法律都必须秉有逻辑的一致与连贯，具有理性化的匀称之善与美。"② 卡多佐本人更指出："霍姆斯并没有告诉我们当经验沉默无语时应当忽视逻辑。"③ 一部法律，如果不能逻辑自洽而是陷入混乱甚至自相矛盾之中，前言不搭后语，说东扯西，自我否定，像个思维混乱的精神病人的独白，就只能引起人们的蔑视，也不能被遵守。波斯纳指出：在法律决定制作上，逻辑也可扮演一个重要的角色，但要拒绝那种夸大的法律形式主义，其认为概念间的关系才是法律和法律思想的精髓……由于在疑难案件中，无论逻辑或科学都无法作为判决的基础，因此法官被迫依赖"实践理性"的非正式推理方法。④ 对建构论法学方法论的批判，是就实质而非形式而言，法律的形式制作技术仍然是必须考究的，将这二者区分开很有必要。

四 进化论法学方法论是自由主义的法学方法论

哈耶克在批判"自然的"和"人为的"二分观之后，提出第三种现象："亦即后来被亚当·弗格森（Adam Ferguson）称之为'人之行动而非人之设计的结果'（the result of human action but not of human design）

---

① 许章润：《法律之道即生存之道——霍姆斯〈法律之道〉问世百年与中译感言》，许章润主编：《法律的中国经验与西方样本》，广西师范大学出版社2004年版，第210页。
② 许章润：《法学家的智慧》，清华大学出版社2004年版，第183页。
③ 同上。
④ ［美］波斯纳：《法理学问题》，苏力译，中国政法大学出版社2001年版，第568页。

的那种现象。"① 这涉及人的知识在社会秩序中的作用，人们运用知识于行动中推动社会的演进式发展，"自然的"秩序和"人为的"秩序都无助于人们有效地运用知识，只有在自生自发的自由秩序中，知识才能得到有效的利用和发展；无知的状态，乃是我们认识社会秩序这个核心问题的根源。这里的无知是相对于全知而言的，并不是虚无。哈耶克师承休谟、斯密、弗格森、伯克等，他的"无知观"与休谟的怀疑主义紧密相联。休谟是个温和的怀疑主义者，他所怀疑的是理性能力本身的无限性和追求确定知识的手段，而不是常识和科学。休谟的怀疑论不是抛弃知识和理性，而是通过怀疑来考察人的知识理智的界限、范围和缺陷，表明人是极易犯错误的，"独断论"不过是一种狂热的态度，从而防止宗教迷信或知识迷信，休谟说："迷信是从人类流行意见中自然地、轻易地产生的，所以比较有力地抓住人心，常常干扰我们对生活和行动的安排。"② 休谟对现实的存在是肯定的，对习俗和传统是尊重的，他主张社会基于"人类理解力的狭窄疆界"上的演进式发展，被哈耶克称为近代进化论人类学的鼻祖，休谟的怀疑主义又可称作"进化论理性主义"。和休谟的怀疑主义正相反，笛卡尔怀疑主义怀疑的是现实存在（即"我思"才能证明的"我在"），对于理性能力本身则是没有任何怀疑的，理性是无所不及的，没有什么不可以被理性所摧毁和建构的，对习俗和传统是极其蔑视的，笛卡尔的怀疑主义又可称作"建构论理性主义"。

哈耶克坚持的是进化论理性主义法律观，进化论理性主义又称"理性不及"（non-rational），是取唯理主义（rationalism）和非理性主义（irrationalism）两种极端理性观的中庸之道，"我们所努力为之的乃是对理性的捍卫，以防理性被那些并不知道理性得以有效发挥作用且得以持续发展的条件的人滥用。这就要求我们真正地做到明智地运用理性，而且为了做到这一点，我们必须维护那个不受控制的、理性不及的领

---

① [英]哈耶克：《法律、立法与自由》（第一卷），邓正来等译，中国大百科全书出版社2000年版，第19—20页。

② 北京大学西方哲学教研室：《西方哲学原著选读》（上册），商务印书馆1982年版，第532页。

域"①。哈耶克虽然反对唯理主义,却绝非非理性主义者,他所主张的non-rational也并不是"非理性主义"而是"理性不及","我们在本书中所持的反唯理主义的立场(antirationalistic position),绝不能与非理性主义(irrationalism)或任何对神秘主义的诉求相混淆。我们所主张的,并不是要废弃理性,而是要对理性得到确当控制的领域进行理性的考察。这个论点的一部分含义是指,如此明智地运用理性,并不意味着我们应当在尽可能多的场合中运用主观设计的理性(deliberate reason)。天真幼稚的唯理主义将我们当下的理性视作一种绝对之物,而这正是我们的观点所要严加反对的"②。它与唯理主义的自然法理论及法律实证主义都是大相径庭的,法律既不是超自然力量的构造之物因为它离不开人之理性的作用,亦非任何人心智的刻意建构之物因为人之理性并没有如此之大的作用,这是理性中庸主义的法律进路,正如哈耶克所说:"不论在何种意义上讲,进化论认识进路都不居于法律实证主义与大多数自然法理论之间,而是在一个维度上与它们中的任何一者相区别。"③哈耶克坚决反对在自觉设计下的"人为的"发展和以表现着不变的本能特点为由而被认为是"自然的"现象这二者之间做出非此即彼选择的"二分法",他指出:"如果我们超越这些二分法,我们就会看到,真正和感情相对的不是理性,而是传统的道德规范。行为规则传统的进化——它处在本能的进化过程和理性的进化过程之间——是一种独特的过程,把它视为理性的产物是十分错误的。这些传统规则显然是在进化过程中自然地生长起来的。"④哈耶克沿着休谟的思路,阐明了在人类社会演进过程中,具有决定意义的规则制度通过选择而成长的方向、方式、方法的社会进化论,构成了自生自发的自由社会秩序观。达尔文的进化论、细

---

① Hayek, *The Constitution of liberty*, London and Chicago, 1960, p.69.
② [英]哈耶克:《自由秩序原理》(上册),邓正来译,生活·读书·新知三联书店1997年版,第81页。
③ [英]哈耶克:《法律、立法与自由》(第二、三卷),邓正来等译,中国大百科全书出版社2000年版,第91页。
④ [英]哈耶克:《致命的自负》,冯克利等译,中国社会科学出版社2000年版,第160页。

胞学说、能量守恒定律被恩格斯称作19世纪自然科学的三大发现，由于其深刻影响，使人误以为进化论观念是社会学家从生物学家那里移植过来的，而事实正好相反，以致哈耶克说：如果一个19世纪的社会理论家需要达尔文来教他进化的观念，那么这个理论家显然是名不副实的。因为先于达尔文的18世纪道德哲学家、历史法学派、历史语言学家，伯纳德·孟德维尔、大卫·休谟、亚当·斯密、亚当·弗格森、埃德蒙·伯克等通过"对语言和道德、法律和货币这样一些社会型构物的讨论，才致使（规则）进化与秩序的自生自发型构这一对孪生观念最终在18世纪得到了极为明确的阐发，并且为达尔文及其同时代人提供了一些能够被他们适用于生物进化研究的智识工具"①。因而他们完全可以被称为达尔文之前的达尔文主义，而与生搬硬套地移植达尔文进化论的社会达尔文主义是完全不同的："选择过程在导使社会制度得以型构的文化传承（cultural transmission）中发挥作用的方式，与这种选择过程在天生的生物特性的选择及其经生理学上的遗传而得以传承的方面发挥作用的方式之间，存在着重要的差异。"② 所谓的"选择"有两种，一种是个人的选择或个人所具有的遗传能力的选择，另一种是制度选择或以文化方式传播与存续的能力的选择，社会达尔文主义关注的是前一种选择，休谟进化论关注的是后一种选择。休谟说明了只有当人们学会服从某些行为规则时，一个井然有序的社会才得以产生、成长和发展；也正是在社会进化中，那些对人类行为有效的制度得以保存，无效的则被抛弃，自生自发的自由秩序得以形成，它在曼德维尔、休谟那里已初露端倪，它通过斯密的"看不见的手"已经定型，奥地利经济学家门格尔对其进行充分的研究，哈耶克则将其系统化；其在经济上表现为市场经济，在政治上表现为有限政府，在法律上表现为普通法之治，核心是对公权力的制约。

进化论的私法之治和自由是相容的，建构论的公法之治必然摧残自

---

① [英]哈耶克：《法律、立法与自由》（第一卷），邓正来等译，中国大百科全书出版社2000年版，第23页。

② 同上。

由。进化论法学方法论强调法律本身的正当性，强调法律规则的演进式发展，和社会发展相容的法律规则被保留下来，和社会发展相悖的法律规则被淘汰，坚决反对把法律看作是主权者（君主或集权政府）的派生物而勿论法律本身的正当性及其和社会发展的相容性，否定立法机关是法律的最高的、唯一的渊源，坚持案例法、习惯法、不成文法的至上性，对成文法、制定法的至上性持否定态度。孔子抨击晋铸刑鼎道："晋国之乱制也，若之何以为法？"（《左传·昭公二十九年》）孔子这个考虑是非常深刻的，因为成文法是由统治者制定的，如果承认其至上的法律地位，那就意味着，统治者发布的任何命令——哪怕是随心所欲的、显失公正的、违反人性的，也必须是被遵守的法律，即使是恶法。慎到就说："法虽不善犹善于无法"（《慎子·六德》）；如前所述凯尔森的叹息和纽伦堡大审判都将建构论的制定法逼到了"以子之矛，攻子之盾"的窘态。承认成文法的至上性，也就承认主权者的立法地位的至上性，统治者就集统治权与法律权于一身，成了不受限制的专制；那么真正的法律就是不存在的，它不过是君王、主权者、立法者的华丽外衣，历史上多少自由和无辜生命被假借"法律"之名扼杀，但正因为这一假象，人们对此虽表示愤慨却不明就里。甚至像苏格拉底这样的伟大智者在这个问题上也迷惑了，苏格拉底被所谓的"民主派"判处死刑，拒绝了多次、多种逃生的机会，原因在于："他认为，这些行为都是与法律相抵触的不正义的行为，他在知道什么是正义之后不能再做不正义的事。"[①]苏格拉底这种做法居然受到称赞，认为他的道德实践就是对他所主张的"德性就是知识"的最好注释，但是极为遗憾的是，苏格拉底对法律知识的理解是大谬不然的，是一种出自立法机关的"恶法亦法"的"公法"知识。如果苏格拉底接受另一种法律知识，即古典自由主义所主张的真正的法律——私法，法律是保护人民的自由而非强制，违背私法精神的公法是违法的，那么他就会认识到，"民主派"的判决是违法的，他遵守这一判决也是违法的，他不遵守这一判决才是合法的，那么他抓住逃生的机会才是对"德性就是知识"的最好注解，那么"苏

---

① 赵敦华：《西方哲学简史》，北京大学出版社 2001 年版，第 35 页。

格拉底事件"就会以另一面目出现而对西方的自由和法治产生另一种影响。残酷的历史否定人们善良的"如果",但它说明,虽然古希腊人崇尚自由,却不明白自由的真谛,古希腊的自由不过是理论观念的虚构,根本不曾真正地存在过,萨维尼、哈耶克都肯定古罗马而非古希腊出现过真正的自由。在这个问题上,苏格拉底的见识远在孔子、孟子之下,孔孟都肯定汤武革命,并不认为出自立法者的法律具有绝对的效力,孟子更进一步指出"闻诛一夫纣也,未闻弑君也"(《孟子·梁惠王下》),在孟子看来,商纣不配做君,不过是一独夫而已,还能承认或遵守他所制定的所谓的法律吗?而苏格拉底迂腐到连一个恶劣的判决都不愿意违背的地步。历史的发展也证明了孔子的远见卓识和深刻的洞察力,无论古中国还是古罗马,以成文法取代判例法,也就是以君主专制取代贵族共和。虽然成文法不必然带来专制,但实为专制的帮凶;虽然采用成文法的政府也不一定是专制政府,但专制政府无不采用成文法,而采用判例法的国家不可能出现专制政府,因为判例法不来自政府或主权者而在法官或法学家手里。英国自"光荣革命"、美国自独立战争后几百年间政体是稳定的,和这期间德、法、意、俄、日等国翻来覆去的政体形成了鲜明的对比,这背后正是进化论的普通法之治和建构论的公法之治的优劣之体现。

　　建构论的公法之治不是真正的法治,也不可能带来自由。哈耶克赞成 Richand Price 的说法:"如果法律在一国中由一个人制定,或由某个小集团制定,而不是经由共同同意(common CONSENT)而制定,那么由这些人制定的法律而进行的统治实无异于奴役。"① 在公法之治里,所谓"法律至上"和"法律的统治"都是一句空话,徒具形式而已,因为在公法之治里,所谓的"法律"不过是立法者的"法律",因此"法律至上"和"法律的统治"不过是"立法者至上"和"立法者的统治"的改头换面而已,它在外表上迷惑人,却不具备实质意义。所以哈耶克说:"法治的理想以人们对法之含义有着一种明确的界说为前提,而且

---

① [英]哈耶克:《自由秩序原理》(上册),邓正来译,生活·读书·新知三联书店1997年版,第220页。

并非立法机构所颁布的每一项法规都是此一意义上的法。"① 无论从逻辑还是历史上来看，公法都不是真正的法律，公法之治不是真正的法治也不可能带来自由，哈耶克批评公法之治的典型代表法国大革命时道："既然所有的权力最终已被置于人民之手，故一切用来制止滥用这种权力的保障措施，也就变得不再必要了。"② 以公法替代或统合私法，视立法的法律为唯一绝对之物的法律实证主义给自由社会带来了致命的危害，它经由变"实质性法治国"为"纯粹形式的法治国"而彻底摧毁了保障个人自由的法治。以卢梭思想指导的法国大革命最终淹没在血雨腥风之中，哈耶克不无遗憾地说："谁可曾想到，是卢梭而非休谟的思想，支配了未来200年的政治发展呢？然而这就是实际发生的事情。是卢梭式的民主观，是他的彻头彻尾理性主义的社会契约论和人民主权论，淹没了法治下的自由观和受法律限制的政府观。"③

进化论的私法之治则能够带来自由。哈耶克认为："法治（the rule of law）因此不是一种关注法律是什么的规则（a rule of the law），而是一种关注法律应当是什么的规则，亦即一种'元法律原则'（a meta-legal doctrine，亦可以转译为"超法律原则"）或一种政治理想。"④ 这种法律是在演进式发展中所形成的正当行为规则即私法，而非立法机关制定的和正当行为规则相违背的公法。私法这种自生的法律也就是自由的法律。自由主义的中心思想就是，在贯彻保护公认的个人私生活领域的公正行为普遍原则的情况下，十分复杂的人类行为会自发地形成秩序，这是特意的安排永远做不到的，因此政府的强制只应限于实施这些规则，无论政府在管理为此目的而得以支配的特定资源时，还可以提供其他什么样的服务。衡量自由社会与不自由社会的标准是：在自由社会

---

① [英] 哈耶克：《自由秩序原理》（上册），邓正来译，生活·读书·新知三联书店1997年版，第263页。

② 同上书，第246—247页。

③ [英] 哈耶克：《经济、科学与政治——哈耶克论文演讲集》，冯克利译，江苏人民出版社2000年版，第568页。

④ [英] 哈耶克：《自由秩序原理》（上册），邓正来译，生活·读书·新知三联书店1997年版，第261页。

中，每个人都拥有一个明确区别于公共领域（public sphere）的确获承认的私域，而且在此私域中，个人不能被政府或他人差来使去，而只能被期望服从那些平等适用于所有人的规则。因此，自由社会的法治，必须以私法为主导，公法的权威性来自私法，依公法而建立起来的组织机构，其使命是保护私法的贯彻和自发秩序的更好运行。哈耶克说："自由社会的特点就在于，对于私生活中的个人，只能强制其遵守私法和刑法中的规则，在过去80年到100年里，公法向私法日甚一日的渗透，意味着行为规则不断被组织规则所取代，这是对自由秩序进行破坏的主要手段之一。"① 私法和刑法的行为规则所涉及的秩序与公法的组织规则所涉及的秩序是不同的：行为规则只有当它与行动者个人的具体知识和目标结合在一起时，才决定着一种行为秩序，而公法的组织规则是直接决定着有特定目标的具体行动，甚至在这样做时要实施强制力；私法和刑法的行为规则逐渐被来自公法的观念所取代，也就是现存的自由社会逐渐向极权主义社会转变的过程。洛克、休谟、孟德斯鸠等认为法律不是自由的敌人而是保护自由，他们的自由是抽象的自由、否定性意义的自由，他们的法律是抽象的正当行为规则或私法。法律实证主义视法律为自由的敌人，他们的自由是具体的自由、肯定性的自由，他们的法律是具体的政府（这里的政府是广义的，不仅指行政机关，亦包括立法、司法机关，即泛指国家机关）组织命令或公法，因而法律本身就是强制的东西，只有国家立法者制定的、以国家暴力机器为后盾的法律才具有约束力，所以法律之下无自由，自由意味着摆脱法律的强制。哈耶克对此批评道："并非立法机关的一切产物，都是洛克或休谟、亚当·斯密、康德或后来英国辉格党人所理解的那种保护自由的法律。当他们说法律是自由不可缺少的捍卫者时，他们所想到的，是那些包含在私法和刑法中的公正行为规则，而不是立法当局发布的一切命令。"② 哈耶克从法制史的发展来总结判例法和制定法的优劣大体上是正确的，当然随着法治

---

① ［英］哈耶克：《经济、科学与政治——哈耶克论文演讲集》，冯克利译，江苏人民出版社2000年版，第400页。

② 同上书，第341—342页。

社会的发展，制定法和判例法是相互融合的。通过商谈程序的民主立法，公民服从自己制定的法律，立法者变成全体公民，就可以从程序上保证所立法律的正当性。制定法具有确定性的特点，也可以克制法官的恣意，这些优点是判例法所不具备的。当然，制定法刚性有余，弹性不足，对社会发展的适应性不强，面对疑难案件有可能损害法律正义，这些缺点正好由判例法来弥补。

进化论法学方法论强调法律是正当行为规则，以人为目的，法律是善良和公正的艺术；而建构论法学方法论只强调法律是主权者意志的产物，恶法亦法，不关乎法律的正当性，法律有可能成为助纣为虐的工具，所以，魏德士指出这种法律"将很容易在无意识当中成为权力所有者的工具，成为权力者的法政策目标，甚至罪恶的法政策的工具"[1]。臭名昭著的纳粹法律就曾充当这一角色。因此，只有进化论法学方法论才具有实质的意义，才和自由是相容的。

第八节 法治的本质论——法律的本质分析

认识好一件事就要能够通过现象看到本质，而不能让现象迷惑住本质。围绕法律的许多争论是由于对法律本质的认识不足造成的，对法律的本质认识可以从以下几方面分析：就法学研究而言，法律是善良和公正的艺术，正义是法律的本质，恶法非法；就立法而言，每一项法律规定要能够真正实现立法者的目的，是以真相而不是假象反映着立法者的目的；就司法而言，要根据法律行为的本质定性和定罪，而不能被各种假象所干扰丧失正确的判断力。

做好一件事首先要认识好这件事，认识好一件事就要能够通过现象看到本质，而不能让现象迷惑住本质。本质是事物本身所固有的、决定事物性质、面貌和发展的根本属性，是一类事物之所以区别于他类事物的最根本的东西。现象是本质的具体表现，即该事物的各种个性、特殊性、具体性的总和。但是现象对本质的表现是复杂、曲折甚至是扭曲

---

[1] [德]魏德士：《法理学》，丁晓春、吴越译，法律出版社2003年版，第280页。

的，所以现象与本质并不具有直接同一性，现象既可以以真相同一性地表达本质，也可以以假象异质性地表达本质。如果现象成为假象成为本质的反面，我们却还是认识不到，还是按照所认识的现象做某一件事，那么我们实际上不是在做这件事，而是在做这件事的反面，南辕北辙就是不得不吞下的苦果。只有本质才与事物具有直接同一性，所以，具有一双慧眼，认识事物的本质是做好任何事的前提。目前，围绕法律的许多争论是由于对法律本质的认识不足造成的，对法律的本质认识可以从以下几方面分析。

一　法学研究的本质分析

从现象认识本质是认识的发展规律，实证主义从现象着手，这是其突出贡献；但实证主义止步于现象，这是其重大缺陷。实证主义对法律的认识只局限在法律的现象上——法律的形式来源，也就是哈特的承认规则，"说某一规则是有效力的，就是承认它通过了承认规则所提供的一切检验，因而被认为该法律制度的一个规则"[①]。实证主义否认法律与道德的关系，必然得出恶法亦法的结论，但法律的本质则在于其正价值，法律是善良和公正的艺术，邪恶和不义的规则绝不是法律。自实证主义提出"恶法亦法"的命题后，围绕这个命题展开激烈的争锋论证。法律实证主义的领军人物凯尔森也无可奈何地认为：从法律科学的角度来看，纳粹统治之下的法律（Recht）也是法律（Recht）。我们虽说可以对这样一种状况表示遗憾，但是我们却不能因此而否认它是法律。法律实证主义坚持"恶法亦法"，其实是根本没有资格谈这个问题的，因为法律内容并非法律实证主义的关注点，而是法律实证主义的盲区，"恶"是就内容价值而言的，恶法是否是法根本不在法律实证主义的视野之内。恶法只是形式法，而非实质法。从现象和本质的关系来破解"恶法亦法"的谬论，正好抓住实证主义法学失误的要害，可是以往汗牛充栋的批驳都忽视了这一点，因而都是不成功的。因为实证主义只关注法律的形式现象，而非法律的内容实质，从形式现象的视角看，实证主义无疑是正确的，"法"与"恶法"具有概念外延上的种属关系，

[①] H. L. A. Hart, *The Concept of Law*, Oxford University Press, 2nd, 1994, p.102.

"恶法亦法"是正确的形式逻辑命题，否认"恶法亦法"犯了"白马非马"这样的简单形式逻辑错误。但是法律作为调整社会关系的行为规范，不能单从形式现象的视角看待，还要从内容实质的视角看待，"法"作为社会事物与"马"作为自然事物的重大区别在于其在内容上的价值性倾向，法的价值性是法的灵魂，对事实性具有统摄作用，在这种统摄性下，"恶法"就不配称作"法"，因其不能发挥"法"的作用而终究被清除法律队伍，像纳粹法律、种族歧视法律虽然在历史上存在过，但因其价值性的负面而终究被淘汰。邪恶的法律不能被适用就如假药、假酒、假烟不能喝、饮、抽一样，就此价值选择而言，"恶法非法"就能跳出形式逻辑的樊篱成为正确的命题。法律的价值是维护社会正义、保障公民权利，邪恶的法律当然不具备这样的价值，从本质分析法律，"恶法亦法"就变成一个荒唐的命题了。

孔子曰："名不正，则言不顺；言不顺，则事不成；事不成，则礼乐不兴；礼乐不兴，则刑罚不中；刑罚不中，则民无所错手足。故君子名之必可言也，言之必可行也。君子于其言，无所苟而已矣。"（《论语·子路》）所谓的名不正，就是一件事物的名称与其实际情况是不一样的，今天的称谓是"语言腐败"，如埃及前总统穆巴拉克领导的执政党叫"民族民主党"，突尼斯前总统本·阿里的执政党叫"宪政民主联盟"。真是令人啼笑皆非！因为在这些国家里，"民主"、"人民"、"共和"等大词连个影子也没有，这些大词在这些国家里就是"皇帝新装"。"恶法亦法"也是现象遮蔽本质的语言腐败，是法学里的"皇帝的新装"。解决的办法就是要清除语言腐败，对腐败语言正名，所以孟子说："贼仁者谓之'贼'，贼义者谓之'残'。残贼之人谓之'一夫'。闻诛一夫纣也，未闻弑君也。"（《孟子·梁惠王下》）恶法就是贼仁贼义的规定，当然不配称作"法"了。

子曰："觚不觚，觚哉？觚哉？"（《论语·雍也》）觚是古代的酒具，上圆下方，有棱，容积二升。"上圆下方"虽然是觚的形式，但它的寓意是"智欲圆而行欲方"，也就是人们的思想要追求圆满，行为要讲究规矩。当时的饮酒是日常生活的重要组成部分，但对饮酒要有理性的态度，要适当而不能过量，所以觚的容积也就是二升，觚的外形设计符合"智欲圆";而人们使用这种外形规格规制好的酒具饮酒,并克制自己不过量,即所谓的"行欲方"。但是到了孔子的时代,世风日下,人们的智慧残缺而行为放纵,作为酒具的觚形状变了、容积也加大了,饮酒者由克制变得沉溺,由高雅的行为变成粗鄙的行为,由受人尊敬的君子变为人所不齿的酒徒。虽然觚的称呼没有变化,但人们对其的思想意识和使用的行为方式都发生了改变,觚相对于古时的觚的理念法则,早已变得所剩无几、面目全非了,所以孔子发出了"觚哉?觚哉?"的反问,作为"实然"的现在的觚已经不是作为应然的古时的"觚"了,所以才有"觚不觚"的感慨。孔子一直将实然与应然、名与实区别开来,如果实然不符合应然的要求,名不符合实的要求,那么实然之名就违背事物自身的法则,就没有合法性,就不配称为其"名"了。

齐景公问政于孔子,孔子对曰:"君君、臣臣、父父、子子"(《论语·颜渊》),也就是说,君要像君,臣要像臣,父要像父,子要像子,君臣父子的行为都要合乎周礼规定的名分。同时在君臣、父子这两对宗法等级社会的最基本矛盾中,孔子强调的是处于主导的一方必须以身作则,因为上梁不正下梁歪。"季康子问政于孔子,孔子对曰:'政者,正也。子帅以正,孰敢不正。'"(《论语·颜渊》)在孔子看来,君不仅仅是个头戴王冠、手握玉玺、南面而坐的实然的名分,关键是这实然的名分要符合对君的应然要求,君要像君,如"君"的品质,"使臣以礼"的涵养,"敬德保民"的法政伦理,富民、教民的作为等,达不到这些应然要求,就"君不君"了。

"正名"所提出的名实一致实际上是一个价值判断问题,人是一种价值性存在物,包括一个理性人自身和他所创造社会事实,都会有这样的要求,如果达不到这种应然的价值要求,就名不副实了。我们说觚要像觚、君要像君、臣要像臣、法官要像法官、法律要像法律,等等,都是一种价值性要求。对于与价值无涉的纯自然事实而言,也不能有这样的要求,我们也不能说,树要像树,山要像山,鸟要像鸟,鱼要像鱼,因为自然事实不存在价值判断的标准。社会事实不能够回避这种价值要求,凯尔森的探析正暴露其理论上的尴尬,随着纳粹政权的覆灭,纳粹的法律在实践上也立即寿终正寝,说明违背价值判断的法律是徒有其名。社会事实必然包含着人们的价值判断，所以人们要制造出好的商品、制定出好的法律、选举出好的政府、选任好的官员，等等，都包含着人们的价值追求，人们寄望这些社会事实能够名实一致，彰显自身的价值，如果达不到应然的价值，就该被淘汰了，所以商品要报废更新、法律要废立修正、政府要选举换届、官员要能进能退，就是价值要求在默默地指引。只有现象符合本质才具有这样的价值，稻草人不是人，因为它没有人的价值；恶法也不是法，因为没有法的价值。

暴虐的纣桀在"正名"下是民贼独夫而非君主，那些在狱中蒙冤的犯人在"正名"下也不是罪人。公冶长蒙受牢狱之灾，还是犯人时，孔子就说："可妻也。虽在缧绁之中，非其罪也。"（《论语·公冶长》）公冶长人品好，蒙冤而入狱，我们不能说被政府送进监狱的犯人都是罪人，相反要怀疑政府把一个人送进监狱有没有合法性，即使具有合法律性，也要追问那条法律是否具有合法性，是不是一条邪恶的法律。邪恶的法律能把无辜的公民变为犯人，但绝不能把他变为罪人，张志新、林昭都曾是犯人受尽残酷的折磨，但他们不仅不是罪人，而是中华民族的脊梁。孔子在这个问题上具有自然法的思想，也就是追求法律本身的合法性，在邪恶的法律下，犯人可能不仅不是罪人，而是受人尊敬的君子，他们的行为在邪恶法律下受禁止，在善良法律下则受保护。所以，个人具有反抗恶法的权利，孔子就敢于把女儿嫁给犯人，这就是他对恶法和不公正判决的公然蔑视；更重要的是要推进法律的改革和发展，用良法取代恶法，人民就不会动辄得咎，蒙冤成为犯人。

正名就是对"名"本身的追问，寻求"名"本身的合法性。就像容量和形状都发生改变的觚就不是觚一样，法律是善良和公正的艺术，一部具有形式之名的实然法律，如果改变了"善良与公正"的应然要求，那也会发生"法不法"的问题，所以在"正名"的思想下，孔子会否定苛政下"恶法"的合法性，恶法非法，人民有拒不遵守恶法的权利，反对暴政的汤武革命也是值得称赞的，这与实证主义的"法律就是法律"、"恶法亦法"的观点是完全不同的，这种观点最接近现代法治观。本质分析正是"正名"的方法论。

罗萨·帕克斯，一位美国黑人女裁缝，在 20 世纪 50 年代的一次公交车上，拒不给白人让座，这违背当时的种族歧视法律，因而遭到逮捕，由此引发美国黑人运动，并受到具有正义感的白人的支持，美国最高法院裁定在公交车上实行种族隔离制度违宪，原因在于种族歧视法律是不正义的。如果说法官的上司是法律，那么法律的上司就是正义，不正义的法律绝不是公民遵守的依据，也不是法官适用的依据。

二 立法的本质分析

立法没有这双透过现象看本质的慧眼是不行的，每一项法律规定是否能够真正实现立法者的目的，是以真相还是假象反映着立法者的目的。"常回家看看"自草案公布后，在一片质疑声中，摇摇晃晃地步入新修订的《老年法》。该法在2016年7月1日生效。颇为蹊跷的是，生效的当天上午，无锡市北塘区人民法院依据该法，在一起赡养案中，判处被告人马某、朱某除承担原告储某一定的经济补偿外，至少每两个月到老人居住处看望问候一次。判决是经不起推敲和追问的：如果被告在两个月内确实很忙，为什么非要去看望老人？如果被告去看望老人时很勉强，甚至言不恭、脸难看，徒然加大亲情裂缝，怎能给老年人以精神慰藉呢？如果进一步追问，就会发现，判决所依据的法律规定也是大有问题的。

《老年法》第18条规定：家庭成员应当关心老年人的精神需求，不得忽视、冷落老年人；与老年人分开居住的家庭成员，应当经常看望或者问候老年人；用人单位应当按照国家有关规定保障赡养人探亲休假的权利。这条法规，本质上是"关心老年人的精神需求"，现象是"常回家看看"。问题在于，"常回家看看"就能够符合"关心老年人的精神需求"的本质吗？"常回家看看"既可以是"关心老年人的精神需求"的真相，也可以是"关心老年人的精神需求"的假象。就前者来说，"常回家看看"表明后人心中有老人，对老人不放心，眼见为实，这对长辈无疑是精神安慰，想必立法者正是看到这一点才使其入法的。遗憾的是，立法者没有看到后者，诸如："常回家看看"影响事业发展，与老人对后人的高期望值背道而驰；对于家境贫寒的家庭来说，一次回家单单车费和误工费至少也是几百元，把回家的费用寄给老人比单纯地回家看老人是更为明智的选择，也是对生活无着老人的更好安慰；现在通信发达，常常打电话比常回家不是更把对老人的关心瞬时传递过去了吗？我们甚至发现有的啃老族倒是做到常回家看看，但不是为了尽孝道，而是向父母要钱，这样的"常回家看看"是违背入法提议者的初衷的。

后辈关心老人尽孝道，这是人类文明的道德底线。但如何才算是尽孝道，应该进行本质的分析，而不是诸如"常回家看看"这样的现象上的规定。有一篇很平实却很感人的小说，说的是一位美国老太太80岁的生日，收到一位邻居小男孩和几位朋友的生日礼物，她的一位小女儿已经死在手术台上，她希望当了市长夫人的大女儿来看看她，或者至少寄来诸如闹钟、蓝羊毛衫之类的心爱礼物，但最后她收到的是一封信，里面的一张贺卡生硬地写着：生日快乐、用此支票买好东西。失望至极的老太太用颤抖的手把支票撕成了碎片。对这样家境殷实背景的老太太来说，女儿回家看她是最尽孝道的，其次是寄她所喜爱的礼物，而寄支票，不管是多少钱的支票，对于"不差钱"的子女来说都是最省事和最不用心的，也即"差孝心"的，这就不难理解她的极度伤心的反应了。中国的情况和这位老太太正好相反，"常回家看看"针对的是大多数在外地打工或工作的经济条件不怎么样的家庭，这种情况下，后人寄钱比寄不实用的礼物或回家看看更能代表孝心。只有对那些非常富裕的家庭，钱确实不算什么，"常回家看看"才算是无可争议的尽孝道的形式，至少中国的大部分家庭目前还没达到这样的标准，这样的规定对当下中国并不适合。

"常回家看看"既然是尽孝道，那必然是主动的，不能在法律的强制下，好像有孝心常回家看看的子女是被动而为之，这对人的孝德也是一种亵渎，对整个社会的道德作用也是适得其反的。实际上，常回家看看根本不能作为评定孝道的标准，孔子说过："色难。有事，弟子服其劳；有酒食，先生馔，曾是以为孝乎？"（《论语·为政》）对父母的孝道应该出自内心的亲情和天然的感恩心理，不可通过外在的标准来衡量，即使一个人整天和父母生活在一起，也供养父母，但脸色难看，也称不上孝，算不上关心老年人的精神需求。是否尽了孝道，父母和子女心中都有一杆秤，是不能够用"常回家看看"之现象来测量评定的。

立法如果不能反映事物的本质，就不可能达到立法的目的，所立之法称不上良法。而法治是良法之治，法官如何判断法律的优良性质作出适用依据的取舍，考验着法官的价值判断和业务素质，也考量着法官对自由裁量权的把握，反映着司法克制主义和司法能动主义两种司法意识形态的抵悟，标识着法官的司法意识形态立场。由于法官是法律的直接适用者，更能亲身体悟法律的品质，也能够通过法律适用引导立法方向。

三　司法的本质分析

司法没有这双透过现象看本质的慧眼也是不行的。"冷战"期间，柏林墙东面的东德士兵英格·亨里奇射杀了一名越墙偷渡者，随着柏林墙的倒塌，这名东德士兵被推上法庭。柏林法庭最终的判决是：判处开枪射杀克利斯的卫兵英格·亨里奇三年半徒刑，不予假释。他的律师辩称，他们仅仅是执行命令的人，罪不在己。法官当庭指出：不执行上级命令是有罪的，但是打不准是无罪的。作为一个心智健全的人，此时此刻，你有把枪口抬高一厘米的主权，这是你应主动承担的良心义务。如果把法律当作是统治者制定的并以国家强制力保证施行的行为规范，那么法律就犹如柏林墙东西方的对立一样呈现出双向面孔：正义的法律亲切和善，保护人民；邪恶的法律狰狞可畏，残害人民。正义是法律的灵魂和本质，法律是正义的表现和形式，法律的效力之源和正当性基础正在于它是合乎正义的；一旦法律邪恶附体，那它就徒具法律的空壳，就没有效力和正当性可言，也就不应当成为人们行为规范的依据。遵守法律也不应该仅仅是形式的，只有正义的法律才值得尊重和遵守；邪恶的法律唯有违背它才算是维护正义和真正遵守法律，遵守邪恶的法律要受到正义法律的调整、纠正和惩罚，邪恶的法律是不应该成为人们的行为依据的。柏林墙射杀案是现代法治的经典之作，和孔子对法律善良价值的强调是一致的，邪恶的法律不能作为邪恶行为的免罪符，也不能当作裁判的依据。

很多案件定性不准就是被假象干扰视线。案例一：26岁的男青年刘某深夜悄悄进入76岁的孤寡老太太王某房中行窃，在翻找财物时惊醒了王某，王某不敢抓贼，只是哀求刘某不要拿东西。刘某见房屋只有一个孤寡老太太，不理睬王某的哀求，继续翻找财物并拿走王某现金2000元。刘某的行为构成盗窃罪。因为刘某行为并非对物暴力，仍然是平和的手段，因而不可能致人伤亡，所以，属于公开盗窃行为。案例二：三个男青年在公交车上瞄上一熟睡老汉，并从该老汉口袋里取钱，钱刚从老汉口袋取出，突然一个急刹车把老汉惊醒，老汉惊恐地望着这三个人没有作声和反抗，这三个男青年在老汉眼皮底下拿着钱扬长而去，是平和状态，所以是盗窃罪。这两个案子相当典型，都被当作盗窃罪处罚，笔者认为是不妥当的。实际上，这两个案子都是由盗窃罪转化为抢劫罪。也就是说，在受害人睡眠而不知觉之际，行为人的行为是盗窃；一旦受害人醒了，发现了行为人在窃取而行为人还不收手继续作案，那么行为的性质就变成了抢劫。

现行刑法理论认为：盗窃罪，是指以非法占有为目的，窃取他人占有的数额较大的财物，或者多次窃取的行为；抢劫罪，是指以非法占有为目的，以暴力、胁迫或其他方法，强取公私财物的行为。单就这两个定义而言，盗窃罪和抢劫罪的区别在于是否有暴力，这两个案例中的行为之所以被定性为盗窃而非抢劫，就是因为这两个案子都是没有暴力。如何判断没有暴力呢，因为这两个案子都是"平和状态"。但是"平和状态"只是"没有暴力"的一种现象表示，而且在这两个案子中是一种错误的表示，把"平和状态"之现象等同于"没有暴力"之本质，是一种认识错误，这种错误认识是被现象迷惑住本质。在笔者看来，这两个案子都存在着"隐形暴力"，王老太太和老汉之所以没敢和行为人发生暴力冲突，是因为双方力量对比悬殊，对方的暴力虽未使用却足以使他们胆怯了，他们的"不敢"是一种心理状态，具有偶然性，他们完全有可能不顾一切、拼死拼活地阻拦，就可能出现致人伤亡的情况。

刑法的罪名都是一种概念，概念是反映事物本质属性的思维形式。我们在刑法上给一种犯罪行为定性，也要分析其本质意义，而不能被以扭曲、反面的形式反映本质的现象所迷惑。盗窃罪和抢劫罪的本质区别在于是否有暴力，但是"暴力"的本质在现象上又是多种多样的，暴力之力并不一定非要通过直接使用、以"显"形式才体现出来，暴力完全可以在没有直接使用的情况下以"隐"的形式体现出来，呈现出和盗窃罪相同的"平和"现象，但二者的本质是绝对不同的。我们可以找到一个体弱的人盗窃体强的人的财物、赤手空拳的人盗窃拿枪支的人的财物,却不曾看见体弱的人抢劫体强的人的财物、赤手空拳的人抢劫拿枪支的人的财物,因为前者没有后者的暴力,盗窃的本质在于排除暴力,而抢劫的本质在于运用暴力,只不过是运用暴力的方式或隐或显,呈平和状态或不平和状态。是否平和状态是盗窃罪和抢劫罪的现象而非本质,盗窃罪固然是平和状态的现象,抢劫罪也可以呈平和状态的现象,是否有暴力的存在才是盗窃罪、抢劫罪的实质,在抢劫罪中,暴力始终存在,不管其表现为平和现象还是争斗现象。抢劫罪区别于盗窃罪的"平和"状态,就是因为盗窃罪里没有暴力,连隐形暴力也没有,因而不可能有致人伤亡的情况出现,这就保证了"平和"的彻底性和真实性;反之,只要存在暴力,即行为人的绝对力量远远超过被害人,哪怕这暴力没有爆发因而也呈现"平和"状态,这"平和"状态也与盗窃罪的"平和"状态有着本质的不同,尽管在现象上是一样的,但对案件事实的定性,应依案件事实的本质而非现象。

  盗窃罪的平和状态是绝对的,不是受害人屈服于行为人的力量强大而不敢反抗、通过被害人的配合造成的,而是由行为人主动造成的。盗窃罪的实质是"做贼心虚",因为心虚,所以行为人避免和被害人的接触冲突,盗窃通常是秘密形式,但也不排除被害人发现行为人的公开形式,行为人虽然被受害人发现,但二者保持了距离,保证了不被接触。在盗窃罪中,不管行为人如何强壮,被害人如何弱小,行为人都因为心虚而处于心理上的弱势,都不敢和受害人接触,这种不接触的"平和状态"是行为人主动造成的,盗窃罪中不可能有暴力存在,不可能有致人伤亡的结果加重犯,这就是盗窃罪的本质,只有这种情况下公开拿他人财物的行为才是盗窃。如果行为人毫不心虚,比被害人还嚣张,接触冲突的避免不是行为人主动采取的,而是被害人的胆怯、害怕、不敢抗拒造成的,此情况当以抢劫罪定论。抢劫罪的处罚力度远大于盗窃罪,就是因为两种犯罪的主观恶性是不一样的,盗窃犯在行为中是心虚的,自知理亏不敢在受害人面前放肆;抢劫犯在行为中是嚣张的,已经没有任何情理法度的意识而在被害人面前恣意妄为。抢劫罪中,要么行为人实施暴力而处于非"平和"状态,要么是虽处于"平和"状态,但这"平和"状态是被害人在行为人的暴力威胁下不敢抗拒造成的,一言以蔽之,在抢劫中,暴力始终存在,行为人的主观恶性远远大于盗窃罪中的主观恶性,这就是抢劫罪的本质。把"平和状态"一律定性为盗窃罪,就会在某些典型的抢劫罪上陷入理论上的尴尬境地,如一妇女在一偏僻地方被几个手持凶器的男人拦住,这几个男人以很客气却容不得商量的口气说:大姐,把你身上的钱都借给我,这个妇女只好把身上的钱都掏出来给这群男人,这群男人扬长而去。这个案子也是"平和状态",是妇女自己掏钱递给劫犯的,这群劫犯也说是"借钱",也没有直接使用暴力,但是我们依然理据充足地将本案定性为抢劫罪。因为这位妇女明白,真正的借钱是双方商量的,对方不需要商量,你不借他们就抢,别说对方拿着凶器,就是赤手空拳,几个男人在一个偏僻的地方对付一个女人也有足够的抢劫暴力能力。

前面两个案例,它们在现象上是盗窃罪,都是"平和状态";本质上都是抢劫罪,都存在着虽然尚未使用但却发挥着实际作用的隐形暴力,都是"平和状态"的假象。行为人不是心虚而是张狂,当他们近距离被发现却仍然继续作案时,窃取就转变为强取,盗窃就转变为抢劫了。但是若缺乏那双法律慧眼,就不能看到"平和状态"现象里"隐形暴力"的实质,就不明白为什么盗窃转化为抢劫了。再如,通说观点对抢夺罪的定义是:"以非法占有为目的,趁人不备,公开夺取数额较大的公私财物的行为。"这个定义的问题就是没有抓住抢夺罪的实质是"对物暴力",以区别于抢劫罪的"对人暴力"。"乘人不备"不过是抢夺罪的通常现象,但有时又是假象,只要是对物暴力,哪怕物主已有戒备,也应该以抢夺罪论处。现实中一些抢夺案件,被害人正是有所防备的,举例说,一老头挎包夜行,看到后面几个年轻男子跟踪,立即警觉起来,加快步伐行走,但无奈年老步缓,被后面疾步追上来的男子突然夺取挎包,这样"有备"的案件既不能定为盗窃罪,因为它有暴力;又不能定为抢劫罪,因为它没有对人暴力;正符合抢夺罪对物暴力的本质,显然应以抢夺罪定性。

再如这个真实案件:2008年10月18日凌晨,刘××来到杭海路上一家中国银行自助银行,将自己没有余额的储蓄卡,塞进了ATM机里,刘××一次次按下确认键,屏幕上始终反复显示"输入错误,请重新输人",于是他拿出了一把折叠小剪刀,朝出钞孔挖了起来,但几分钟后,就被警察当场逮捕。此案的法院一审宣判结果是:有期徒刑11年;法院将此案定性为盗窃罪未遂:"被告人刘某以非法占有为目的,盗窃金融机构,数额特别巨大,其行为已构成盗窃罪。被告人刘某已经着手实行犯罪,由于意志以外的原因而未得逞,系犯罪未遂,可以减轻处罚。被告人刘某到案后能如实供述自己的犯罪事实,认罪态度较好,可以酌情从轻处罚。本案定性之错误在于没能够将犯罪未遂与不能犯区别开来,尽管不能犯和犯罪未遂都有"没造成实际危害"这一现象,但二者的本质不同,不能犯的本质是"先在无危险性",不管行为人的意志以外的原因如何,不能犯是不够造成实际危害的;而犯罪未遂的本质是"先在危险性",只是由于行为人的意志以外的原因,这种危险性没有变成实际危险。"先在无危险性"正是"不能犯"与"犯罪未遂"的本质区别,采用折叠小剪刀挖钞孔这种手段明显不是正常人之所为,是精神不正常的表现,是"手段不能"的不能犯,如试图用咒语杀人的迷信犯一样,是因为自身的手段问题而使犯罪不能得逞,并不是"犯罪分子意志以外的原因而未得逞的",因为这种手段恰恰是在不能犯的意志之内的,绝不是意志之外的。因此,基于案件事实的本质定性,本案定性为"不能犯"才是定性准确,这是判决可接受性的基本要求,原判决显然是定性不准的。

第二章

法治的司法哲学

当今的法学研究和法律实践都发生重大转向，即立法定向向司法定向的转变，司法是社会正义的最后一道屏障，也是社会关注的焦点，本章是研究司法哲学的几个重要问题。

第一节　司法判决有效性的形而上学思考

司法判决的有效性在哈贝马斯那里被区分为事实有效性和规范有效性两个维度，本文将事实有效性和规范有效性这两个西学术语转化为中国传统哲学的"有、无"概念。法官司法判决所依据的法律（有）必须是符合正义（无）的规范要求，法律（有）必须接受正义（无）的调整和统摄。如果二者并无严重冲突，法官当然可以直接适用法律（有）；如果二者有严重冲突，法官就要弃法律（有）不用，直接适用正义（无）所体现出的原则要求，立法者要在正义（无）的价值指导下修改原来的法律（有）使之与正义（无）相符合。

事物是一分为二的，有正反两面；又是合二为一的，"合"为结合正反两面之优点的新的一面；"分"是手段，"合"是目的。黑格尔将事物的发展描述为"正、反、合"的辩证过程，尽管有概念抽象化之嫌，但黑格尔又最强调"真理是具体的"，这种抽象概念化的"正、反、合"的辩证过程总是体现在一个具体事物的发展中，例如法律的发展就是如此。法律的第一发展阶段"正"，强调的是法律的正义性，法律被当作正义的女神，自然法居于主导地位。19世纪以后，在当时科学发展和实证主义哲学思潮的鼓舞下，法律进入了第二发展阶段"反"，强调的是法律的安定性，法律被当作人们行为预期的工具，类似于天气预报只报阴晴却勿论阴晴的好坏，法律实证主义居于主导地位。"二战"后纽伦堡大审判是法律进入第三阶段"合"的标志性里程碑，自然法得到了被实证主义消解之后的某种复兴，现代法律具有正义性和安定性的双重面向，正义性保证了法律的价值导向，和自由权利社会人们对法律的期待相吻合；安定性保证了法律的预期功能，和科学理性社会人们对法律的期待相吻合。德沃金与哈特的论战，是法律实证主义和自然法两种理论的交锋，哈贝马斯充分总结了这场顶级的论战，诞生了《在事实与规范之间》这部论著，核心就是对德沃金、哈特两个代表的"正、反"观点进行"合"的整理，他所提出的法律有效性概念包含着事实有效性和规范有效性两个维度，① 前者是法律实证主义所强调的，即安定性（确定性、合法律性），后者是自然法所强调的，即正义性（正确性、合法性）。

一 事实有效性与规范有效性

司法判决的事实有效性就是通过法定程序获得的具有效力的法律，由法定机构通过法定程序和裁判方法适用，得出具有效力的确定性判定，司法判决的事实有效性强调的是确定性。司法判决的事实有效性的特点是：(1) 有立法机关制定的法律作为适用依据。在我国，只有全国人大及其常委会制定的法律、国务院制定的行政法规、省级和较大的市人大及其常委会制定的地方性法规是裁判依据，国务院部门的行政规章、省级和较大的市级人民政府所制定的地方性规章可作为参照，最高人民法院和最高人民检察院的司法解释亦有法律效力，除此之外的其他部门制定的规范性文件没有法律效力，不能作为裁判的依据或参照。上述法律规范的效力也是不同的，应在坚持宪法至上的原则的基础上，法律高于法规，行政法规高于地方性法规，地方性法规高于规章，此外还

---

① 哈贝马斯指出："司法的合理性问题就在于，一种偶然地产生的法律的运用，如何才能既具有内部自治性又具有合理的外在论证，从而同时保证法律的确定性 [Rechtssicherheit] 和法律的正确性 [Richtigkeit] 呢？" [德] 哈贝马斯：《在事实与规范之间——关于法律和民主法治国的商谈理论》，童世骏译，生活·读书·新知三联书店 2003 年版，第 246 页。

第二章 法治的司法哲学　　121

有特别法优于一般法、后新法优先于前法、旧法等原则，以保证法律规范冲突时，有着明确的选择路径。(2) 司法裁判由专门的机构人民法院施行。(3) 严格的诉讼程序。(4) 采用司法三段论的推理模式，以法律规范为大前提，认定的案件事实为小前提，结论是法官将这二者联系起来作出的判决。(5) 在具备上述前提性条件后，司法判决有"形"可见、有"迹"可循、有"量"可算、有"果"可测，判决结论就像工厂生产出产品一样，具有事实上的确定性即事实性。韦伯运用"形式"和"实质"这对范畴思考法律问题，提出了法律的四种类型，即形式理性之法、实质理性之法、形式非理性之法和实质非理性之法。在韦伯的语境下，"形式"是指使用"法内标准"，同案同判；"实质"是指使用"法外标准"，如诉诸道德、宗教、政治或伦理的裁决；"理性"是指裁决案件的依据明确可察，合理可喻。随着宗教等传统道德的解体，现代社会的价值趋于多元化，非理性之法变得不合时宜了，而实质理性之法也变得可欲而不可求，因而只能诉诸形式理性之法。① 韦伯认为，资本主义社会，法律体系、官僚体制与科学技术一样具有形式合理性的特征，在形式合理性的意义上，法律科学归纳为以下五个方面：第一，任何具体的法律决定都是将抽象的法律命题适用于具体的"事实情势"；第二，在每一个案件中都必须能够通过法律逻辑的方法从抽象的法律命题中推演出具体的裁定；第三，法律必须是完美无缺的法律命题体系，或者是被当作完美无缺的制度；第四，不能以合理的术语，从法律上建构的问题，也没有法律意义；第五，人们的每一种社会行为都是对法律命题的"适用"或"执行"或者是"侵权"。② 司法判决的事实有效性对应于韦伯所提出的形式有效性。事实有效性就是司法机关依据明确的法律规则，在查明案件事实的基础上，按照三段论适用模式，得出明确的判决结论，维护法律的科学性和确定性。19世纪，立基于唯

---

① 高鸿钧：《走向交往理性的政治哲学和法学理论（下）——哈贝马斯的民主法治思想及对中国的借鉴意义》，《政法论坛》2006年第6期。

② [德] 韦伯：《论经济与社会中的法律》，张乃根译，中国大百科全书出版社1998年版，第62—63页。

理论哲学的概念法学夸大人的理性，幻想立法者制定出完备无漏洞的法典，提供一切判决的答案，这一理论使事实有效性成为可能；而当时法律实证主义的兴起，强调事实与价值的分离，法律的存在与法律的功过是两回事，这一理论使事实有效性成为必要。但是到了20世纪，针对概念法学和法律实证主义的缺陷，法律现实主义兴起，将法律看作法院将要做什么的预言，这种预测论完全消解了法律和司法判决的确定性，这一理论使事实有效性的存在既无可能又无必要。"二战"后，经过纽伦堡审判的洗礼，法律实证主义受到沉重打击，它对规范有效性的忽视被认为不合时宜，而它对事实有效性的强调作为合理的主张也获得新生。法律实证主义的代表人物哈特在捍卫法的确定性时，非常自信地说："这里，在这些非常根本的事情的边缘，我们应当欢迎规则怀疑主义，只要他不忘记正是在边缘上他是受欢迎的；并不要使我们对以下事实视而不见，即：法院之所以能在最根本的规则方面获得引人注目的发展，在很大程度上是由于法院在广大的、关键的法律领域中作出了毋庸置疑的规则治理工作并成效卓著。"[①] 事实有效性是司法判决首先考虑的问题，绝大部分一般案件都可以按照法律规则明确作出，绝大部分一般案件所显现的是事实有效性，随着科学的发展和法律（规则）的完备，事实有效性作为司法判决有效性的一极得到凸显。

司法判决的规范有效性是和事实有效性对应的概念，如果说事实性指实际是什么、合法律性，那么规范性指应当是什么、合法性，司法判决的规范有效性指正当、正确、合理可接受性，司法判决的规范有效性强调的是正确性。与事实性相对应，规范性是无"形"可见、无"迹"可循、无"量"可算、无"果"可测，规范性不具有事实性的客观性，不是就形式而言，而是就实质而言，"价值实证所指向的合法与非法，并不是、或主要不是指形式合理性意义上的合法与非法，而是指实质合理性意义上的合法与非法。诚然，实质合理性本身是一个很难一般性地加以界定的问题，它只有在具体个案中，才能得到更好的实证和说明。

---

① [英] 哈特：《法律的概念》，张文显等译，中国大百科全书出版社1996年版，第203页。

但这并不意味着一般规定中不存在对价值问题——合法与非法问题的关注。其实,立法活动,不论是君主制立法、代议制立法还是新近在一些国家产生的全民公决制立法,不仅是寻求规范的形式合理性的过程,而且也是人们集思广益、交涉辩驳,寻求实质合理性的过程"[1]。如果说事实有效性体现法律的科学性质,规范有效性则体现法律的人文性质,事实有效性关注法律是什么,规范有效性则关注法律应当是什么,这二者统一于司法判决中,并且在一般案件中并无什么冲突,一般案件展现的是事实有效性,规范有效性藏而不露,内含于事实有效性中;但在疑难案件中,二者展现了张力,规范性有效性和事实有效性出现巨大缝隙,在这种情况下,应该坚持以规范有效性统一事实有效性,它表现在司法中的法律解释、论证、发现等方法和法律原则的适用等,也表现在立法上将不合时宜的法律修改或废除并制定出有效性的法律。司法判决中存在着"法逻辑的抽象的形式主义和通过法来满足实质要求的需要之间无法避免的矛盾"[2]。我们要正视而不是回避二者之间张力,更为重要的是找到化解二者张力的司法方法。现代法律从根本上讲是对公民权利的保护,以其正当性、正确性而获得公民的尊重和遵守。由于法律规则存在以下四种缺陷:语言表述模糊不清、规则之间相互冲突、存在空白或漏洞、规则的内容不善良,在这四种情况下都会阻碍正义的实现,在这四种情况下,德沃金认为应该适用法律原则维护法律的正义,确保公民的自由和权利,这就要凸显出规范的有效性。在哈特看来,人类立法者根本就不可能有关于未来可能产生的各种情况的所有结合方式的知识,所以试图制定详尽无遗的、适用于任何特定案件、在适用中不发生做出新选择的问题的规则,是我们不应该抱有的观念,"因为我们是人,不是神。无论何时,我们试图用不给官员留下特殊情况下的自由裁量权的一般标准,去清晰地、预先地调解某些行为领域,都会遇到两种不利条件,这是人类、也是立法所不能摆脱的困境:其一是我们对事实的相对

---

[1] 谢晖:《论规范分析方法》,《中国法学》2009年第2期。
[2] 陈兴良:《社会危害性理论:一个反思性检讨》,《法学研究》2000年第1期。

无知;其二是我们对目的的相对模糊"①。哈特的法律实证主义坚持一种把法律看作没有原则的规则体系的单向度的法律观,由于缺乏原则概念,他们把所有冲突看作规则之间的冲突,对这种冲突所导致的不确定性,只能用自由裁量(抉择主义)方式加以消除。

二 "有"与"无"

但是移植西学理论毕竟存在水土不服的问题,针对中国的法律人,尤其是基层的法官,他们未必懂得黑格尔,可能对哈贝马斯很头痛,也可能对西学术语并不感冒,那么怎样用中国的语言习惯跟他们解释清楚,使他们免受云里雾里的西学概念的为难,对西方的法学理论进行中国式本土资源改造,使中国读者的理解能够较为轻松地进行呢?绞尽脑汁的思考之后,我们突然豁然开朗,发现中国传统哲学的"有、无"概念正好对应着"事实有效性、规范有效性",当然这种对应从字面上讲是看不出来,在此做一下解释。

老子观察到,在轴头中间的空隙处穿进车轴才能转动车轮,陶器的空虚处才能盛装物品,房屋中间的空虚处才能居住,进而得出结论:"故有之以为利,无之以为用。"(《老子·十一章》)每一个人来到世上,就是一个"有"的存在物,随着死亡的骨灰湮灭,就会变成"无"。如果人只有"生"无"死",那就可以想象这个地球上有多少条生命,最终人们会生不如死,生还有什么意义呢。死对于生具有重要意义,"无"对于"有"具有重要意义。"有"属于形而下的界域,是对我们最有利的,饿了要吃饭,渴了要喝水,寒了要穿衣,饭、水、衣都是"有","有"满足了我们的确定性追求并因此形成我们的生活预期,我们有饭吃有衣穿有水喝,所以能够存活下来。但是,"有"的背面就是"无",饭饱了就不想饭,水足了不想水,衣暖了不想衣;饭吃多了撑死了,水喝多了胀死了,衣穿多了压死了,"有"又必须是有限的,过了"有限"之界限其作用就会走向反面。"有"是需要的,但不能过头,"有"的对岸始终有"无"在观看着,从而使"有"不至于过头和

---

① [英]哈特:《法律的概念》,张文显等译,中国大百科全书出版社1996年版,第203页。

极端，所以老子又反复强调："无名，天地之始；有名，万物之母"（《老子·一章》），"有无相生"、"处无为之事，行不言之教"、"生而不有、为而不恃"（《老子·二章》），"无"不是虚无，不是"有"的对立面而是"有"的对应面，是对"有"作为事实的一种价值导引和规范，使"有"的存在保持着符合价值的适当的"度"，避免过犹不及。

司法判决也是这样。现代社会是科学理性的社会，又是自由权利的社会，前者要求司法判决具有确定性（可预测性），后者要求司法判决具有正确性（可接受性）。法律决定的可预测性程度越高，人们有效地计划和安排自己生活的可能性越大；法律决定的可接受性程度越高，人们计划和安排自己满意的生活的可能性越大，这二者具有一定的张力，但从根本上应该是统一的，这要求法官在司法判决中应力求在可预测性和可接受性之间寻找最佳的协调和结合点。① 现代法治提出了对司法判决的确定性和正确性的双重要求，但是在理论研究和司法实践中，"确定性"和"正确性"的对立性被突出，而二者的统一性被忽视，甚至认为二者之间的调和是不可能的，一方存在的价值以牺牲另一方为代价，反映在司法意识形态上就是司法克制主义和司法能动主义的对抗。这种争论也可概括为形而上学的"有、无"之争。显而易见，司法克制主义强调的是法律的确定性，强调的是规则之"有"，哪怕是规则不义也要遵守，也就是忽视"有（法律）"背后"无（正义）"的价值导引和规范。

比如，许霆案一审判决，定性是准确的，而《刑法》第二百六十四条的规定也是确定的，判处许霆无期徒刑具有确定性，坚持司法克制主义者肯定认为一审判决具有有效性。即使许霆确实判得太重那也是法律的问题而不是司法判决的问题，除非许霆有运气等到法律的修改。但是确定性法律规则的适用不能以损害公民权利为代价，当法律规则的缺陷严重损害正义时，那么事实有效性就应该被规范有效性取代，缺陷的规

---

① 王夏昊：《法律规则与法律原则的抵触之解决——以阿列克西的理论为线索》，中国政法大学出版社 2009 年版，第 4 页。

则退场而正义进场,所以司法克制主义者的辩护是相当勉强的,二审的改判的结果无疑具有正确性,尽管改判的理由可以说是荒唐的。①"正确性"是"确定性"之"无",它通常隐而不显,毕竟"确定性"是躯体,"正确性"是灵魂,"确定性"是司法判决首要考虑的因素,"正确性"是司法判决最终考虑的因素。对于绝大多数案件,也就是一般案件,"正确性"就隐形存在于"确定性"中,依据现有的法律规则判决,不仅是确定的,也是正确的。但是疑难案件中,"确定性"和"正确性"发生严重的冲突,"正确性"就要由"隐形"而"显现",而确定性就要退下去了。如埃尔默案件中,作为继承人的埃尔默杀害被继承人,也就是他的祖父,如果按照当时纽约的法律规定,从确定性考虑应该赋予埃尔默继承权,但这是违背法律正义的,厄尔法官还是根据"任何人不得从犯罪行为中受益"的法律原则剥夺埃尔默的继承权,而这种正确性最终也反映到各国的法律中,如我国继承法明确规定继承人杀害被继承人则遗嘱无效。所以说,当发生疑难案件时,法律规则、法律的确定性暂时隐形为"无",法的正义性、正确性则暂时显现为"有",法律毕竟有正义女神的面向,若一条规则使这种面相面目全非,那么这条规则之"有"还不如"无",这条规则就要退场或修正。确定性毕竟是正确性下的确定性,确定性不能触犯正义的底线。而且疑难案件不仅在数量上是少数,在时间上也具有暂时性,一旦法律规则的四大缺陷在法律解释、法律发现、法律废止、法律制定中得到消除,疑难案件就变成了一般案件。疑难案件归根结底是法律规则的缺陷问题,疑难案件出现后,法律的正确性被突出出来,并在这种正确性指导下制定出一种新

---

① 二审判决书写道:"法庭认为,许霆盗窃金融机构数额特别巨大,依法本应适用无期徒刑或者死刑,但鉴于许霆恶意取款是在发现银行自动柜员机出现异常后的行为,采用持卡非法窃取金融机构经营资金的手段,其行为与有预谋,或者采取破坏手段盗窃金融机构的犯罪有所不同。从犯罪具有一定的偶然性看,许霆犯罪主观恶性不是很大。根据本案具体的犯罪事实,犯罪情节和对社会造成的危害程度,对许霆可在法定刑以下判处刑罚。"这个解释很荒唐:既然"依法本应适用无期徒刑或者死刑",那是否意味着,法庭判许霆5年徒刑就不是依法判决呢,难道法庭说自己是违法判决吗?许霆案的真正问题在于,《刑法》第二百六十四条之规定在本案中与正义相违背,是不能适用于本案的。

的完善的规则，相应地，曾经的疑难案件就会成为历史记录，法律的确定性又被突出出来，正确性又隐形于确定性之中。如埃尔默案件发生时，由于当时的纽约法律并未规定继承人杀害被继承人导致遗嘱失效，格雷法官从确定性出发主张赋予埃尔默继承权。但是当确定性和正确性严重对立时，还是应坚持正确性的统摄地位，厄尔法官就代表这种观点。从辩证发展过程看，疑难案件具有暂时性，确定性和正确性的紧张也具有暂时性，埃尔默案件后，法律又修改为继承人杀害被继承人导致遗嘱失效，类似于埃尔默的案件在新的法律规则面前就不是疑难案件，法官根据新的法律规则而不是像厄尔那样根据法律原则，就可以判定杀害被继承人的继承人丧失继承权。这就是一个完整的司法判决的"有、无"辩证发展过程。

我们甚至可以设想，许霆案之所以成为疑难案件也在于法律规则不完善，因为1997年刑法所说的盗窃金融机构是指诸如监守自盗、钻墙打洞等原始的盗窃金融机构方式，① 当时的立法者的视野尚没有考虑利用机器出错盗窃金融机构的情形。随着取款机的出现和普遍适用，立法者应该考虑到这种情况下盗窃金融机构的处罚规定，原先判处无期徒刑或死刑的规定不适合于这种情形。一旦《刑法》第二百六十四条增加了对取款机出错盗窃金融机构的明确处罚规定，类似的许霆案再发生时就是一个普通案件了，也不会引起如此强烈的社会反向。而且社会总是不断发展，所以说曾经的疑难案件虽然随着新法律的出现变成一般案件，但是再次出现的新情况又会导致新的疑难案件和新的法律规则出现，如此循环往复。在这种法律"有、无"的辩证发展过程中，法官司法判决所依据的法律（有）必须是符合正义（无）的规范要求，法律（有）

---

① 2011年的刑法修正案（八）对第二百六十四条进行重大修改为：第二百六十四条【盗窃罪】盗窃公私财物，数额较大的，或者多次盗窃、入户盗窃、携带凶器盗窃、扒窃的，处三年以下有期徒刑、拘役或者管制，并处或者单处罚金；数额巨大或者有其他严重情节的，处三年以上十年以下有期徒刑，并处罚金；数额特别巨大或者有其他特别严重情节的，处十年以上有期徒刑或者无期徒刑，并处罚金或者没收财产。修正后的刑法对盗窃罪的最高处罚是无期徒刑，且不再对盗窃文物和金融机构作出专门规定。许霆案发生在2007年，对许霆案的判处依据的是修正前的《刑法》第二百六十四条。

必须接受正义（无）的调整和统摄，如果二者并无严重冲突，当然可以直接适用法律（有）；如果二者有严重冲突，就要弃法律（有）不用，直接适用正义（无）所体现出的原则要求，并在正义（无）的价值指导下修改原来的法律（有）使之与正义（无）相符合。埃尔默案件发生时，法律（有）是按遗嘱赋予继承人继承权，哪怕继承人杀害被继承人，这种法律（有）当然是违背正义（无）的价值要求的，所以以后重新修改的法律（有）就是剥夺杀害被继承人的继承人的继承权，与正义（无）的价值要求相符合。拉德布鲁赫在《法律的不法与超法律的法》这篇文章中提出了如下公式：首先，所有的实在法都应当体现法的安定性，不能够随意否定其效力；其次，除了法的安定性之外，实在法还应当体现目的性和正义；最后，从正义角度看，若实在法违反正义达到不能容忍的程度，它就失去了其之所以为法的"法性"，甚至可以看作是非法的法律。[①] 当然法官是没有权力宣布哪一条法律是非法的，但是可以弃而不用之，法律是一个不断完善和革新的过程，就是因为法律的"有、无"之间所存在着的张力推动着法律（有）不断接近正义（无），从而使法律不仅以"有"的形式明确地存在着，还使这种法律符合正义（无）而具有正确性，得到人们的尊敬和自觉的遵守。

如果法律规则是完美无缺的，就不存在法律确定性与正确性的紧张，但这种"如果"从来变不成现实。古希腊的亚里士多德早就指出："法律只能订立一些通则；当国事演变的时候，法律不会发布适应各种事故的号令。任何技术，要是完全照成文的规则办事，当是愚昧的。在埃及，医师依成法处方，如果到第四日而不见疗效，他就可以改变药剂，只是他第四日以前急于改变成法，这要由他自己负责……法律恰正是全没有感情的；人类的本性（灵魂）便谁都难免有感情。"[②] 法律总比情感变换的人可靠，所以政务应当以法律为依归。法律的规定和个人的智虑都未必完美周详，也就是我们现在所说的规则漏洞、模糊、矛

[①] [德] 拉德布鲁赫：《法律智慧警句集》，舒国滢译，中国法制出版社 2001 年版，第 170—171 页。

[②] [古希腊] 亚里士多德：《政治学》，吴寿彭译，商务印书馆 1965 年版，第 166 页。

第二章 法治的司法哲学

盾、不良的四大缺陷，该如何应对呢？亚里士多德提出："法律训练（教导）执法者根据法意解释并应用一切条例，对于法律所没有周详的地方，让他们法律的原来精神，公正地加以处理和裁决。法律也允许人们根据积累的经验，修订或补充现行各种规章，以求日臻完美。"① 亚里士多德的观点体现出相当的辩证性，他强调法律比人的情感可靠，以法律归依的观点就是强调法律的安定性、事实有效性、确定性，但是他也看到法的缺陷对正义的损害，因此要求完善法律和公正裁决，也就是强调法律的正义性、规范有效性、正确性。亚里士多德还指出："法治应包含两重意义：所成立的法律获得普遍的服从，而大家所服从的法律又应该本身是制定得良好的法律。"② 第一种含义仍然是强调法律的安定性，第二种含义则是强调法律的正义性。为什么还要强调法律的正义性，就是因为法律规则的四大缺陷都是和正义相矛盾的，与正义相矛盾的法律规则是不能适用于司法判决的，其实纵使大陆法系中的德国联邦宪法法院在1973年2月14日的决议中也指出："法律并不等于全部成文法的总和。在有些情况下，在国家权力机关颁布的法律之外，还可能存在着一种附加的法律成分，它来源于立宪的法律秩序的意义总体，并可以作为成文法的纠正物起作用，司法的任务是发现这种成分并将其实现于它的判决中。"③ 但是目前我国主导的司法意识形态：司法克制主义和司法能动主义将亚里士多德的法治两含义肢解了，司法克制主义强调的是法律的确定性，严格按照法条司法，哪怕是违背正义也是不可避免的代价；司法能动主义强调的是法律的正确性，比较注意法律原则的适用，可能会牺牲法律的安定性。其实从"有、无"辩证关系看，这二者既有彼此对立的一面，更有相互依存的一面，二者是躯体和灵魂、显现和隐形的关系，正确性就是通过确定性来表现，确定性必然以正确性为支撑，没有确定性的正确性是虚无的，没有正确性的确定性也必然是短

---

① [古希腊]亚里士多德：《政治学》，吴寿彭译，商务印书馆1965年版，第171页。
② 同上书，第202页。
③ [德]哈贝马斯：《在事实与规范之间——关于法律和民主法治国的商谈理论》，童世骏译，生活·读书·新知三联书店2003年版，第302页。

命的，二者总是在或和谐或紧张的关系中共同发展，是静态和动态的辩证统一，必然"合"为第三种司法意识形态：司法能力主义。

三 案例分析

"冷战"期间，一道柏林墙将德国一分为二。柏林墙东面的东德士兵英格·亨里奇射杀了一名越墙偷渡者，随着"冷战"的结束和柏林墙的倒塌，这名东德士兵被推上法庭。柏林法庭最终的判决是：判处开枪射杀克利斯的卫兵英格·亨里奇三年半徒刑，不予假释。他的律师辩称，他们仅仅是执行命令的人，罪不在己。法官当庭指出：不执行上级命令是有罪的，但是打不准是无罪的。作为一个心智健全的人，此时此刻，你有把枪口抬高一厘米的主权，这是你应主动承担的良心义务。

如果把法律当作统治者制定的并以国家强制力保证施行的行为规范，那么法律就犹如柏林墙东西方的对立一样呈现出双向面孔：正义的法律亲切和善，保护人民；邪恶的法律狰狞可畏，残害人民。正义是法律的灵魂，法律是正义的表现，法律的效力之源和正当性基础正在于它是合乎正义的；一旦法律邪恶附体，那它就徒具法律的空壳，就没有效力和正当性可言，也就不应当成为人们行为规范的依据。遵守法律也不应该仅仅是形式的，只有正义的法律才值得尊重和遵守；邪恶的法律唯有违背它才算是维护正义和真正遵守法律，遵守邪恶的法律是要受到正义法律的调整、纠正和惩罚，邪恶的法律是不应该成为人们的行为依据。尽管邪恶的法律确实曾经客观地存在和被遵守，但邪恶的法律从来是"抑善扬恶"，与其邪恶的法律在摧残正义后"亡羊补牢"，"拒绝遵守恶法，始终维护正义"应该是人们的行为底线，公民不仅有拒绝遵守恶法的权利，也有拒绝遵守恶法的义务，司法审判也不能以恶法作为依据。

哪一位最坚定的法条主义或司法克制主义者能找到充分的理由反对这名法官的判决？但就法律的本质而言，法律就不仅仅是某个权威机关制定的各项命令，而是善良和公正的艺术，那条规定射杀翻墙者的命令是邪恶的，并不是真正的法律，也不应该得到遵守，因此士兵从守法的良心义务出发，就应该主动抬高枪口一厘米，而不能真的射杀翻墙者。自然法永远高于人定法，正义高于法律，一种行为如果严重违背道德，即使是合乎邪恶法律的，也没有合法性，也会最终受到正义法律的惩罚，任何人都不能以服从邪恶的法律命令为借口而超越一定的道德伦理界线。在法治社会，法律至上应该是受到一定的限定的，那就是正义的法律才是至上的，非正义的法律一点也不至上，任随邪恶的法律畅行无阻绝不是法治而是反法治，是对正义的亵渎，也是对法律的亵渎，这是鼓励法律堕落而不是追求法律完善，必使人们对法律丧失信心转而追求人治。我们不要误以为依照法律行为就是法治，依照善良的法律行为才是法治，前东德政府制定枪杀越墙者的法律并付诸实施，这不是法治而是专制。法治的道路上，伴随着恶法的不被遵守、被废除和良法的诞生。1955年12月1日，帕克斯下班后上了公共汽车，坐在了中排的座位。车行驶几站后，座位满了，上来一位白人男子。按当地法律规定，如果满座，黑人必须将座位让给白人。帕克斯却拒不让座并因此被捕，但她的勇气激励了当地的黑人群众，人们纷纷参加了抗议和抵制运动。美国最高法院不得不裁定当地在公交车上实行种族隔离制度违宪。帕克斯违反恶法反映美国民众的觉醒，她被视为美国黑人"民权运动之母"。

　　不义的法律一直存在也一直受到法学家的谴责，孟德斯鸠写道："勃艮第王贡德鲍规定，盗窃者的妻或子，如果不揭发这个盗窃罪行，就降为奴隶。这项法律是违反人性的。妻子怎能告发她的丈夫呢？儿子怎能告发他的父亲呢？为了要对一种罪恶的行为进行报复，法律竟规定出一种更为罪恶的行为。"[1] 邪恶的法律是违反人性的，不具有效性，也不能在司法判决中作为规范人们行为的依据，因为依据不具有效性的法律所作出的司法判决也就不具有效性，当年的纳粹法官正是依据纳粹法律将犹太人推向刑场，依然不能豁免其罪行。在民主法治的国家，邪恶的法律是越来越少的。但不要忘记，柏林墙才倒塌22年，至今地球上还有不少专制的国家，类似的柏林墙和对偷渡者射杀的法律依然存在并被不打折扣地执行，在这些地区，法律对正义的呼唤是多么的强烈！纵使一个民主法治的国家，也不代表着法律都是正义的，例如美国的种族

---

[1] ［法］孟德斯鸠：《论法的精神》（下册），张雁深译，商务印书馆1963年版，第196页。

歧视政策直到20世纪60年代才被废除。有的法律，由于人的理性的有限性，出现了不能保护正义的漏洞，在这种情况下也不能死抠法条摧残正义，例如埃尔默案中，埃尔默为防止遗嘱出现意外而杀害被继承人，尽管当时纽约的法律出现了漏洞，没有规定继承人杀害被继承人丧失继承权，但厄尔等大多数法官还是从正义出发剥夺埃尔默的继承权。我国的《广告法》也出现了漏洞，没有把作虚假广告宣传的代言人作为罪犯处理，但我们的法官就不能从正义出发处罚知假仍代言广告的明星，直至法释［2009］9号作出明星若知假仍代言广告将被作为共犯处理的规定。还有的法律，制定时是符合正义的，但面对社会发展所出现的新情况，又变成了不正义的规定，如《刑法》第二百六十四条的盗窃金融机构针对的是钻墙打洞、监守自盗等原始的盗窃金融机构方式，许霆利用取款机出错盗窃金融机构这种方式与之不同，因此尽管许霆是构成盗窃金融机构，但对许霆依据《刑法》第二百六十四条处罚是不正义的，许霆案一审判决的错误不是在定性上，而是在于法官只见法律不见正义。"这种法官为执法而执法，不管随之而来的苦难、不公正或毫无效果。在正义与法律之间，好法官宁愿选择正义。"[①] 这种法官在德沃金看来绝算不上好的法官，他们死抠法条，丧失好法官应有的思考力；他们无视正义，丧失好法官应有的道德律。

四 合乎法律的都是正义的，正义的都是合乎法律的

正如黑格尔所提出的"凡是合乎理性的东西都是现实的，凡是现实的东西都是合乎理性的"[②]。我们也可以如法炮制说"凡是合乎法律的东西都是正义的，凡是正义的东西都是合乎法律的"。我们也不否认存在着邪恶的法律和判决，但是邪恶的法律终究被废除，邪恶的判决终究被推翻和批判，邪恶的法律之存在颠覆不了"法律要符合正义"这个命题，最多说明法律经历着曲折复杂的成长过程，法律表现出正义的对立面必然是暂时的，法律最终要表现出正义的同一面，这个曲折复杂甚至有时反向行之的过程被黑格尔称为理性的狡黠："理性是有机巧的，同

---

① ［美］德沃金：《法律帝国》，李常青译，中国大百科全书出版社1996年版，第8页。
② ［德］黑格尔：《法哲学原理》，范扬、张企泰译，商务印书馆1961年版，第11页。

时也是有威力的。理性的机巧,一般来讲,表现在一种利用工具的活动里。这种理性的活动一方面让事物按照它们自己的本性,彼此互相影响,互相削弱,而它自己并不直接干预其过程,但同时却正好实现了它自己的目的。在这种意义下,天意对于世界和世界过程可以说是具有绝对的机巧。上帝放任人们纵其特殊情欲,谋其个别利益,但所达到的结果,不是完成他们的意图,而是完成他的目的,而他(上帝)的目的与他所利用的人们原来想努力追寻的目的,是不大相同的。"① 对于一个优秀的法官而言,他应该识破理性的狡黠,保持法律与正义的相同面向。

"天网恢恢疏而不漏"这一美好愿望无疑是由法律完成的,但完全寄托于法律就会让你失望。因为法律有漏洞,网不住邪恶;如果法律本身是邪恶的,不仅网不住邪恶,还会文过饰非,充当邪恶的保护伞。在这些情况下,正义就是最后的屏障。在绝大多数情况下,法律和正义是一致的,适法也就是维护正义;但若二者出现了严重的背离,法官为了正义就应该抛弃邪恶的和有漏洞的法律。法律之后有正义,法律至上的前提是法律符合正义,如果说法官的上司是法律,那还要说法律的上司是正义。一条规则,即使通过了哈特承认规则的形式检验,也不必然具备法律效力,如果它违背实质正义,损害公民的权利。一条规范,在形式上由被赋予权力的机关制定、在内容上是保护公民权利的、在程序又是公民参与制定的,那么这条规范才是被公民认可的法律规范,这就是法律,形式、内容和程序三个视角才构成完整的法律风景和有效性的法律。违背正义的法律缺乏正当"内容"这个视角,不具备有效性。

司法克制主义者把奥斯丁的那句法律实证主义宣言:"法的存在是一个问题。法的优劣,则是另一个问题"② 当作护身符,是根本站不住脚的。法律的存在是"事实",法律的优劣是"价值",法律规范是价值对事实的统摄,因此法律的优劣最终决定其存在的基础,法律的存在当然也是"求优避劣"。如果一条规则公然鼓励杀人、抢劫、偷盗等,这样的规则当然是违背正义的,也是劣质的、有害于社会的,它最多只

---

① [德] 黑格尔:《小逻辑》,贺麟译,商务印书馆1980年版,第393—394页。
② [英] 奥斯丁:《法理学的范围》,刘星译,中国法制出版社2002年版,第208页。

能存在于难以维系的邪恶政权下,并最终随着邪恶政权的完蛋而终结。法律实证主义的领军人物凯尔森也无可奈何地认为:"从法律科学的角度来看,纳粹统治之下的法律(Recht)也是法律(Recht)。我们虽说可以对这样一种状况表示遗憾,但是我们却不能因此而否认它是法律。"① 可以说,纳粹法律靠着纳粹政权的暴力,在纳粹政权期间,确实是一种事实性"存在",具有暂时的事实有效性,但自始自终和正义相违背,从头到尾危害与社会,从来不具有规范性有效性,随着纳粹政权的覆灭,所谓的纳粹法律也就成了过眼烟云的历史。

"法律之后有正义,正义之前有法律","法律"与"正义"是事实有效性与规范有效性、"有"与"无"的辩证关系,规范有效性是灵魂具有统摄地位,法律只有首先具有"应该"的灵魂才能被赋予"是"的躯体,法律有效性具有这样的逻辑:它首先是正当性存在,然后才能(事实性)存在;在它(事实性)存在后,如果丧失了正当性,必将不再存在。严重违背正义的法律不再具有合法性,没有其存在的基础,也不能作为司法判决的依据,这是法官司法判决时所必须考虑到的。

第二节 从"三足鼎立"到"三位一体"的司法判决理论

对于司法判决的有效性问题,主要有三派理论:哈特的规则论将法律当作规则系统,强调司法判决的确定性;德沃金的原则论强调法律由规则和原则组成,寄托于超强的克拉赫勒斯式法官保证司法判决的正确性;哈贝马斯的商谈论则寄望于主体间的商谈程序保证司法判决的确定性和正确性。三派理论都片面地反映了司法判决的有效性,严密的规则体系、超强的法官能力和平等的商谈程序这三位一体才能保证司法判决的有效性。

司法判决有效性就是法律赋予案件事实的确定性结果和判决可接受

---

① [英]哈耶克:《法律、立法与自由》(第二、三卷),邓正来等译,中国大百科全书出版社2000年版,第85页。

的正确性评价二者的统一。确定性又被称为自洽性、事实（有效）性、合法律性，正确性又被称为正当性、（规范）有效性、合法性，确定性和正确性都是现代法治下司法判决的追求目标，对有效的司法判决都是缺一不可的。本文着重分析哈特、德沃金和哈贝马斯三派司法理论的得失及各自的片面性，探讨如何将这三种片面理论整合为一种全面的司法理论。

一 哈特的规则论

哈特是法律实证主义的代表。哈特的规则论是在批判诠释学和实在论两派学说的基础上建立起来的。诠释学强调的是先于法律的前理解，实在论强调的是法官的预测，都不看重法律规则本身，各个法官的前理解和预测都是不一样的，法律就因法官而异呈现出千姿百态的面孔而失去确定性。在科学理性的时代，法律的确定性确保人们的行为预期因而成为法律的价值目标，诠释学和实在论这两种放弃确定性追求的司法理论日渐式微，虽然盛极一时却不再成为鼎立一方的司法理论，必然被更为先进的司法理论——哈特的规则论所取代。

法律实证主义的基本观点是法律和道德的分离，将价值判断从法律中驱逐出去，关注司法判决的事实（有效）性，即形式合理性。形式合理性具有事实的性质，是关于不同事实之间的因果关系判断。法律规则的有效性仅仅根据是否遵循法律所规定的立法程序来衡量，这是基于立法程序之合法律性来进行的合法化，它过分重视规范的发生谱系和程序而贬低了规范内容的合理化论证：规则的有效性在于它是有关机构恰当地制定出来的；整个法律秩序的合法化转移到这个秩序的起源，即一条基本规则，该规则赋予任何东西以合法化，而本身是不证自明的，也无法作合理性论证，是作为历史的生活形式和习俗被接受下来。哈特根据维特根斯坦的语言游戏概念论证出——法律规则就像一种语言游戏的语法一样，根植于一种虽然从外部被描述为事实，却被参与者自己当作自明有效的实践方式。但笔者认为，哈特的这种比喻是不恰当的，因为语言和语法都是约定俗成的，"英国"和"England"是用不同语言表达的同一意思，汉语和英语的语法规则都是约定的，都强调的是什么而非应该是什么，都是与价值无涉的，但法律规则首先是个价值判断的问题，它随着具体的情境而定而变化,不可能是约定俗成的,因此不应该被参与者们当作自明有效的实践方式。

当然,哈特所坚持的是包容性实证主义立场,他对法律确定性的立场并非顽固不化的。在哈特看来,立法者理性有限,不可能制定详尽无遗的、适用于任何特定案件的完备法律大全,"因为我们是人而不是神。不管怎样,我们试图用不给官员留下特殊情况下的自由裁量权的一般标准,去清晰地、预先地调解某些行为领域,都会遇到两种不利条件,这是人类和立法所不能摆脱的困境:其一是我们对事实的相对无知;其二是我们对目的的相对模糊"①。也就是说,哈特是承认疑难案件的,而法律规则面对疑难案件出现了不确定性的难题。但是哈特对疑难案件采取了相当策略的处理方式,从而使疑难案件的出现对其固守的法律确定性立场充其量只是小小的干扰,而不是根本性的冲击。哈特以语言哲学中"空缺结构"(Open Texture)理论来消解疑难案件的不确定性对法律确定性的威胁:"所有的规则都伴有含糊或'空缺结构'的阴影(fringe),而且这如同影响特定规则一样,也可能影响在确认法律时使用的确定最终标准的承认规则。"②"空缺结构"在哈特理论中,是指法律虽然能够顺利地适用于大多数普通案件,却会在某一点上发生适用上的问题,表现出不确定性。对立法而言,空缺结构是作为人类语言的一般特征提出来的,边界上的不确定性是在有关事实问题的任何传递形式中,使用一般分类词语都要付出的代价,空缺结构使我们不能制定详尽无遗、明确无议的法律去顺顺当当地适用所有案件。所以哈特说:普通词语也是"既有明确的标准情形,也有引起争议的边际情况","有时,对一种表达方式来说,明确的标准情况或范例与那些成问题的情况相比,两者的差别仅仅是程度的不同而已。一个男人的头亮而光,他显然属于秃头;另一位男人头发蓬乱,他显然不是秃头;但问题在于第三个人只是在头顶的周围有些稀稀落落的头发,如果他是否算秃头被认为是重要的或者

---

① H. L. A. Hart, *The concept of Law*, Oxford University Press, 1994, p.128.
② Ibid., p.123.

任何实际结果取决于此的话，这个问题可能被无限期地争论下去"①。这个例子虽然阻止我们在这种情况下对"秃头"的确定性认识，但并不能阻碍我们在日常生活中对"秃头"的确定性认识，原因在于这是：特例、少数、边缘的情况，常规、多数、核心的情况并非如此，正是后者保证了我们对"秃头"认识的确定性在前者的干扰下毫不动摇。这正如每一个购私车者都会面临"出车祸"这样的不确定性因素，但这种不确定性因素却阻止不了购私车者的确定性意愿，原因在于出车祸只是例外、边缘，概率非常小。

哈特不是否认语言的空缺结构，而是承认这种空缺结构，并且采取了将这种空缺结构中"核心"与"边缘"对照的高明的策略，核心意味着常规、多数、主要，其地位不可动摇；边缘意味着特例、少数、次要，虽然也占有一席之地，却不足为患；"边缘"的不确定性不仅没能够否认"核心"的确定性，反而映照出"核心"的确定性。所以哈特在捍卫法的确定性时，非常自信地说："法院之所以能在最根本的规则方面获得引人注目的发展，在很大程度上是由于法院在广大的、关键的法律领域中作出了毋庸置疑的规则治理工作并成效卓著。"② 哈贝马斯认为，把法律的有效性同其起源绑在一起，将理性和道德置于历史之下，对合理性问题的解决是不对称的，因为在实证主义看来，疑难案件只是边缘的情况、例外的情况，这个问题同一般案件的确定性相比，重要性大为降低了，这就导致了"对司法判决的实证主义理解过分重视了确定性保证而忽视了正确性保证"③。法律确定性优先性的主张使实证主义对于疑难案件的处理陷入理论上黔驴技穷的尴尬境地，哈特认为这个问题的症结是日常语言表述中不可避免的含糊性，是自然语言不可避免的空缺结构引起的，对现行规范不足以做出精确说明的疑难案件，法官用自由裁量权来进行判决，当法官用法律外的偏好来填补他们的自由裁量权

---

① H. L. A. Hart, *The concept of Law*, Oxford University Press, 1994, p. 40.

② Ibid., p. 154.

③ J. Habermas, Between Facts and Norms: Contributions to a Discourse Theory of Law and Democracy, Translated by William Rehg, The MIT Press, 1996, p. 202.

时,甚至运用不再由法律权威来覆盖的道德标准来确定判决方向时,实证主义在现实面前被迫偏离自身的主张,因为实证主义是坚决反对将道德因素掺杂进司法判决中的,这就凸显出其理论的内在紧张。

哈特的根本错误在于,疑难案件固然处于"边缘",在数量上远少于一般案件,但这绝不是降低其重要性的理由,因为现代法治不能因为疑难案件少就可以任由之破坏其根本原则,而且在案件中,数量不能决定质量和分量,不能因为疑难案件少就降低对这类案件的裁判质量,更不是说因为疑难案件少就缺乏分量和重要性,恰恰相反,疑难案件对司法判决的挑战性远远大于一般案件,一起疑难案件的影响力会超过成千上万起普通案件的影响力,司法判决的影响和分量体现正是在疑难案件上而非一般案件上,正是疑难案件吸引全社会的目光,挑战法律人的智慧,有哪一个引起争议的案件不是疑难案件而是一般案件呢?我们想象哈特这样的大家不可能认识不到这个问题,但却必须回避这个问题,只有回避了这个问题,才能减少疑难案件的重要性和它对法律确定性的冲击,才能贯彻自己的规则主义立场。哈特对疑难案件的特性之一——数量上少,大张旗鼓;而对疑难案件的另一特性——质量高和分量重,却默不作声,暴露出其理论陷入悖论之中,尽管哈特采取相当策略的处理方式,终究是权宜之计,悖论终究是要现身的。

二 德沃金的原则论

在比较上述诠释学、实在论、规则论三种方案后,德沃金出场了。德沃金的法律理论是避免上述三种方案之缺陷的努力,他通过"权利"这个核心概念来解释司法判决是"如何可能同时满足法律确定性要求和合理可接受性要求的"。在德沃金看来,实证主义之所以被迫选择"自由裁量权",是因为它们坚持一种把法律看作没有原则的规则体系的单向度的法律观,由于缺乏原则概念,他们把所有冲突看作是规则之间的冲突,对这种冲突所导致的不确定性,只能用自由裁量方式加以消除。德沃金的对策是提出"建构性诠释程序",借助于这样一个建构性诠释程序,每个法官在每个案例中都应该能够用一个"理论"来支持其论证,从而弥补所谓的法的不确定性;通过这种重构,现存的法律可以通过一套经过排序的原则而得到论证。所以在德沃金看来,法律的内在不确定性并不像哈特等批评者所认为的那样产生于法律结构本身，而是一方面产生于法官未能提出尽可能好的理论，另一方面产生于一个或多或少难以进行合理重构的法律秩序的制度史，解决的方案是对法律进行整体性建构阐释，法律由法律规则和法律原则构成，这二者都以整体性的法律中所蕴含的原则、惯例、道德、学说、理念等为背景，生活在这相同背景的人就可以在长年累月的法律生活中推论出具体的法律权利和义务，因此，"法律规则"自不待言，纵使"法律原则"是不明确的，但不明确不意味着不确定，不明确的"法律原则"通过赫拉克勒斯这样具有"超人技巧、学识、权力和耐心"的理想型法官对判决所作的"建构性解释"，就具有唯一正确的答案，也就具有确定性。这个阐释任务要由一位其智力可同希腊神话的大力士赫拉克勒斯的体力相媲美的法官才能担当得起，这就要求赫拉克勒斯式法官拥有丰富完备的法律知识和超强的法律思维能力。在此基础上，赫拉克勒斯根据原则的等级排序和实证法内容的筛选，"要发现的是一整套'按照公平的要求'来论证一特定法律体系之制度史的融贯的原则"[①]。法律规则是就特定情境下的案件事实设定明确的具体的假定条件、行为模式和法律后果，但它刚性太强不能完全适用变换着情境的新的案件事实；法律原则没有设定明确、具体的假设条件和固定的法律后果，因而有很强的弹性，可以在不同的程度上满足案件事实。德沃金精辟地指出："只有承认法律既包括法律规则也包括法律原则，才能解释我们对于法律的特别尊敬。一个规则和一个原则的差别在于，一个规则对于一个预定的事件作出一个固定的反应；而一个原则则指导我们在决定如何对一个特定事件作出反应时，指导我们对特定因素的思考。"[②] 规则是以要么有效要么无效的方式适用，规则表达越明确，其效力也越分明；而原则则带有较大的弹性与不确定性。原则具有规则所没有的分量和重要性的程度，因而带有"权衡"的

---

① J. Habermas, Between Facts and Norms: Contributions to a Discourse Theory of Law and Democracy, Translated by William Rehg, The MIT Press, 1996, p. 212.

② [美] 德沃金：《认真对待权利》，信春鹰、吴玉章译，中国大百科全书出版社1998年版，第18页。

性质。当规则和原则发生冲突时，原则的效力高于规则。更重要的是，当德沃金确认了原则具有法律的性质时，法官在裁判中就无须行使如实证主义者所主张的自由裁量权。在德沃金的整体性法律理论中，规则是具体的规范，其内容之明确足以使它运用到典型的案例（如立遗嘱），而原则则代表有待诠释的普遍的法律标准（比方说人权和平等对待），前者解决确定性，后者解决正确性。如帕尔默案件中，孙子为防止祖父改变已将其指定为遗产继承人的遗嘱，而将其祖父杀害。当时法律并没有规定如果继承人为谋遗产故意杀害被继承人则丧失继承权。该法院开始推理时承认："的确，对关于规定遗嘱制作、证明和效力以及财产转移的成文法，如果拘泥于字义进行解释，并且，如果这些成文法的效力和效果在任何情况下都不够予以控制或者修改时，应该把财产给予凶手。"但是该法院继续指出："任何人都不得依靠自己的诈骗行为获利，亦不得利用他自己的错误行为，或者根据自己的不义行为主张任何权利。"因此，该凶手不能接受遗产。① 在此案中，法院并不认为自己的行为超越了法律规定的义务，因为运用法律明确规定中蕴含的原则，运用与法律明确规定有关的资料，同样是运用法律。② 法律原则吸收了道德视角，为法官设定了正确判决的义务，因此在疑难案件中，法官也要受法律的约束，即法律原则的约束，由于实证主义不承认原则，所以认为疑难案件中法官是不受法律约束而是行使自由裁量权。在整体性法律理论中，法官不能够根据自己的价值判断任选答案，相反他必须对自己的选择作出论证，构思出与法律中普遍存在的正义原则越接近的法规，这就要求一条用来评价解释结果的标准，也就是法律中普遍存在的正义原则，即德沃金所说的每个公民都"受到平等关心与尊重"③。德沃金的原则论表达这样的范导式观念：平等地关怀和尊重每个人这条基本规范，每个人都有权利享有平等的自由，每个公民的权利在法律面前都受

---

① ［美］德沃金：《认真对待权利》，信春鹰、吴玉章译，中国大百科全书出版社1998年版，第41—42页。

② 刘星：《法律是什么》，中国政法大学出版社1998年版，第3—5页。

③ ［美］德沃金：《认真对待权利》，信春鹰、吴玉章译，中国大百科全书出版社1998年版，第7页。

到平等地对待,"权利不能被所有社会目标所压倒"①。赫拉克勒斯可以把自己理解为法律专家的诠释共同体的成员,他的诠释因而必须遵守这个专业中所承认的标准:确保司法的独立性,对个人自由裁量权的约束,对争议各方的尊严的尊重,对判决书面论证和正式签署及判决的中立性。与哈特相比,他不仅更强调基于权利保障的司法判决正确性,更为重要的是这种正确性来自对原则的建构性诠释,是唯一的正解,唯一也就意味着确定性,也就清除了哈特的自由裁量权所带来的不确定性。所以德沃金对自己的理论非常自信,因为这种理论和哈特的理论一样剔除了诠释学和实在论的不确定性,同时又避免了哈特理论对司法判决正确性的忽视,并且消除了哈特语言"空缺结构"的不确定性领域而在确定性问题上比哈特更为彻底。

德沃金当然不否认现代社会作为科学理性的社会,追求司法判决确定性的重要意义,但他还看到现代社会已经进入权利时代,通过权利保障而追求司法判决正确性具有同样的意义,就此而言,德沃金相比较哈特,对现代司法的理解更为全面和深刻,更能揭示现代司法的"双向度"前进方向。哈特的语言空缺结构只是揭示法律规则的一个缺陷:语言表述模糊不清,法律规则还有相互冲突、存在漏洞、内容不良三个缺陷,规则的这四大缺陷在司法判决中会损害公民的权利,德沃金试图通过法律原则的介入,弥补法律规则的缺陷,保障公民的权利,维护司法判决的正确性,这种努力也是值得肯定的。原则论对法官能力提出很高要求,彰显现代司法的生成路径和法官成长方向,表明韦伯等实证主义将法官当作自动售货机角色的主张已经不合时宜,这些都是德沃金原则论的突出理论贡献。但是德沃金所设想的能够将原则正确适用的赫拉克勒斯是个神话人物,他的法律知识之丰富、法律思维能力之非凡超出现实中世俗的法官,原则论因为现实中的法官并不具备赫拉克勒斯的超强能力,而只具备相对有限的能力,在司法实践中缺乏可操作性,其实践价值相比较理论价值要逊色得多,这就使德沃金的原则论具有乌托邦的

---

① [美]德沃金:《认真对待权利》,信春鹰、吴玉章译,中国大百科全书出版社1998年版,第128页。

性质，被哈特批评为"高贵之梦"。

三 哈贝马斯的商谈论

在德沃金的整体性法律理论中，法官不能根据自己的价值判断任选答案，相反他必须对自己的选择作出论证。哈贝马斯对此极为赞同，不同点在于，德沃金的论证"主体"是法官，是单数和单一固定的视角，哈贝马斯的论证主体是所有参与者，是复数和复合旋转的视角。单一主体和单一视角的独白式思路在哈贝马斯看来是站不住脚的，他引用米歇尔曼对德沃金的批评："缺了对话，赫拉克勒斯……是一个孤独者。他的英雄气太盛，他的叙事性建构是独白式的。"[1] 哈贝马斯认为德沃金对赫拉克勒斯所提出的理想要求，可以转变成对一种法律商谈的要求，法律商谈就是以论辩的方式而实施的论证过程，它把司法判决的合理可接受性不仅同论据的质量相连接，而且同论辩过程的结构相连接。现实中的法官亦是凡夫俗子，不可能具有赫拉克勒斯的超强能力，因此应通过商谈吸收多方意见，集思广益来弥补单一法官在法律知识和法律思维等方面的欠缺，进而作出有效性的判决，"规范和价值能否得到所有相关者的合理地推动的共识，只有从第一人称复数这个主体间扩大了的视角出发，才能加以判断"[2]。这句话大体反映了哈贝马斯的商谈理论的主要主张：（1）商谈可以达成共识；（2）法律商谈的主体是复数；（3）各商谈主体的意见都受到重视；（4）商谈主体的角色不是固定的而是可以逆转的。法律商谈揭示了知识的分立性，每一个法官都只掌握一部分极其有限的片面知识，不可能达到赫拉克勒斯那样的全知全能，因此要通过商谈各方的取长补短整合出相对于单个法官而言较为全面的知识，以此保障司法判决的有效性。在商谈中，参与者虽然有不同的视角，但同那些被认为有效的规范相联系，"参与者的视角和由不偏不倚的法官所代表的共同体中那些非参与者的视角，有可能发生相互转

---

[1] J. Habermas, Between Facts and Norms: Contributions to a Discourse Theory of Law and Democracy, Translated by William Rehg, The MIT Press, 1996, p. 224.

[2] Ibid., p. 228.

换"①。德沃金的建构性诠释,既缺乏商谈又缺乏商谈所要求的角色转换,成了法官自言自语的独幕剧,不能保证法官得出一个有效性的判决结论。

在哈贝马斯看来,法律商谈不能像德沃金所设计的那样,在一个封闭领域中,一个主体一个视角自足地进行。法律商谈必须在一个开放的体系中,多主体多视角进行。法律商谈始终可能吸收其他来源的证据,尤其是立法过程中所使用的、在法律规范之合法性主张中捆绑在一起的那些适用的、伦理和道德的理由。司法判决正确性的衡量标准,取决于对那些使公平判断成为可能的交往性论辩条件的满足程度,即论辩的时间不受中断、论辩的参与者不受限制、论辩的理据不受强制。② 这样,法律的确定性就从哈特的规则论和德沃金的原则论转移到商谈论的程序上来,商谈论维护了对抗制诉讼的一个前提:商谈、对话、沟通有助于产生真理,不管诉讼的参与者动机如何,都有助于商谈中的司法公平判决。司法判决的确定性就从结果转向程序,"有关各方可以确信,在产生司法判决的程序中,举足轻重的并不是任意的理由而是相关的理由"③。这种相关的理由就是把法律看作是融贯的规范体系,它依赖公平程序满足法律共同体的期待,以保证每个人都拥有那些他应该拥有的权利。在程序中按照一定标准和条件整理争论焦点,法官公平地听取各方意见,通过正当性论证在使当事人可以理解或认可的情况下作出决定,使当事人相信在这种程序下作出的结论对于他来说是公正的,这样司法判决的确定性和正确性统一于正当程序中。

四 结语:三位一体的司法判决理论

总结以上三派理论:

首先哈特的规则论支撑了司法判决的确定性,这是一个历史性的贡献,如果司法判决总是因法官的前理解和价值观而变化,一个案件在不

---

① J. Habermas, Between Facts and Norms: Contributions to a Discourse Theory of Law and Democracy, Translated by William Rehg, The MIT Press, 1996, p. 229.

② Ibid., p. 230.

③ Ibid., p. 220.

同的法官手里就会有不同的结果，那么法治之"法"的权威性丧失殆尽。必须承认和追求这样一种情境：绝大部分案件即使由不同的法官审判也应该具有相同的结果，他们的前理解和价值观可以不同，他们依据的法律规则是相同的和明确的，人们可以从法律那里获得行为预期。但是面对法律规则的缺陷而导致司法判决的不公正，哈特规则论确实是黔驴技穷了，只好无可奈何地说："这是法律；但它们是如此邪恶以致不应遵守和服从。"[①] 如此一来，哈特的规则论立即陷入自相矛盾之中，因为一旦我们承认法律的邪恶性，法律也就不具备必然的权威，人们从邪恶的法律可以不被遵守是否可以推理出法律可以不被遵守呢？既然邪恶的法律也是法律，法律的外延大于邪恶的法律的外延，这样的推理也是有效的，但如此一来法律权威的大厦顷刻倒塌。只有承认"恶法非法"，法律的权威和不遵守邪恶的法律才具有逻辑自洽性。任何严重违背正义的法律规则都是无效的，规则之可用，就在于它大体上是符合正义的，一旦规则和正义发生了严重的冲突，规则就再也没有适用的合法性了。

避免哈特困境所作的努力是德沃金原则论，通过赫拉克勒斯式法官的建构性阐释而在疑难案件中对公民权利保护，反映了人们对法律的正义性期待。那么疑难案件之产生并不是像哈特所言的源于法律规则出现漏洞，解决的办法也不是像哈特所言的通过法官行使自由裁量权溯及既往地创设新的权利。疑难案件之产生是如德沃金所言，法官没有把法律原则当作法律，解决的办法就是法官对原则的建构性阐释而发现各方的权利。但是这种理论对法官要求太高，如德沃金所称赞的帕尔默案，如果没有厄尔这样的建构性阐释的高超法官，可能又是另一种结果，这又可能堕入诠释学和实在论的泥坑：司法因法官不同而具有不确定性，只不过是，诠释学的不确定性在于法官的前理解不同、实在论的不确定性在于法官的价值观不同、德沃金的不确定性在于法官的司法能力不同。更为重要的是，对原则的理解也是见仁见智的，因此运用法律原则也达不到德沃金所追求的"唯一正解"。以德沃金关注的罗伊案为例，堕胎

[①] [英]哈特：《法律的概念》，张文显等译，中国大百科全书出版社1996年版，第203页。

是美国总统选举所关注的一个重大问题,同一个原则既可支持又可反对堕胎,如平等保护条款既可以为反堕胎法张目:"这样的反堕胎法律导致对妇女的极大不利,在某种情形下,它会毁掉她们享有男人通常所具有的生活的机会。"① 同样可以为堕胎法张目:"平等保护条款要求州将法律保护一视同仁地扩延至所有人,以打击谋杀和人身侵犯。这样,假如胚胎是宪法意义上的人,任何以允许堕胎来歧视胚胎宪法权的州法都会以违反平等保护原则而被诉以'嫌疑犯'。"② 站在胎儿的视角,平等保护条款反对堕胎法;站在母亲的视角,平等保护条款又支持堕胎。

面对德沃金的困境,哈贝马斯试图通过平等主体间的法律商谈程序来消解德沃金的单一主体法官的英雄气概,并对商谈程序进行了确定性的理论预设,确保每一个当事人在商谈程序中受到平等正确地对待。商谈论看起来解决了规则论和原则论的各自缺陷,但其自身并非完美,而是一开始就陷入"一进一退"的窘局:"一进"就是就程序确定性而言,哈贝马斯比哈特和德沃金都是进步,做得很彻底;"一退"就是就实体确定性而言,哈贝马斯比哈特和德沃金都是退步,他连哈特的规则和德沃金的原则都鲜有涉及,用程序法代替实体法的企图也是肥皂剧,因为程序正义必须立基于实体正义之上,没有实体正义,程序正义也无从谈起,例如纳粹法律有迫害犹太人的实体条款,至于如何迫害犹太人的程序,无论什么程序也都是不正义的。哈贝马斯强调法庭中其他各方的角色当然是对的,但因此而淡化法官的角色就有外行和旁观者之嫌。他所提出的角色转换也只有部分合理性,在话语权的转换上具有合理性,但法官、当事人、律师、证人和置身其外的民众在角色定位和分工职能是不能转换的。不管商谈程序如何完美,司法判决最终所依据的是法律而不是各方的商谈结果,对法律的解释和适用最终依然是由法官来完成的,所以哈贝马斯的商谈论并不可能取代哈特的规则论和德沃金的原则论。

---

① [美]德沃金:《自由的法——对美国宪法的道德解读》,刘丽君译,上海人民出版社2001年版,第80页。

② 同上书,第63页。

这三种理论都只是司法判决的一个视角，尽管都有其司法理论上的贡献，但亦有其相对于司法实践的缺陷，仍然不可避免地具有"盲人摸象"的片面性。同一个法律，为什么我们对它的认识不同，就是因为我们的认识视角不同，我们认识的不是法律，而是法律的侧面，但以狭小的视角观之，就会把把这法律的侧面当作法律本身，这就导致了对法律的无休止论战。大象的鼻子不等于大象、大象的腿不等于大象、大象的两背也不等于大象，大象是以上组成部分的复合体，也可以说，哈特、德沃金、哈贝马斯的司法理论对司法实践的认识也类似于各位盲人所触摸的大象的鼻子、腿、两背等，根本不可能等于司法实践的全貌。对这三种不同视角的理论，组合成一种有机结合的理论当然是很困难的，但是，司法不仅是理论，更是实践，司法实践能够超越司法理论的局限性、片面性、纯粹性、视角单一性而走向全面性、复杂性和视角多样性，对各个视角的理论整合为综合的视角，将各种片面的理论整合为综合的平衡状态，这种整合或综合也就是中国传统哲学的"中和"、"叩其两端"、"执两用中"、"允执其中"、"和生"、"和而不同"、"反者道之动"、"一阴一阳之谓道"、"物生有两"、"一物两体"等实践智慧辩证法的宽容原则。理论上的"非此即彼"完全可以变成实践上的"亦此亦彼"，理论上的对立可以变成实践上的融合。例如，哈特的规则论和德沃金的权利论在理论上是对立的，而对于法官的司法实践而言是可以融合的。因为绝大多数规则是正义的，是能够保护公民的权利的，确定性和正确性统一于绝大多数法律规则中，无须法律原则出场保护公民的权利。法律原则作为缺乏确定性的"概括性条款"，不是"禁止"使用，但要慎重使用，所以研究者提出适用法律原则的三个条件："穷尽规则、实现个案正义、更强理由。"[①] 因此法律原则虽然慎用，但法律原则是在规则存在缺陷、正义和权利受损害的情况下出场的，对司法具有导向作用，那些最终通过法律规则判决的大多数案件其实已经经过了法官所理解的法律原则的检验，大体上和公民权利保护相吻合，这一司法

[①] 舒国滢：《法律原则适用中的难题何在》，《苏州大学学报》（哲学社会科学版）2004年第6期。

判决实践过程表明法官对规则和原则可以并行不悖地适用，只不过是适用程度的强弱、隐显之别罢了，但都经过法官的思维过滤。至于哈贝马斯的商谈论主要从程序上谈司法，和哈特、德沃金从实体上谈司法并无根本冲突。法官如果能将这三种理论融会贯通，从确定性上考虑法律规则的适用，稳定法律秩序；从正确性上考虑对原则的阐释，保护公民的权利；并将商谈程序贯穿于法律论辩的整个过程，从"三足鼎立"走向"三位一体"，法官的司法理念是哈特、德沃金、哈贝马斯三种司法理念的完美结合，那么司法判决在程度上无疑越接近有效性。

第三节　司法能力主义——对司法克制主义和司法能动主义的平衡

　　司法克制主义坚持严格的规则主义，有利于维护法律的确定性，但走向极端化就会损害个案正义，忽视了司法判决的正确性。司法能动主义通过法律原则的适用维护个案正义和司法判决的正确性，但走向极端化就会破坏法律的确定性。现代法律和司法判决应该是正确性和确定性的统一，这就提出了司法能力主义，也就是对司法克制主义和司法能动主义两种对立的意识形态进行"执两用中"的整合和平衡。司法能力主义强调法律不仅是技术，亦是艺术，对法官的司法能力提出很高要求。

　　当前，法理学界存在着两种对立的司法意识形态——司法克制主义和司法能动主义，双方为此展开激烈的辩论，但结果是：没有赢家，谁也不能说服谁。笔者认为，从方法论视角看，当两种对立之物彼此的优缺点都很明显时，应该是汲取此二物之优点的第三物诞生的时候了。比如道家讲阴阳之道，老子说："道生一，一生二，二生三，三生万物。"（《老子·四十章》）儒家讲中庸之道，孔子说："中庸其至矣乎！民鲜能久矣。"（《中庸·三章》）至于唯物辩证法中的矛盾分析法和否定之否定的"正反合"辩证发展过程，在学界当是耳熟能详了。遗憾的是，我们对这些科学方法论的理解也仅仅停留在理论和观念上，并没有走向对具体问题的分析上，我们总是倾向于强调此物的优点和彼物的缺点，纵使承认此物有缺点也是枝节上的，甚至是不可避免的代价，"此物"

就不是"彼物",也不可能是整合自己和他物的优点、克服其不足而走向新生的"第三物",不能够辩证地认识事物发展的必然性。本文着重考察这两种司法意识形态的优缺点,进行取长补短的整合,提出第三种司法意识形态:司法能力主义。

一 司法克制主义的考察

司法克制主义(judicial restraint)有它自己的充分理由。陈金钊教授认为:"从司法的中立性要求来看,克制主义应该是法官的意识形态。司法克制主义要求法官对法律要忠诚;要克己守法,廉洁自律,尊重法律规则;要对立法权、行政权和其他社会公共权力保持谦抑的姿态。法官保持克制主义是法制本质中的应有之义;是保障法律自身意义安全性需要……没有严格的规则主义就没有法制,没有司法者等对权力行使的克制就不可能有法律秩序。"[①]

司法克制主义的要害是对法律的理解狭隘化,把法律理解为规则体系,遵守法律就是遵守法律规则,因为法律规则最具有确定性,最能保证法律秩序,这是实证主义的进路,是法条主义的一种表述方式。陈金钊赞成施克莱对克制的理解,克制有两层意思:一是要有公平意识,不徇私情、自我控制、克制偏见,把遵守规则当成是否具有法律职业道德的标准。二是克制司法过程中对法律规则的创造,即要求法官行为的姿态是"'释法,而非变法','找法,而非造法','认同法律,而非颁布法律'"[②]。我们认为,如果把"规则"换成"规范"(法律规范由法律规则和法律原则组成),那么,对克制的理解也可以适用于对能动的理解,能动也要克制偏见,否则成了盲动;能动也强调"'释法,而非变法','找法,而非造法','认同法律,而非颁布法律'",否则就僭越了法律。

司法克制主义对法律还进行了功能性或工具性的理解,把法律作为统治的工具或维持秩序的工具,这种观点并不符合现代法治的精髓,法是善

[①] 陈金钊:《法官司法缘何要奉行克制主义》,《扬州大学学报》(人文社会科学版) 2008年第1期。

[②] 同上。

良和公正的艺术，法律是保护公民权利的。现代法治是要追求确定性，但这种确定性的意义建立在正确性之上，错误的确定性不是现代法治的追求。现代法治是要追求秩序，但也必须是正确的、能够为人们所接受的自由秩序。例如，为了维护经济秩序，应该对盗窃金融机构予以加重处罚，但对许霆在取款机出错的情况下盗窃金融机构判处无期徒刑，就不善良、公正和正确。其实，许霆案动摇了克制主义的内核：把法律等同于规则，遵守法律就是遵守法律规则，对规则本身的正当性和适用范围则缺乏考虑。所谓的法律规则就是立法机关根据特定的情境作出与原则相符合的规定，情境一变，规则理应改变，一部成熟的良法，其原则几乎不变，而规则处在不断变化之中，法律的制定、修改和废除主要是根据社会的发展变化针对规则而言的。罗马法谚："法律理由停止之处，法律本身也停止"，针对"此情境"制定的法律规则对提供了"彼情境"的案件事实是没有理由的，所以当停止。如1997年《刑法》第五条"罪责刑相适应"的法律原则，在此原则指导下，第二百六十四条规定盗窃金融机构数额巨大的，判处无期徒刑或者死刑，而当时盗窃金融机构的情境就是指监守自盗、钻墙打洞等性质极为恶劣的原始盗窃情况，《刑法》第二百六十四条的法律规则针对这种情境的规定是符合"罪责刑相适应"的法律原则，符合正义的。如果许霆是以监守自盗等原始的方式盗窃17万多元钱，其情境是历史的重复而非独创，因而只是一般案件，判其无期徒刑是毋庸置疑的，也不会引起如此强烈的社会反响。而许霆案中利用取款机出错盗窃金融机构的情境则与之不同，许霆恶意取款是在发现银行自动柜员机出现异常后的行为，采用持卡非法窃取金融机构经营资金的手段，其行为与有预谋，或者采取破坏手段盗窃金融机构的犯罪有所不同。从犯罪具有一定的偶然性看，许霆犯罪主观恶性不是很大，适用《刑法》第二百六十四条处罚就不符合"罪责刑相适应"的法律原则。法官要适用法律规则，首先必须了解其历史，把握其在当时的历史背景下的具体针对性情境。规则主义的最大失误就是不能正视法律的历史发展，"任何概念都拥有自身的历史，它们不能抵抗时代的变化"[1]。在许霆案中，对许霆盗窃金融机

---

[1] ［德］魏德士：《法理学》，丁晓春、吴越译，法律出版社2003年版，第84页。

构的定性是准确的,《刑法》第二百六十四条的规定也是正确的,但《刑法》第二百六十四条所针对的情境和许霆案的情境是不一致的,在这种情况下,坚持规则主义我认为不是忠实于法律,至少不是聪明地忠实于法律,而是愚蠢地忠实于法律,在形式忠实于法律,在本质上是违背法律的,因为它导致不公正的结果,违背了"罪责刑相适应"的法律原则。陈金钊所主张"尊重法律规则"无疑是对的,但不能绝对化,严重违背法律原则并丧失合法性的法律规则处于被批判和被修改的位置,也丧失了受人尊敬的理由。

法律规则是指以一定的逻辑结构形式具体规定人们的法律权利、法律义务及其相应的法律后果的一种法律规范,是就特定情境下的案件事实设定明确的具体的假定条件、行为模式和法律后果。这种特定情境就决定了法律规则生成的历史性,是法官司法判决时必须考虑的因素。拉伦茨认为,法官依法判决时,必须考量这个问题:"法规范立法当时拟规整的情境是否仍然存在。"[①] 如果规范所针对的情境发生了改变,必须做不同的解释,拉伦茨告诫说:"对规范适用者而言,主要问题还不是时间上的距离,毋宁是规范必然具有的一般性及每个具体'事件'的特定性之间的隔阂。"[②] 从这点来看,德沃金将疑难案件的产生归于法律规则的漏洞而不是法律的漏洞是有道理的,因为疑难案件无非是提供了法律规则没有针对的新"情境",但法律原则却不受"情境"之限,不能为法律规则所规范的疑难案件却能为法律原则所规范。

法律规则的规定虽是确定的,但对法律的确定性追求不宜绝对化。卡多佐认为:"只有当判决提供了一个合情合理的预期:相似的情况将导致类似的判决时,判决本身对学者来说才是重要的……足以为人们提供一种具有合理确定性的预期时,法律就存在了。"[③] 一个严重违背多数人预期的判决通常是有问题的,一个使谬误暂时通行的判决,在卡多佐

[①] [德] 拉伦茨:《法学方法论》,陈爱娥译,商务印书馆 2005 年版,第 92 页。
[②] 同上。
[③] [美] 卡多佐:《法律的成长 法律科学的悖论》,董炯、彭冰译,中国法制出版社 2002 年版,第 23 页。

看来必会在将来某个时候被推翻。卡多佐对此提出两个警醒：其一，我们尊崇法律的确定性，但必须区分合理的确定性和伪劣的确定性，法律的确定性并非追求的唯一价值，实现它可能会付出过高的代价，法律永远静止不动和总是变动不居同样危险，妥协是法律成长的重要原则；其二，对确定性的过分强调可能导致我们崇拜一种无法容忍的刻板教条，公布的法律必须是普遍的，诉讼涉及的却是具体问题。①

陈金钊教授还解释说："在我看来，克制司法不是机械司法，不是死抠法律条文的字眼，而是坚持法律解释的明晰性原则，即对法律已经明确的规定贯彻到具体的案件中去，对明确的法律反对用任何形式进行解释，而对法律的模糊地带和那些在个案中与社会的基本正义发生冲突的内容，应该进行能动司法。"② 这个解释似乎和司法能动主义的主张无甚区别，因为能动司法适用法律原则的对象也仅仅在于：如果适用现有的法律规则就会和正义发生严重冲突的疑难案件，占绝大多数的一般案件当然要适用法律规则和克制司法，司法能动主义者如卡多佐、德沃金都不否认这一点。德沃金指出："法律中的大多数案件，甚至大多数宪法案件都不是疑难案件，一个法官凭借其专业技能就可以作出裁决，而没有余地运用他个人的道德信仰。"③ 克制司法走向极端化只能是机械司法，任何观点和行为走向极端化都是错误的。克制司法坚持严格的规则主义，"对法律已经明确的规定贯彻到具体的案件中去"，但法律已经明确的规定适用个案却可能违背正义，如埃尔默案和许霆案的法律规则都是明确的，却不能"贯彻到具体的案件中去"，明确的法律规则在个案中严重违背正义时，法官就不能适用该法律规则，而应转向法律原则。

二 司法能动主义的考察

司法能动主义（judicial activism）有着同样的充分理由。陈朝阳认为："所谓司法能动性是法官（院）在司法过程中采取的一种灵活方

---

① ［美］卡多佐：《法律的成长 法律科学的悖论》，董炯、彭冰译，中国法制出版社2002年版，第12—13页。

② 陈金钊：《司法意识形态：能动与克制的反思》，《现代法学》2010年第5期。

③ ［美］德沃金：《自由的法——对美国宪法的道德解读》，刘丽君译，上海人民出版社2001年版，第14页。

法，秉承一定的法律价值，遵循一定的法律原则，创造性地适用法律，理性地作出判断，从而不断地推动社会政治、经济、法律、文化等的变革和发展。"① 陈朝阳还认为司法能动主义包含理性精神、灵活性和创造性。但把能动上升为主义，作为具有普遍性的意识形态也是有问题的。司法实践中的大多数案件也无需能动，能动和原则的适用只是针对少数的疑难案件。从哲学上讲，司法的克制和能动实际上是法律的运动和静止的统一，为什么产生疑难案件，因为运动是绝对的，法律具有开放性，正是疑难案件引起法律的制定、修改和废止，推动法律的发展。但如果以运动的绝对性否认相对静止的存在，那么世界处在不可捉摸的瞬息万变中，我们无法认识它的性质，也必将造成人们行为的不确定性和盲目性。实际上，静止是普遍的状态，一般案件是大多数案件，一般案件我们是按照法律规则判定的，无需能动，一般案件中，克制已经将秩序与正义、确定性与正确性统一起来。

当然，司法能动主义是相当混乱的概念，如果我们对一个概念没有明确地理解，就说它好或者坏，那是相当盲目的，这不是学术研究的理性态度。根据《布莱克法律大辞典》，司法能动主义指司法机构在审理案件的具体过程中，不因循先例和遵从成文法的字面含义进行司法解释的一种司法理念及基于此理念的行为。当司法机构发挥其司法能动性时，它对法律进行解释的结果更倾向于回应当下的社会现实和社会演变的新趋势，而不是拘泥于旧有成文立法或先例以防止产生不合理的社会后果。因此，司法能动性即意味着法院通过法律解释对法律的创造和补充。② 这个定义相当有权威性，也有一定的合理性，但又有不恰当之处，因为法律解释不同于法律创造，解释仍在法律范围内，而创造则"超越法律"。因此，沃尔夫犀利地指出："能动和克制不能简单地归结为这样的观点，即奉行能动主义的法官就是在'立法'，而崇尚克制的法官就

---

① 陈朝阳：《司法哲学基石范畴——司法能动性之法哲理追问》，《西南政法大学学报》2006年第3期。

② Black, Henry Campbell, Black Law Dictionary [M], 6th ed., West Publishing Co., 1990, p. 847.

仅仅是在'解释宪法'。毫无疑问，能动和克制的区别更多只是一个程度不一而非性质不同的问题。"① 能动司法和克制司法的区别不在于是否"超越法律"，都不允许"超越法律"，而在于自由正义和安全秩序两种价值的排序问题，能动司法认为自由正义放在第一位，而克制司法则认为安全秩序放在第一位。沃尔夫认为司法能动主义的基本宗旨是："法官应该审判案件，而不是回避案件，并且要广泛地利用他们的权力，尤其是通过扩大平等和个人自由的手段去促进公平——保护人的尊严。能动主义的法官有义务为各种社会不公提供司法救济，运用手中的权力，尤其是运用将抽象概括的宪法保障加以具体化的权力去这么做。"② 中美两国在司法能动主义上三点比较是：第一点，司法审查，美国有，中国没有；第二点，主动司法，中国有，美国没有；③ 第三点，通过原则实现个案正义，这才是中美两国司法能动的共同点。

　　司法能动主义的价值在于，法律虽然是正义性和安定性的统一，但正义性是灵魂，居于核心地位，安定性也是正义性之下的安定性。为了安定性，我们也不必追求绝对的正义性，像民法上的宣告失踪和宣告死亡制度，刑法上规定的年满18周岁才适用死刑，而且这周岁精确到日和小时，一个人犯了同样的罪，在当天的24时前不判死刑，过了这个临界点，哪怕是次日1时1分也因为刚好年满18周岁而在年龄上不再享受死刑豁免权，这与正义并无多大关系，但这样的明确规定对于法律

---

　　① ［美］沃尔夫：《司法能动主义——自由的保障还是安全的威胁》，黄金荣译，中国政法大学出版社2004年版，第3页。

　　② 同上。

　　③ 我国的当前能动司法比较推崇主动延伸审判职能、主动办案、主动启动司法权的"就地审判，不拘形式，深入调查研究，联系群众，解决问题"马锡五式审判方式，但我们认为，主动司法只是权宜之计，适用于人民群众缺乏诉讼能力的落后地区，经济发达的地区不宜采用此方式。司法权的被动性是司法的基本特性，法院不能主动办案应是司法常态和恪守的原则。托克维尔就认为，"从性质来说，司法权自身不是主动的。要想使它行动，就得推动它……它不能自己去追捕罪犯、调查非法行为和纠察事实。如果它主动出面以法律的检查者自居，那它就有越权之嫌"（［法］托克维尔：《论美国的民主》（上卷），董果良译，商务印书馆1988年版，第110—111页）。美国的能动司法不包含主动司法这层意义，坚持司法权启动的被动性。

的安定性极为重要,对正义性也无伤害,所以类似的规定是重要的。但是,当安定性与正义性发生根本性冲突时,应以正义性统摄安定性,法官不适用与正义根本冲突的法律规则,转而适用法律原则。柏拉图曾经指出:"一个好的法官一定不是年轻人,而是年纪大的人。他们是多年后年龄大了学习了才知道不正义是怎么回事的。他们懂得不正义,乃是经过长久的观察,学会把它当作别人心灵里的东西来认识的,是仅仅通过知识,而不是通过本人的体验认识清楚不正义是多么大的一个邪恶的。"① 司法判决不能从根本上违背普遍的社会道德感,要维护法律的正确性,正如德沃金所言,"僵化而又'机械的'法官才是坏法官。这种法官为执法而执法,不管随之而来的苦难、不公正或是毫无效果。在正义与法律之间,好法官宁愿选择正义"②。

由于法律规则存在以下四种缺陷:语言表述模糊不清、规则之间相互冲突、存在空白或漏洞、规则的内容不善良,在这四种情况下都会阻碍正义的实现,在这四种情况下应该适用法律原则维护法律的正义,确保公民的自由和权利。德沃金在众口一词的讨伐声中对道德解读发出独特的赞美之音:"美国人心目中的理想政府不仅受制于法律,而且受制于原则,而这一模式正是我们的历史对政治理论的一个最重大的贡献。"③ 美国大法官布伦南在总结能动司法时说:"宪法的天才人物不是依靠一个静止的和已失去的世界中宪法可能具有的任何静态的含义,而是依靠使那些伟大的原则适应于解决现代问题和现代的需要。"④

三 "执两用中"的第三条道路:司法能力主义

笔者看来,以陈金钊、陈朝阳为代表的两派对自己主张的优点浓墨重彩,缺点则轻描淡写,甚至避而不谈,这无助于问题的解决。陈金钊

---

① [古希腊]柏拉图:《理想国》,郭斌和、张竹明译,商务印书馆1986年版,第119页。
② [美]德沃金:《法律帝国》,李常青译,中国大百科全书出版社1996年版,第8页。
③ [美]德沃金:《自由的法——对美国宪法的道德解读》,刘丽君译,上海人民出版社2001年版,第8页。
④ [美]霍维茨:《沃伦法院对正义的追求》,信春鹰、张志铭译,中国政法大学出版社2003年版,第199页。

强调的是对法律秩序的追求，陈朝阳强调的是对法律正义的追求，就局部来看都没错，就全局来看，都是片面的，难道法律的稳定秩序和正义价值就是不可调和的、非此即彼吗？这两种观点都是过犹不及的，不能反映现代法律的真面目。现代社会是科学理性的社会，又是自由权利的社会，前者要求司法判决具有确定性（可预测性），后者要求司法判决具有正确性（可接受性），这要求法官在司法判决中应力求在可预测性和可接受性之间寻找最佳的协调和结合点。现代法治提出了对司法判决的确定性和正确性的双重要求，陈金钊所主张的司法克制主义满足了对法律的确定性要求却无暇顾及正确性要求，陈朝阳所主张司法能动主义满足了对法律的正确性要求却无暇顾及确定性要求，笔者认为，这两种主张都有待改进。

在这种情况下，第三种司法意识形态也就呼之欲出，那就是司法能力主义。老子讲："万物负阴而抱阳，冲气以为和。"（《老子·四十章》）孔子讲："舜其大知也如！舜好问而好察迩言，隐恶而扬善，执其两端，用其中于民，其斯以为舜乎！"（《中庸·六章》）"吾有知乎哉？无知也。有鄙夫问于我，空空如也。我叩其两端而竭焉。"（《论语·子罕》）司法克制主义和司法能动主义相当于阴阳两端，司法能力主义就是对"阴阳两端"的"中和"。法官不偏执于确定性和正确性的任何一端，而是使二者处于平衡协调和相互支持的状态。司法克制主义（确定性）是躯体，司法能动主义（正确性）是灵魂，前者具有在先性，后者具有统摄性，二者在保持适度张力的范围内的相互支持推动了法律的发展，统一于司法能力主义中。

陈金钊强调的司法克制主义就是"尊重法律规则"，陈朝阳强调的司法能动主义就是"遵循一定的法律原则"，这就把二者对立化，其实，法律规则是法律原则针对具体情境的构成要件所作的具体规定，规则需要原则提供存在理由，原则是灵魂；原则需要规则提供表现形式，规则是载体。在一般案件中，法律规则和法律原则是一致的，司法判决的正确性统一于确定性之中；而在疑难案件中，法律规则同法律原则发生严重冲突，法律规则就不能有效适用，这时应该适用法律原则，司法判决的确定性统一于正确性中。但这只是法官的权宜之计，因为疑难案件中法律规则、法律原则的冲突也是暂时的，立法者会针对新的情境根据法律原则制定新的法律规则。如埃尔默案在当时是疑难案件，法律规则没有规定被继承人若杀害继承人则丧失继承权，没有这样的规定在当时的法律中是"确定"的，但不是"正确"的，法官根据"任何人不能从犯罪行为中获利"原则判决杀害被继承人的继承人不能得到遗产，但此案推动法律的发展，《中华人民共和国继承法》第一章第七条规定：继承人杀害被继承人就丧失继承权。对这样的案子，法律规则和法律原则在今天重新统一起来，就不是疑难案件了，它不仅由法律规则"确定性地"规定了，还由法律规则"正确性"地规定了。

如何判断件一个案件是一般案件还是疑难案件，适用法律规则还是法律原则，适用什么样的法律规则或原则，这都没有现成的答案，而取决于法官的具体判断，这就体现了法官的司法智慧和能力。法律规则之所以具有明确性，就在于法律规则总是针对具体的情境而言，法律规则是就特定情境下的案件事实设定明确的具体的假定条件、行为模式和法律后果。可是法律生活是变动不居的，一旦一个案件提供了与法律规则所针对的情境不同乃至相反的情境，就可能发生法律规则适用本案的合法性问题。法律规则刚性强、柔性若、灵活性差，法律原则的出现正在于弥补法律规则的这种缺陷。法律原则刚性弱、柔性强、灵活性好，不预设具体、确定的事实状态，不像法律规则那样受"情境"之限，而是对个案情境进行权衡。当法律规则不能有效适用时，法律原则是明智的选择。法律规则是反映法律原则的，但在个案中多半是不完全的反映，因为法律规则规范的案件事实的情境和其针对的情境之间的缝隙是不可避免的。为了保证法律的确定性，我们不能说一旦法律规则规范的案件事实的情境和其针对的情境之间出现缝隙，一旦法律规则不完全反映法律原则，就以原则的效力高于规则的效力为由宣布法律规则无效，那样的法律就是朝令夕改、不可捉摸，法律一旦失去其确定性，其正确性也随之不存。规则是否失效，要看规则针对当下案件事实的情境与规则制定时所针对的情境是否发生根本性的变化而不是一般的变化，二者之间的缝隙是否达到不能容忍的程度以至现有的法律规则无法越过这缝隙，法律规则在本案中是否到达和它所反映法律原则根本背离的程度。这就需要法官的判断，这就是司法能力主义的真实意蕴。司法能力主义强调将法律规则的确定性和法律原则的正确性结合起来，统一平衡考虑。

德沃金认为，司法判决不应以处于历史孤立状态中的文字为依据，它与法律中普遍存在的正义原则越接近越好，它是一个更大的智力体系即整个法律的组成部分，应与那种更大的体系在原则上相符，原则的适用过程也是法官智慧的适用过程。德沃金反对法官造法，也就是反对自由裁量权，法官造法是对立法权的僭越，对人民主权和法不溯及既往原则的双重破坏；德沃金又反对机械司法，机械司法使法律丧失自我反思和发展的能力，不能履行现代法律保护公民权利的根本使命，甚至可能使法律沦为邪恶和暴力的工具。魏德士指出这种法律"将很容易在无意识当中成为权力所有者的工具，成为权力者的法政策目标，甚至罪恶的法政策的工具"[①]。

摆脱这种二难困境的出路是对法官的能力要求，纵使在疑难案件中，法官也绝不会出现没有法律可用的地步，充其量是缺乏赫拉克勒斯的智慧而没有找到法律而已，那就是法官的素质问题而不是法律本身的问题。只要是一名具有"超人技巧、学识、权力和耐心"的赫拉克勒斯式的优秀法官，他所持的司法意识形态就是：不仅忠实于法律，还能够理解好、把握好、运用好法律，如此才能达到现代法治的理想性要求，为疑难案件找到适当的法律而得出"唯一正解"的判决，实现确定性和正确性的统一。这种司法意识形态就是司法能力主义。

司法能力主义反对法官造法，强调法官对法律的忠诚，维护法律的权威，这和司法克制主义的主张是一致的；司法能力主义反对机械司法，强调法官对法律的正确理解和运用，任何时候不得损害法律作为正义女神的真实面貌，维护法律的尊严，这和司法能动主义的主张是一致的；由司法克制主义和司法能动主义两种"正反"的观点"合"成为司法能力主义，正是法律之道，理应成为当今主导的司法意识形态。

司法能力主义的实质就是针对个案发现法律的方法，当适用原有的法律规则同正义、道德发生冲突时，法官可适用法律原则或隐藏的法律

[①] [德] 魏德士：《法理学》，丁晓春、吴越译，法律出版社 2003 年版，第 280 页。

来解决个案,确保司法判决的正确性。法官要给出令人信服的理由,法官是在法律之内而非之外解决案件的,法官必须尊重法律而不可法外断案,但法官也不是机械司法,不是把法律仅仅等同于规则体系,只有在个案中没有适当的法律规则时,才可适用法律原则和隐藏的法律。更为重要的是,法官所适用的法律原则最终体现在随后出现的法律规则上,如埃尔默案件体现在各国的继承法中,谋害被继承人的继承人丧失继承权;法官所适用的隐藏的法律最终体现在显露的法律上。德沃金提出法律原则必须具有"制度化的支持","除非我们找到某些这种制度化的支持,否则我们的说法就不会具有说服力,我们找到的支持越多,我们对原则的分量的宣示就越重"[1]。法律规则和法律原则并非绝对对立,而是相互支持,这也正是司法克制主义和司法能动主义相容的一面,表明二者可以达成平衡。法律原则的资格取决于它能否为实证的法律规则所体现,如法官根据罪责刑相适应的原则作出许霆案中判处许霆5年有期徒刑,将来刑法修改时,也会对因取款机出错盗窃金融机构的情形作出与之相同或接近的量刑标准。这就显示出法官的司法能力,他有填补法律规则漏洞的前瞻性。反过来,无论是原则还是隐藏的法律如果不能体现在以后的法律规则中,就说明法官并没有预判的导引能力,如泸州继承案后,继承法修改时并不宣称同居导致的遗嘱无效,说明法官的做法不得到认同。

司法克制主义是偏重秩序的,维护法律的确定性。司法克制主义强调的是法律规则,但是也遇到难题:法律规则针对的是个别的、具体的,对有的案件根本就没有规定,也就不具备确定性,如一男同时和二女结婚,法律规则只规定了两种重婚的情形,就没有规定这种情形。再者,对法律规则的理解也不一样,对于王海知假买假,法条主义者会根据消费者权益保护法判定王海是否消费者,这就有两种判断;或根据民法通则判定王海的意思表示是否真实,是否属于有效民事行为,又有两种判断;或者结合两部法律讨论,北京和天津的法院的法官都是法条主

---

[1] Dworkin, *Taking Rights Seriously*, Cambridge (Massachusetts): Harvard University Press, 1977, p. 40.

义者，但对法条的理解不一致，判决的结论也不一致，而且都认为自己的判断是正确的。① 可见司法克制主义也未必能够确保法律的确定性。

陈金钊认为，"能动司法的结果是接受了更多的法外因素"②。按照这种理解，能动司法是违背法治的，也不应该成为主导的司法意识形态。笔者认为，能动司法必坚持依法判决的底线，不允许法外因素的渗入，这一点克制司法和能动司法是一致的，能动不是盲动、乱动，不是脱缰的野马想怎样就怎样，能动必须在法律的界限之内。问题在于，法律的界限是什么，按照法条主义、克制主义的主张，法律的界限就是规则，这就把法律变成封闭的体系和狭小的令法官窒息的空间，法律精神和法律原则也应该是法律的界限，克制主义和能动主义的区别在于是否承认这一点。

陈金钊认为，"如果不分具体情况，不附加条件地能动司法的话，法治就会荡然无存。法律行为要受法律的约束，因此不能倡导能动司法。遵守法律，表达对法律的忠诚是法官的基本职业道德"③。司法克制主义强调严格地遵守法律规则才是维护法律的权威，维护法治，这是误解。法律的权威来自两个方面，一是靠国家的强制力而得以遵守，哪怕是被动的，这是司法克制主义的主张；二是靠自身的正确性而得到人们的主动遵守，这是司法能动主义的主张。在德沃金看来，前一种理论不能解决法律的有效性问题，"在英美政治社会中，法律享有其它以强制力为后盾的命令——即使是那些通过制度化的程序而实施的命令——所不具有的尊崇。这种特殊的尊崇是法律的有效性的关键。但是这一占统治地位的理论没有提出任何理由说明构成法律的规则为什么应该享有这种特殊的尊崇"④。德沃金亮出自己的底牌：权利论。权利论指出英美社会给予法律的特殊尊崇的来源和特定的有效性，通过法律来实施基本的和宪法的"权利"，这些权利使法律本身更为道德，阻止政府将制定、

---

① 刘星：《怎样看待中国的"法条主义"》，《现代法学》2007年第2期。
② 陈金钊：《司法意识形态：能动与克制的反思》，《现代法学》2010年第5期。
③ 同上。
④ ［美］德沃金：《认真对待权利》，信春鹰、吴玉章译，中国大百科全书出版社1998年版，中文版序言第3页。

实施和运用法律用于自私和不正当目的,由此给予我们法律"正当"的信心,公平地对待他人,于是"我们将更愿意明确地忠诚于法律,因为我们知道,如果一个特定的法律规则或者它的实施是不'正当的',我们的法律权利将阻止那一规则成为法律。这就是法律的有效性和享有特殊力而其他形式的强制命令则不能的原因"[1]。权利理论解释了法律何以获得尊敬,我们遵守法律不是出于被迫,而是感到法律是正确的,感到有责任遵守法律;法律原则通过自身的协调反映我们的道德情感,使法律获得道德特征和道德权威,给予我们对法律的特别尊敬,这是以强制力为后盾的规则集合体所不能享有的。法律的真正权威来自这样的事实,对于所有人来说,法律确实代表了正确和公平,"在所有承认理性的政治道德的社会里,权利是使法律成为法律的东西"[2]。从根本上讲,法律的权威不是来自强制力下人们的被迫遵守,而是正确性下人们的主动遵守,这就要保证法律和司法判决的正确性,让人们心服口服,自觉遵从。

这里的问题是,能动不意味着不受法律的约束,能动并非反法治,能动并非对法律的不忠诚;相反,机械司法极可能是对法律的愚忠而非忠诚,法律规则明明不适于个案,适用个案就会违背正义,扼杀法律的精髓,机械的适用法律规则是对法律的伤害和不忠诚。在法律规则没有明确规范的地方,弄不清楚明文规定和明确规定的区别,找不到法律依据而听之任之,也降低了法律的权威,反而损害了法律的安定性和对秩序的追求。如法释〔2009〕9号出台前,广告法明文规定负责任的是广告主、广告经营者、广告发布者、向消费者推荐商品或服务的社会团体或者其他组织,做虚假广告代言人的明星不在此列,如果把克制主义理解为严格按照法律规则,就不能对制假人代言广告的明星处罚,这才是法律的无能和权威的丧失。其实我们也可以把明星做虚假广告理解为销售行为,因为广告宣传也是促进销售的一部分,进而对"明星知假仍代

---

[1] [美]德沃金:《认真对待权利》,信春鹰、吴玉章译,中国大百科全书出版社1998年版,中文版序言第3—4页。

[2] 同上书,第21页。

言广告"进行处罚,或者根据犯罪理论和《刑法》第十三、二十五条,并非在该司法解释颁布后法官才能找到处罚的法律依据。能动司法可以走在法律规则的前面,但不是游离于法律之外。司法克制主义如果应用得不好,同样是不尊重法律,同样是损害而非维护法律权威,这不利之处也是存在的,并非只存在于司法能动主义中。陈金钊说:"人们像搞政治动员一样,只是片面地说能动司法的所谓好处,而只字不提对法治可能造成的伤害。这是非常危险的。"[1] 这个主张我们完全赞同,我们应该对能动司法保持理解和适用的谨慎,但陈教授对司法克制主义的好处大张旗鼓,对其缺陷却是轻描淡写,这也是片面的。笔者并不认为司法克制主义对法治有什么危害,但陈教授的克制主义就是严格遵守法律规则,这还是实证主义和法条主义的窠臼。陈教授强调:"而在我国法治搞不好的原因有多个方面,不认真对待规则是重要原因之一。"[2] 我们认为,"认真对待规则"不意味着死守对当下案件不能有效适用的规则,这就把司法克制主义带到了"无理"的境地和死胡同;在强调"认真对待规则"的同时,也应该强调"认真对待原则",以克服规则僵化的局限。对司法克制主义的狭隘化理解,带来了理论的困境和实践的难题,也是对法治的破坏,对它的深刻反思才诞生司法能动主义,虽然有矫枉过正之嫌,命名也欠妥当,但它仍具有积极的一面。针对江必新所讲的"人民法院开展能动司法,必须严格遵守法律规定,不仅要严格遵守法律规定,也要严格遵守程序法;必须遵守立法宗旨和法律精神,遵守法律解释和法律推理的基本要求,确保能动司法在法治轨道上进行"。陈金钊认为"这实际上是说能动司法根本是没有必要的,能动司法实际上就是克制司法。这种矛盾的表述,使人们不知道怎么去做。这虽然是中国法官的政治智慧,表现了一个负责任的法官对能动司法无奈和忧虑,但也显现了我们对形式逻辑的漠视"[3]。但我们认为,江必新的说法并无矛盾,陈金钊之所以认为它有矛盾,是因为他认为能动司法就是不

---

[1] 陈金钊:《司法意识形态:能动与克制的反思》,《现代法学》2010年第5期。
[2] 同上。
[3] 同上。

尊重法律,就是反法治。

二者的争论就是法律规则和原则的关系问题,在忠诚法律的前提上如何运用法律,能动司法和被动司法的相同点应该多于不同点,对绝大多数一般案件,能动司法没有用武之地,法官是严格按照规则。如果我们把案件分为一般案件和疑难案件,就可以发现,一般案件是法律规则能够有效规范的案件,对司法能力没有特别要求,因为一般案件没有提供与法律规则所针对的情境不同的新情境,如果法律规则已经符合价值判断具有可接受性,它适用于一般案件时无需重新进行价值判断的审视。由于法律生活总是保持相对的稳定性,大部分案件相对于法律规则来说并未提供新情境,因而都是一般案件,可直接适用法律规则,所以哈特说:"这里,在这些非常根本的事情的边缘,我们应当欢迎规则怀疑主义,只要他不忘记正是在边缘上他是受欢迎的;并不要使我们对以下事实视而不见,即:法院之所以能在最根本的规则方面获得引人注目的发展,在很大程度上是由于法院在广大的、关键的法律领域中作出了毋庸置疑的规则治理工作并成效卓著。"[①] 卡多佐也认为"在某些案子中,只有一条路可走。它们是存在着明确而稳定的法律的案子。索然无味的案子可以批量生产"[②]。这些案件可以直接适用法律规则对号入座地机械操作,因而是"索然无味"的,也无关法官的创造性考量,无关法官的司法能力。但是对于提供了与法律规则所针对的情境不同的新情境,法律规则不能有效规范的疑难案件,就无法对号入座地机械操作,而是一种蕴含智慧于其中的艰难选择,正如卡多佐指出:"作出选择的法官怀着程度不同的坚定信仰,相信自己作出了出色而明智的选择。然而在他的脑海中一直有一种真实的而非仅仅是名义上的取舍。"[③] 能动司法仅仅出现在疑难案件中,处理疑难案件不是轻度的机械化活动,而是高度的智识化活动,对法官的司法能力提出强烈的要求,平庸的、照本

[①] [英]哈特:《法律的概念》,张文显等译,中国大百科全书出版社1996年版,第152页。

[②] [美]卡多佐:《法律的成长》,刘培峰等译,贵州人民出版社2003年版,第34页。

[③] 同上。

宣科的法官是不堪此任的。1612年11月10日,英国国王詹姆士一世以"法律以理性为本,朕和其他人与法官一样有理性"为由要亲自当一回法官,大法官柯克反驳道:法律是一门艺术,它需要经过长期的学习和实践才能掌握,在未达到这一水平前,任何人都不能从事案件的审判工作。

不同于司法克制主义和司法能动主义对规则或原则二者之一的片面性偏好或排斥,司法能力主义清楚地认识到二者的优缺点,二者的优缺点不是在抽象的观念上,而是针对具体案件的特点所作的取舍,司法能力主义要求法官必须有很强的判断能力,确定当下的案件是一般案件还是疑难案件,一般案件要遵守规则主义,当然是克制;疑难案件要符合原则,进行法律解释,并非严格的规则主义;必须在唯有法律规则穷尽的情况下,才适用法律原则。泸州婚外同居继承案是适用法律原则判决的案件,但该案在笔者看来就是一般案件,应该按照《继承法》的法律规则审理,依据《民法通则》的"公序良俗"原则进行判决是不恰当的,这也说明法官缺乏对一般案件和疑难案件进行区分的判断能力。所以司法能力主义强调法官对案件性质的判断能力以及在适用法律规则和法律原则上的选择能力。法官要在克制和能动之间进行平衡,克制是常态,能动是例外,是迫不得已而为之的。能动是没有法律规定或法律规定不能有效适用当下案件的情况下,法官"被迫"作出的,唯有规则穷尽的情况下,才能"能动",能动出自"被动"而不是主动,能动不是法官的态度而是实现个案正义的权宜之计。在法律规则完善之后,曾经的疑难案件就会变成一般案件,法官就会由能动走向克制。

其实,温和的司法克制主义和温和的司法能动主义,基本是一致的,但从字面上看,克制和能动又有愚忠于法律和超越于法律之嫌,这都不是现代法律的态度。克制对正义的损害和能动对秩序的损害都非现代法律的应有之义。正义(正确性)和秩序(确定性)都是现代法律的价值,法官不能顾此失彼,以一方牺牲另一方,极端的司法克制主义和极端的司法能动主义都犯了"过犹不及"的错误。正确的态度是"执两用中"达到二者的平衡和最佳结合,法官既要忠实于法律又能把握好法律,克制着眼于前者,能动着眼于后者,而法官对二者应该兼而备之,所以要坚持司法能力主义。

第四节　司法和舆论的出牌逻辑

不同的事务有不同的逻辑,不同事务的出牌逻辑是不可能一样的。舆论和司法也是异质的,它们的出牌逻辑也是不一样的,舆论绑架司法和司法统摄舆论都是不当的企图。司法界最需要的是"做好"而不是"说好",如果我们真正对自己有底气,那就要相信司法相对于舆论的优势就是"此时无声胜有声"。

一　司法的舆论型干预

在媒体网络高度发达的今天,舆论和司法的关系极其微妙,判决书的背后,我们看到舆论对司法的影响。许霆案一审本是判处无期徒刑,许霆幸运地得到媒体的关注,二审改判5年徒刑,而此前云南的何鹏——一位和许霆性质相同的人因为没有媒体的关顾而不幸地已度过了8年牢狱之灾。当然也许正因为许霆案,这位曾经不幸的人又幸运地提前出狱了。同样可能是出于媒体的关注,云南李昌奎案件在省高院再审改判为死刑。舆论应当有其力量,但这种力量如果达到左右司法判决的程度,对法治未必是一件好事。司法就不应该受到舆论的干预,但如果观点再向前推一步,以司法来左右舆论的企图,我们认为也是错误的。

不同的事务有不同的逻辑,不同事务的出牌逻辑是不可能一样的。一事务如果能按照另一事务的逻辑出牌,必须要求这一事务与另一事务是同质的;如果强令一事务按照与其不同质的另一事务的逻辑出牌,这是违反逻辑的,也是行不通的。诸如,道德不能按照法律的逻辑出牌,反之亦然;公平不能按照效率的逻辑出牌,反之亦然;哲学研究不能按照艺术研究的逻辑出牌,反之亦然;治国不能按照用兵的逻辑出牌,反之亦然(老子不是讲过"以正治国,以奇用兵,以无事取天下"吗?)一个安享天年的悠闲老年人也不能按照青年人创业拼搏的工作逻辑出牌,反之亦然。

以此类推,舆论不可能按照司法的逻辑出牌,因为舆论和司法也是异质的:舆论是朴素的,司法是智慧的;舆论是热情的,司法是冷静的；舆论是直观的，司法是理性的；舆论是煽情的，司法是克制的；舆论是无章法的，司法是讲程序的；舆论只是说说而已，而司法是动真格讲效力的；舆论可以仁智互见，司法则要求一个确定性的结论；人人都是舆论的"适格"主体，但只有司法机关才是司法判决的"适格"主体。司法权在本质上是判断权，要想保持这种判断的准确性，就应该让这种判断于无外在干扰的宽松状态中进行，对司法判断的干扰是多方面的，如来自上级机关的权力型干预，来自亲朋好友的情感型干预，来自黑恶势力的威吓型干预，来自媒体的舆论型干预等，舆论型干预与前三种干预形式的显著区别是：（1）前三种干预多在私下进行，暗中打招声，没有文字或声音记录；而舆论干预是明里进行，是公开的口诛笔伐，声音历历，文字赫赫。（2）前三种干预人数少，仅仅局限于一个由领导、亲戚、朋友构成的熟人小圈子或恶势力的生人小圈子；舆论干预的人数多，是一个由社会各阶层构成的声势浩大的生人大圈子，即使熟人之间基于各自的立场和利益而引起的口水仗也是司空见惯的。（3）前三种干预可以各种理由回绝，至少我们能够达成一致的理念：前三种干预都是对法治的破坏，所以是暗里而不能上台面的，抵御前三种干预是坚持法律至上、维护法律权威的需要，可以理直气壮地拒绝前三种干预；舆论干预几乎是不能回避的，人们一般不把舆论干预当作是对法治的破坏，在"人民司法"的旗帜下，舆论干预司法被当作是司法的人民性而受到力挺，甚至不乏舆论干预司法的正面例子，如云南的李昌奎案件，随着法治的进展，前三种干预将日渐式微，而舆论干预会在长期内保持强大的影响力，这是司法必须直面的。（4）前三种干预存在着变数，如领导调整、朋友交恶、黑势力的衰败都导致干预的弱化，这些情形对于舆论干预是不存在的，所以说，舆论干预是最为强势和稳定的干预形式。（5）前三种干预是显而易见的违法行为，司法屈从前三者干预必致腐败不公，而舆论干预虽然是不适当的，但并不是非法的，舆论以适当的形式可以对司法有积极作用，司法并不完全排斥舆论。但舆论对司法干预的危害也是显而易见的，有可能迫使法官放弃自己的职业立场而走进大众狂欢，唯舆论导向马首是瞻，司法试图通过满足民众舆论的"人民性"获得判决的合法性，司法的这种被扭曲的"人民性"使其丧失独立的立场，完全遵守和盲从舆论恰恰是对舆论的不尊重，因为舆论本身是泥沙俱下的，作为技艺很强的司法应该独具慧眼，对舆论进行鉴别和筛选，择其善者而从之，择其不善者而改之，如此才能提升舆论对于司法的价值，才是对舆论的尊重。米斯指出："在法官作出判决的瞬间，被别的观点或被任何形式的外部权势或压力所控制或影响，法官就不复存在了。法官必须摆脱胁迫，不受任何干涉和影响，否则他们就不再是法官了。"① 权力型、情感型、威吓型和舆论型四种干预对于司法来讲都是不适当的，但是权力机关和舆论对于司法的监督还是必要的，干预一般是指强制司法怎么做，而监督一般是指阻止司法不去做有失公正的事，干预导致司法腐败，而监督则有利于司法公正。反对舆论干预司法，绝不是说要舆论在司法面前沉默不语，舆论在司法面前并非缩手不出牌，而是理直气壮地出牌，只是舆论和司法的出牌逻辑不同罢了。

二 司法的自信心态

泸州婚外"同居"案是舆论影响司法的案子。黄永彬1994年与原告张学英同居，2001年4月22日，黄永彬去世，张学英手执黄永彬于2001年4月17日立下并经过公证的遗嘱向黄永彬的原配蒋伦芳要求获得黄永彬的遗产，并在蒋伦芳拒绝后起诉至法院。一审法院以遗嘱违反公共秩序、社会公德为由，驳回了原告张学英的诉讼请求，二审法院维持了这一判决。一审判决宣布时，现场1500名群众以热烈的掌声表达对判决的支持，媒体用"婚内财产岂容送二奶"、"'第三者'因遗赠纠纷状告合法妻子"等有道德判断和倾向的标题，称赞判决谴责了包"二奶"和充当"二奶"的行为，谴责了违反公序良俗的行为，树立了人们正确的道德观念，是大快人心的。判决是符合民意的，但民意并不都是理性的和合法的，法官应参考和吸收民意，但过犹不及，为民意所左右的判决是经不起法理的推敲和时间的考验。本案的判决确实有司法被舆论绑架之嫌，法官为了观众的掌声而驳回张学英诉讼请求，并搬出了"公序良俗"这条在本案中并不适当的法律原则。

---

① [英]科特威尔：《法律社会学导论》，潘大松等译，华夏出版社1989年版，第266页。

中国作为大陆法系的国家，法院判决所依据的法律规范，具有优先性的应该是法律规则而不是法律原则，"法律原则不同于法律规则，后者有相对确定的行为规则（行为模式或权利义务的规定）和裁判规则（法律后果的规定：肯定后果和否定后果）。所以，从法理和逻辑上讲，我们不可能不讲情境优先选择法律原则是法官裁判的依据。相反，愈确定、具体的规范愈有适用的优先性，这不仅符合事物的性质（Natur der Sache），而且也是人类的认识论和逻辑规律所要求的。况且，任何法律规范背后都有其不同的利益和价值基础，法律原则所代表的利益和价值也不是在任何时候都优越于法律规则所体现的利益及价值"①。实际上，由于法律原则的弹性过大，只有法律规则被穷尽的情况下才能适用法律原则，本案的法律规则并没有穷尽，《继承法》第一章第七条规定："继承人有下列行为之一的，丧失继承权：（一）故意杀害被继承人的；（二）为争夺遗产而杀害其他继承人的；（三）遗弃被继承人的，或者虐待被继承人情节严重的；（四）伪造、篡改或者销毁遗嘱，情节严重的。"《继承法》并没有规定继承人因为同居而丧失继承权。也许法官从经典的埃尔默②受到启发，但这两案并不相同，如果判处埃尔默享有继承权是严重违背道德和法律精神的；而在同居案中，判处张学英享有继承权并不严重违背道德和法律精神，本案的情境尚未严重到改变法律规则的地步，本案没有提供道德和法律原则介入的充足理由。此案对于埃尔默案是东施效颦。我们相信法官是知道《继承法》的，也知道《继承法》里丧失继承权的四条"但书"规定里并没有"同居"这一项，但是观众的掌声太大、媒体的声音太杂，法官害怕和不愿意承担舆论道德谴责的压力，甚至迎合舆论方向，就弃《继承法》里的法律规则不用转而引用了《民法通则》里的法律原则。

　　法官判案正确与否，应该把注意力放在法律规范和案件事实上，而

---

① 舒国滢：《法律原则适用中的难题何在》，苏州大学学报（哲学社会科学版）2004年第6期。
② 该案发生在1882年的美国纽约州，埃尔默的祖父立下遗嘱给他一大笔遗产。埃尔默为防止祖父改变遗嘱，就将其杀害。审判的法官对是否赋予埃尔默的继承权展开争论，最后从"任何人不得从其错误行为中获得利益"这条原则出发，剥夺埃尔默的继承权。

不是媒体舆论的导向上,司法不应该被舆论绑架,被舆论牵着鼻子走。那么是否可以反过来说,司法就应该统摄舆论,"让舆论按照司法的逻辑出牌"呢?① 我们认为,这个观点依然是扭曲司法和舆论的关系,不符合司法和舆论的运行逻辑,也许就是满足法律人的内心自卑而又外表自大的虚荣心理:既然法治社会法律至上,与法律相牵连的一切都应该以法律为中心,法律主宰一切!

在法治社会,是不是一切都要以法律为中心?如果社会舆论对司法并不买账该怎么办?事实上,就连作者也承认令人尴尬的事实:"在迄今为止所有引起巨大新闻效应的案件审理过程中,几乎可以说舆论总是决绝地站在司法以及司法结论的对立面",② 也就是说,司法在舆论面前没有什么威信,所以就大张旗鼓地宣扬舆论按照司法逻辑出牌,而迫使舆论就范?在笔者看来,这种企图是不合理的,这种手段也是不可取的,到头来的结果是弄巧成拙。司法与其无理要求舆论不如严格要求自己,如果我们把案子办得很扎实,有理有据、有说服力、有可接受性,舆论也未必非要站到司法的对立面;即使出现这样的情况,司法机关也很有底气地予以抵制。司法应该有这样的高姿态:不对舆论要求什么,也不惧怕舆论的七嘴八舌,却能够通过舆论反思、检查和改进自己,但不能让舆论丧失自我。不怕和接受"火炼"方能证明自己是不是"真金",这是司法机关应有的中庸之道的心态:既不自大,也不自卑,只是自信。

三 舆论不能按照司法的逻辑出牌

如果反对舆论支配司法,这种提法的企图是可以理解的,也是值得提倡的;但至少不要走得太远,犯了"过犹不及"的错误。作者的真正意思说"在西方法治发达国家,我们何曾见过司法官被舆论所左右?"③ 但也不能反过来说,西方的司法能够左右舆论,也就得不出"让舆论按照司法逻辑出牌"这样经不起推敲的结论。

---

① 周赟:《让舆论按照司法的逻辑出牌》,《检察日报》2011年10月20日。
② 同上。
③ 同上。

首先,"让舆论按照司法逻辑出牌"是不可能的。我们的现代社会是个高度分工的社会,法律人只占极少数,大部分网民不懂法律,你硬是要求他们的舆论按照司法逻辑出牌,那真是强人所难非君子之所为也。不懂法律的人怎么能一进入舆论领域就变得懂法律了,这不是说网民太伟大了,只能意味着咱们的司法逻辑太容易了,一学即会甚至不学也会的1、2、3和A、B、C,唯有如此,网民的舆论才能按照司法逻辑出牌。但是,我们理性地思考一下,这可能吗?李昌奎案被作者当作"兴奋点"——舆论不真的是按司法逻辑出牌吗?但就连作者也承认是因为李昌奎本身确实"一穷二白",至于作者说:"因而只能就案件本身说事儿,进而使得相关舆论'不得不'专业化"①,我们看作者也太乐观了,网民的专业化进程也太快了,司法专业化不简直成为"快餐食品"?其实,在此案中,网民依然是直观朴素的,只是云南省高院的二审改判本身就不是按司法逻辑出牌,网民碰巧撞对了,因而仍是门外汉而不是一下子就变成了专家。网民专家化、舆论专业化在我们看来是"被制造"出的专业神话,也就是作者所说的噱头、无厘头,外行看热闹是滑稽地"搞笑"的,内行看门道肯定是不幸地被"笑搞"了。作者信心满满地说:"李昌奎案的出现以及随后的舆情却似乎表明:一种按照司法逻辑的舆论在当下中国并非遥不可及的梦。无论是传统媒体,还是网络舆论,对于李昌奎案的讨论都基本限定在案件本身。即便这次舆论似乎仍然决绝地站在司法的对立面,但却更多的是按照司法的逻辑来怀疑最终的判决结论……最无厘头的理由大概是'是否终审法官故意标新立异、要出风头'?这与此前相关讨论动辄并且几乎总是拿'官二代'等非法律因素(与庭审以及案件结论本无法律上关联的因素)说事儿的舆论可以说有天壤之别。"② 其实,仔细分析,作者的论据是无法支撑论点的,道理很简单,本案的被告不是什么"官二代"、"富N代"、"什么什么背景"等,而是家境贫寒的农民,也就不可能有"我的爸爸是李刚"这样的雷语,像"官二代"等非法律因素在本案中确

---

① 周赟:《让舆论按照司法的逻辑出牌》,《检察日报》2011年10月20日。
② 同上。

实是空白,本案的法官既不可能屈服于权力,又不可能收买于金钱,排除了这两种可能性,那么第三种可能性自然就是"终审法官故意标新立异、要出风头",①我们也认同作者的这种推测,除此之外也确实找不出有说服力的解释。因此就算网民在本案中讨论的是案件本身的问题,那也是因为本案没有"官二代"等案件之外的问题,不能断定说舆论已经按照司法的逻辑出牌了。

其次,法律人也没有权利要求"让舆论按照司法逻辑出牌"。我们当今的社会是法治社会,但也是民主社会、市场经济社会、市民社会、生态社会、和谐社会,我们的社会涉及政治、经济、文化、生态等诸方面,法律只是其中之一,我们只是站在法律这个视角来说称为法治社会,站在其他视角上又是另一种称呼了,所以法律人当然是法律至上,但不能要求站在其他视角的人也这么看,法律视角与其他视角处于平等的地位,法律无权要求舆论唯其马首是瞻。我们并未看到有什么研究经济的学者说:舆论要按照经济逻辑出牌;没看到有什么研究政治的学者说,舆论要按照政治逻辑出牌;没看到研究文化的学者说,舆论要按照文化逻辑出牌;没看到研究生态的学者说,舆论要按照生态逻辑出牌。这些领域具有平等的"格",都不具有支配其他的权力。如果单单我们的法学界提出"让舆论按照司法逻辑出牌",那就是出"格"了。

最后,舆论不按照司法逻辑出牌更有利于提高司法质量。笔者也不赞同把"道不同不相与谋"绝对化,虽然舆论和司法是不同"道"的,一方都不应该谋求支配另一方,但双方是可以互相体谅、互相借鉴、交相辉映,不是争论"谁是老大"的问题,也争不出一个高低,就像水与食物比不出高低。让舆论按照司法逻辑出牌,言之昭昭的就是说司法高于舆论,这未免太是法律人的自大了吧,反而弱化了舆论的监督功能和对司法的促进作用。我们要相信孟子所说的"生于忧患,死于安乐",

---

① 2011年7月12日,云南高院的一位负责人在接受《新快报》记者采访时表示:"10年之后再看这个案子,也许很多人就会有新的想法。""我们现在顶了这么大的压力,但这个案子10年后肯定是一个标杆、一个典型。"(刘子瑜、都力维:《我骑虎难下,但死刑是时候改变了》,《新快报》2011年7月13日。)这种"标杆"的抱负,也可以被解读为标新立异,"出风头"就言重了。

舆论保持对司法的强大批判力量，有利于司法的忧患意识，时刻自省和保持清醒，还是倾听舆论界的舆论吧。

四 司法和舆论不是相互左右而是互动

不可否认，舆论也是万象加乱象，既有正义呼吁、真相揭露、民声呐喊等法治之春风拂面，又有"水军"搅浑、"愤青"唾沫、"砖头"飞窜等法治之沉渣泛起，舆论的声音有沙子亦有金子，司法是要取金子而淘沙子。哈特也认为，我们应当使用我们的理性、共同理解和批评等所有的智能资源，在把一般的道德感情转变为法律之前，使之进行冷却、分类和提纯，防止普遍的道德建立在愚昧、迷信或误解之上。① 根据哈特的观点，普通人的道德判断也是不可靠的，可能是建立在个人癖好、偏见、自私、煽情、狂热等非理性的基础之上的，因而必须交给立法者运用理性的手段对之进行整理鉴别。许霆案二审改判居然被当作媒体或民意的胜利而非司法机关自我纠错能力的体现，这是一个非常危险的信号。司法机关对民意的吸收应该具有主动性、自主性、独立性并对案件判决有最终的决定性，法院对民意舆论的回应应该是提高自身的司法水平，作出有理有据、集依法和合理于一身的判决，绝不是受民意舆论的干扰甚至屈从于民意而放弃自身的东西。司法判决的权威性也要求司法判决，更要注意修辞，通过修辞来说理、明理、辨理，以提高说服力和可接受性。"法官不仅要依法作出符合法律正义的判决，更要通过法律修辞手段的使用说服当事人及社会顺利接受该结论。"② 这就要求司法判决书具有很高超的语言修辞艺术，而舆论的语言尽管不乏精彩，更多的却是"下里巴人"式的平实甚至粗俗，达不到司法判决所要求的"阳春白雪"式的典雅规范。

我国现行《宪法》第一百二十六条规定的"人民法院依照法律规定独立行使审判权，不受行政机关、社会团体和个人的干涉"。对此，有学者解释道："我国1954年宪法第78条规定的是'人民法院独立审判，

---

① 张文显：《二十世纪西方方法哲学思潮研究》，法律出版社2006年版，第363页。
② 侯学勇、杨颖：《法律修辞在中国兴起的背景及其在司法审判中的作用》，《政法论丛》2012年第4期。

只服从法律'。现在看来，现行宪法的规定还不如 54 宪法那么直截了当、简洁明了。依其字面可知，法院独立审判，不服从法律之外的所有因素的影响，包括媒体和民众。依我的理解，司法权的独立性确实包括了这一层意思：司法权独立于民众和媒体。但是，司法权独立于民众和媒体的理由，不同于司法权独立于政府、团体和个人的理由。"① 笔者赞成孙笑侠教授的这个判断，还想强调的是，无论是 54 年宪法还是 82 年宪法，在强调法院独立审判时之所以没有涉及舆论的影响，是因为那时的媒体物质技术落后，舆论的影响确实很小，还没进入立法者的视野。如果没有电视、手机、互联网、微博等高度发达的舆论物质载体，舆论根本就不可能具有对司法如此巨大的影响力。随着传媒的发达和舆论影响力呈几何级的倍增，确实有必要在宪法和法律里厘定，司法的独立审判所排除的干涉究竟包括不包括舆论，媒体舆论干预司法的界限又在哪里，我们总不能把舆论的正常监督当作干预吧！正是由于对于舆论干预的性质没有明确的认识和界定，导致法官对舆论的复杂形态，"目前司法机关或司法官又有三种不良表现：害怕民意、讨好民意、无视民意。害怕民意就是担心得罪民意，因为我们历来有'民意不可违'的观念，否则会引起'司法民主问题'、'为人民司法还是为谁司法'问题。讨好民意就是迁就民众的不符合法律的要求，宁愿作和事佬，为尽量满足民众的法外要求而不惜扭曲法律甚至违背法律。但在有的场合，司法官顾不上民意，高高在上，脸难看，门难进，甚至民众告状难，诉讼权利得不到保护，陪审员形同虚设，等等"②。这就表明，在模糊不清的民意舆论面前，法官的心态就是复杂的、瞻前顾后的、摇摆不定的，法官这种不独立的心态也会影响审判的独立性。

"媒体审判"是极端，但如果矫枉过正为"审判媒体"，那也是另一种负面影响毫不逊色的极端。在传媒高度发达的今天，法官是不可能置之度外的，法官摆脱舆论的干预也不是回避舆论，不是也不可能"让

---

① 孙笑侠：《司法的政治力学——民众、媒体、为政者、当事人与司法官的关系分析》，《中国法学》2011 年第 2 期。

② 同上。

法官做'E时代'的鸵鸟，成为网络世界的绝缘体"①。法官是活生生的人，不可能闭目塞听，走到街上，不可能听不见纷纷的议论；打开电脑，不可能看不见沸沸的文字。在网络时代，法官不可能和舆论绝缘，摆脱舆论的干预也不是和舆论绝缘，而是对舆论的一种既不仰视又不俯视的平视视角和平和心态。法官面对舆论不要有压力，不要纠缠于人言可畏，不管舆论是和风细雨还是暴风骤雨，公正的司法是屹立不倒的参天大树，不公正的司法才是随风飘摇的墙头草。因此，对于法官而言，舆论不是压力，真正的压力是将法官的道德律、智力和法律输入进案件使之成为具有公信力的经得起舆论拷问的案件。

正如研究者指出："新闻报道与案件事实可能并不完全一致，存在一定差距，但只要传媒不是故意捏造、歪曲事实，就应该体谅和理解。"② 舆论不能左右司法，司法同样不能左右舆论，司法的专业性也决定了司法与舆论的异质性，"司法过程具有高度的专业性，正是这种高度的专业性，将司法过程与其他社会职业过程区分开来的同时，促长了司法与社会之间的隔阂"③。非专业的舆论不能按照专业性司法的逻辑出牌，"让舆论按照司法逻辑出牌"的呼声反映了司法界对自己的期望过高，并把这种本是虚幻的感觉当作真实来对待了。我们认为，司法界最需要的是"做好"而不是"说好"，如果我们真正对自己有底气，那就要相信司法相对于舆论的优势就是"此时无声胜有声"。

---

① 林来梵：《法官不能成为"E时代"的鸵鸟》，《民主与法制》2012年第22期。
② 李磊：《传媒与司法关系思考》，《理论探索》2011年第5期。
③ 江国华：《常识与理性（八）：司法理性之逻辑与悖论》，《政法论丛》2012年第3期。

第三章

法治的法哲学家思想

古今中外的大法哲学家的法哲学思想，是法治发展的巨大推动力量，本章选取孔子、休谟、哈耶克、德沃金四位著名的法哲学家，着重探讨他们在某一方面的深邃见解和巨大贡献。

第一节 孔子"父子相隐"的法律思想

"父子相隐，直在其中"的"直"不是"正直"、"公正"而是通"值"，"等值"、"对等"、"值得"之意。"直在其中"不是否定法治而从最基本的人性和社会关系出发指出法治的基本原则——法律回避和作证豁免权。"父子相隐，直在其中"也就揭示了事实判断和价值判断相冲突的法学领域的"孔子难题"。孔子既不是一个道德至上主义者，也不是一个法律至上主义者，这正是孔子作为思想巨人超越历史上的一般思想家之处。在当代，我们需要超越以往"儒法对立"理解的局限性，对孔子及儒家思想的智慧进行更深刻的理解，从而能够找到对人类社会治理具有普世价值的思想宝藏。

在西方思想史上，休谟难题像一颗璀璨的明珠，光芒四射，至今仍魅力不减；而在中国思想史上，足以和休谟难题相媲美且又有时间在先性的孔子难题却一直蒙上灰尘，其强烈的光芒被长期掩埋在人们的深度误解之中。当然"休谟难题"在我看来出自误解，虽然事实判断与价值判断的关系是极其重要的伦理学问题，但休谟并没有提出这个问题，只是被误解为他提出了这个问题。[①] 而"孔子难题"则是真是的，当然也

[①] 聂长建：《误解与正解：对休谟伦理学问题是否存在的追问》，《伦理学研究》2015 年第 5 期。

是有待发掘的。且不说反对者将其当作孔子反对法治的铁证，其维护者的辩解常常也是苍白无力的。我以为，造成这种尴尬的局面，在于我们对孔子思想和孔子难题的误读。

一　道德现实主义者

孔子是中华民族的骄傲、华夏文明的奠基者，以孔子为代表的儒家思想是中国的主流思想、文化之根和民族之魂。历经几千年的沧桑巨变，孔子的思想没有随着时代的发展而黯然失色，退出历史舞台，反而发扬光大，影响日盛，早已跨出国门，走向世界。在古今中外的历史上，还不曾有一个现实的人物像孔子这样，对他的民族产生如此长盛不衰的影响。无论从学理价值还是历史影响或现实意义来考虑，现代新儒学的企图都是值得肯定的。但是，不可否认，现代新儒学也确实面临着严重的挑战，很多人对这个企图不以为然，在他们看来，孔子哲学是道德哲学，市场经济是法治经济，二者是不通约的。以韦伯为代表的西方学者认为儒家文化自身是不可能走向现代市场经济的，就连"新儒学"也未必找到二者的契合点，而找不到这个契合点，"新儒学"也就缺乏最根本的说服力，因为市场经济是任何一个民族通向高级文明的必由之路。我认为，之所以出现这种情况，在于对孔子道德哲学的误读。

孔子对道德的重视是众所周知的，但误解也很深，孔子不是一个道德完美主义者而是一个道德现实主义者。在孔子那里，道德是分层次的：道德的上限是君子之道德，即"君子喻于义"、"己欲立而立人，己欲达而达人"（《论语·雍也》），用现代话说就是"舍己为人"、"损己利人"、"助人为乐"、"推己及人"；道德的下限或底线是"己所不欲，勿施于人"（《论语·颜渊》）、"以直报怨，以德报德"（《论语·宪问》），用现代话说就是"利己利人"、"互惠互利"、"将人心比自心"；突破道德的底线就是不道德的，就是"小人喻于利"，用现代话说就是"损人利己"。不道德的小人行为孔子是谴责的，但过于道德的君子行为也并非孔子最称道的和追求的，因为其不具备现实可行性和现实价值。子贡赎了奴隶而不取金，够高尚的，孔子却批评他："赐失之矣。夫圣人之举事，可以移风易俗，而教导可施于百姓，非独适己之行也。今鲁国富者寡而贫者多，取其金则无损于行，不取其金，则不复赎人矣!"(《吕氏春秋·察微》)子路救了溺水者,被救者用一头牛来酬谢他,子路接受了,这个行为并非高尚,孔子却称赞他,因为"鲁人必多拯溺者矣"!"父子相隐"当然是不光彩的,孔子却说"直在其中",这其中包含一种普遍的对等关系。这充分说明,孔子的道德观立足于现实之上的。

在孔子看来:"为政以德,譬如北辰,居其所而众星共之。"(《论语·为政》)道德的光芒(道德上限)主要存在于理想的彼岸而非现实的此岸,但现实的此岸若不能接受它的照耀(道德下限)那将是漆黑一团,是不能正常运转的。可以说,道德对于人类社会的作用犹如想象力对于科学家的作用,没有想象就不可能有科学发明,而想象和科学发明之间又绝不能画等号;道德上限是道德下限的形而上之源,但二者之间不能画等号,正如不能把太阳自身燃烧的火与它照射到地球上的光画等号,道德下限是道德上限的形而下化,其光芒已经是大为减弱了;每次道德的"乌托邦"运动之所以只能以人间的悲剧收场,在于道德是法律的形而上之源,虽然道德的底线和法律是重叠的,道德的上限却在法律的彼岸,正如星辰在天上一样,道德"乌托邦"的实质在于道德法律化,以法律的手段强制推行没有普遍性和现实可行性的崇高道德规范,它是建立在对人性高调和过于乐观的估计上,也就是一种不切实际的错误地估计上,犹如揠苗助长,是注定要失败的。道德是人之为人最根本标志,孔子非常重视个人道德修养,强调"君子喻于义",谴责"小人喻于利","损己利人"的君子行为是值得称道的,"损人利己"的小人行为是可恶的,从道德上讲是毫无疑问的。但从现实上看,"损人利己"和"损己利人"都不具有普遍性,人人都"损人",谁是被损者?人人都"利人",谁是被利者?所以,一个正常的社会,不能强制推行"损己利人"的所谓高尚道德规范,也不能任"损人利己"的恶劣道德行为肆虐。一个人与他人之间有三种关系——损人利己、损己利人、利人利己,前两者是不对等关系,犹如失衡的天平,不具备普遍性;后者则是对等的关系,犹如平衡的天平,具有普遍性;一个正常的社会,最关注的是维护"利人利己"(互惠互利),打击损人利己,并用法律保证之,但法律并不能强制损己利人,法律和道德理想主义并不吻合,法律的作用在于保护这种对等和平衡关系而不是破坏之；只有等值的利人利己才具有普遍性，这是道德现实主义的主张，和法律是吻合的，也是孔子的主张；只有理解这一点，才能理解：子路救溺取酬为什么受到孔子的称赞，子贡赎奴拒酬为什么受到孔子的批评。

人们很熟悉并称道孔子的"己欲立而立人，己欲达而达人"的道德境界，但它太高尚了而没有普遍性，不是孔子的施政主张。孔子一以贯之的忠恕之道是"己所不欲，勿施于人"，强调人与人之间的对等关系，其在道德和法律规范上的最明确表述就是"以直报怨，以德报德"。这个"直"字长期被误解为"正直无私"，但如作此解，"以直报怨"中"直"和"怨"的意思相反，"以德报德"中两个"德"的意思却相同，"正直"是形容词，怨恨和恩德却是名词，一个句子中的两个分句的句型是不一致的，显然这不是作为语言学家孔子的表述。而且把"直"理解为正直之"德"，那这句话成了"以德报怨"又"以德报德"，简直是自相矛盾了。所以我认为，这里的"直"通"值"，就是"值得"、"对等"、"同值"之意，这句话反映了市场经济的"等价交换"原则。"以直报怨，以德报德"就是以牙还牙，罚其所应偿的法律原则和投桃报李的道德准则，只是要保持"对等"的尺度，判一个偷面包的人为死刑或接受一个人的一块面包而以死相报，都是不对等的，所以不符合这个原则。这句话的原文是："或曰：'以德报怨，何如？'子曰：'何以报德？以直报怨，以德报德。'"孔子的一个反问句"何以报德"，表明他反对"以德报怨"，而"以直报怨"正是他所主张的，把"直"理解为正直之德，前后的意思是矛盾的。所以这里的"直"，就是"值"，是"怨"字的替代，"以直报怨"就是"以怨报怨"；全句应译为："有人问：'用恩德回报怨恨怎么样？'孔子回答说：'（不可以，如果用恩德回报怨恨，）那用什么回报恩德呢？应该用怨恨回报怨恨，用恩德回报恩德。'""以德报怨"固然是值得称赞的道德修养，但它一旦付诸行动就危害甚大，小人做坏事就可以肆无忌惮了，法律惩恶的理由就不充足了，所以孔子批评它，这种考虑是极其深刻的。

二 "父子相隐，直在其中"的正确解读

"父子相隐"与其说一直使孔子背上恶名，倒不如说一直为我们所

误解。在"叶公语孔子曰：'吾党有直躬者，其父攘羊，而子证之。'孔子曰：'吾党之直者异于是：父为子隐，子为父隐，直在其中矣'"（《论语·子路》）中的两个"直"意思不同，前者即"正直"、"直率"，后者即"值"，"等值"、"值得"之意而不可能是"正直"、"公正"、"坦白直率"之意，否则就意思不通：其一，"隐"就是不作证、不告发、不说出事实真相，孔子就说："言及之而不言谓之隐。"（《论语·季氏》）"正直"、"坦白直率"和"隐"意思是相反的，比如"心直口快"、"直言不讳"等，叶公也正是认为儿子作证、告发、揭露父亲攘羊这一事实为"直"，说一个隐瞒事实真相的人为"正直"、"直率"岂不是自相矛盾？对于"父亲攘羊"，子"证之"是"直"，子"不证之"，子"隐之"怎么又可能是同一个意思之"直"呢？其二，在这句话中，孔子明确表示"吾党之直者异于是"，即我那里的"直"与你那里的"直"是"相异"的，如果"直在其中"的"直"是"公正"、"直率"之意，两个"直"的意思岂不是相同的吗？正是由于对"直在其中"中"直"的误读，过去这句话的翻译是错误和矛盾的，正确的翻译应是："叶公对孔子说：'我那里有个坦白直率的人，他父亲藏了别人家跑过来的羊，他这做儿子的便去告发。'孔子说：'我那里直的意思与你那里直的意思不同（你那里的直是正直之意，我那里的直是等值之意），父亲为儿子隐瞒，儿子为父亲隐瞒，对等关系在其中，因而是值得的。'"

叶公称赞"父子相揭"，是就广泛的道德修养而言，认为这样把一件丑恶的事实揭露出来的做法是正直的。孔子并没从社会公德上否认儿子揭发父亲是正直的，他和叶公一样认为儿子揭发父亲的丑行是正直的，他并没有说叶公的"直"不是"直"，不过叶公就此而止步去称赞儿子揭发父亲，未免将问题简单化，这是睿智的孔子所不能接受的。叶公的"直"当然是"直"，但在这个"父亲攘羊"的具体事实中，还有一个更为重要的"直"，所以孔子说："吾党之直者异于是"；原来，孔子则看到父子之间的对等关系，基于这种关系，"父子相隐"又是等价值的。在这个事实中，孔子看到的是两个"直"，两者之间是"鱼"和"熊掌"的关系，孔子是坚持取"熊掌"而舍"鱼"，取"值得"而舍

"正直",这是一个带有风险的艰难选择,也真的使孔子蒙上灰尘,假如儿子所告发的对象不是父亲而是一般的人,那么"值得"之"直"就不存在,孔子和叶公之争也就没有了。叶公只见"正直"而不见"值得",只见"鱼"而不见"熊掌",暴露了其看问题的肤浅性。叶公认同"父子相揭",孔子认同"父子相隐",站的角度是不同的,所谓"横看成岭侧成峰"。《论语》出现"直"字 22 处,多为"正直、公正"之意,而"以直抱怨"和"直在其中"中的"直"却通"值",价值、等值之意。在古汉语中,"直"有价值之意,后来写作"值"。《史记·张汤传》载:"汤死,家产直不过五百金。"《后汉书·班超传》载:"为官写书受直,以养老母。"这两处的"直"都不能是"正直"之意,而是"等值"之意。

"正直"是人的道德修养,而"等值"则是行动准则,这一点同样是为儒家所强调的,如"父慈子孝"的主张,孔子所说的"君使臣以礼,臣事君以忠"(《论语·八佾》),孟子所说的"君之视臣如土芥,则臣视君如寇雠"(《孟子·离娄章句下》)。如果双方处于"不等值"的关系,那么这种关系必定破裂。暴君就是不以民对他的方式对待民,从而破坏了双方的等价关系,因而"汤武革命"就是"以直抱怨"而受到肯定;而暴君既然破坏了这种等价关系,他也不配称作"君",孟子就说"贼仁者谓之'贼',贼义者谓之'残'。残贼之人谓之'一夫'。闻诛一夫纣也,未闻弑君也"(《孟子·梁惠王下》)。暴君如同假冒伪劣商品,"物无所值",所以为人拒斥,而"物有所值"正是人们交往的准则;"杀人偿命"、"欠债还钱"、"等价交换"也反映了同样的准则,至今仍是私法的基本精神。正如马克思指出:"人们扮演的经济角色不过是经济关系的人格化,人们是作为这种关系的承担者而彼此对立着的……商品是天生的平等派……商品在能够作为使用价值实现以前,必须作为价值来实现。"[①] 恩格斯也指出:"只有能够自由地支配自己的人身、行动和财产并且彼此权利平等的人们才能缔结契约。创造这

---

① 《马克思恩格斯全集》第 23 卷,人民出版社 1972 年版,第 103 页。

种'自由'而'平等'的人们，正是资本主义生产的主要工作之一。"①

父子之间产生了天生的对等关系，处理这二者的关系首先恰在"值"上，"直在其中"即此意。"父子相隐"当然是不正直和不公正的，但父子之间有恩有惠，这二者之间的对等关系也是符合自然的，让儿子揭发有养育之恩的父亲，显然不符合"以德报德"的对等原则，简直是以怨报德、忘恩负义、恩将仇报②，所以"父子相隐"正是法学领域的"孔子难题"，是二难选择中退而求其次的艰难选择，做儿子的揭发一件丑事的正直之举，因为其对象恰恰是与自己有特殊关系的父亲，因而导致更大的不道德。事实判断与价值判断的关系是哲学的重要问题，而"孔子难题"则更进一层，对价值判断本身进行选择、权衡和取舍。在"孔子难题"中，"直"作"正直"讲时，是揭露真相的"事实判断"，作"值得"讲时，是表示选择取舍的"价值判断"。孔子为什么说"君子周急不继富"（《论语·雍也》）呢？这是因为雪中送炭能比锦上添花带来更大的利益，两利相权取其大，两害相权取其轻，是符合君子之道的；孟子也说"鱼，我所欲也，熊掌亦我所欲也；二者不可得兼，舍鱼而取熊掌也。"（《孟子·告子章句上》）对于"父亲攘羊"这个不正直行为的事实判断，儿子面临着"应当如何"的价值判断选择：告发还是隐瞒？因为"攘羊"是一丑行，出于坦白直率的道德观念，应该揭露它；但"攘羊"者偏偏是有养育之恩的父亲，自己之所以有今天包括揭发他的能力，恰恰是他给的，他甚至是为养育我不惜忍受良心的折磨去"攘羊"，我却为了所谓的道德优越感而去揭发他，这有违孝道，也是不道德的。站在不同的角度，做儿子的对于父亲"攘羊"的不光彩行为既有告发的理由，亦有隐瞒的理由，但哪个理由更充分？

---

① [德] 恩格斯：《家庭、私有制和国家的起源》，人民出版社1999年版，第82页。
② 既然是"父子相隐，直在其中"，为何单单举例子是儿子揭发父亲，而不是父亲揭发儿子呢？在希腊人的类似故事中，也是只谈儿子揭发父亲，没有谈父亲揭发儿子，这惊人的相似之处仅是巧合吗？笔者认为，这两个故事未必为真，即使是真的，也是原作者为说明问题故意取舍的，因为无论东西方，无论古今，父亲抚养儿子都是在先的，儿子首先欠着父亲的养育之恩，所以儿子为父亲隐瞒，最为直接地体现了"直在其中"，举"儿子揭发父亲"的例子比举"父亲揭发儿子"的例子更有说服力。

孔子认为是后者，基于父子之间的特殊关系，做儿子的没有资格揭发父亲，所以说"父为子隐，子为父隐，直在其中矣"，这是一个"舍车保帅"的无可奈何的选择，做儿子的揭露父亲丑行之"害"要大于隐瞒父亲丑行之"害"，儿子隐瞒父亲的丑行是不正直的，儿子揭露父亲的丑行是更大的不道德，两害相权取其轻。孟子认为：舜作了天子，其父杀人，法官逮捕其父是有理由的，舜不能以天子的权力去阻止它，只能和不惜抛弃天子之位背着父亲逃跑。① 我以为孔子、孟子的考虑是深刻的，有很强的现实感；如果说法律是道德的底线，不能与根本的道德律相违背，孔子这个观点恰恰进入现代"良法"的视野，这个难题导出重要的法律原则——法律回避和作证豁免权，利害相关人是不能审判的，也不能作证的，也不负举证责任的，② 强迫"父子相揭"的法律恰恰是野蛮的。人为父母所生、所养，父母和子女是最基本的关系，儿子揭发父亲，就否定了父母的养育之恩，打破了对等关系；父亲揭发儿子，意味着他否定了过去所付的代价，还是打破了对等关系。而父母和子女之间是最为基本的"等价交换"关系③，只是其不局限于金钱或物质，父母有抚养子女的责任、子女有赡养父母的义务是人类社会最基本的关

---

① 《孟子·尽心上》："桃应问曰：'舜为天子，皋陶为士，瞽瞍杀人，则如之何？'孟子曰：'执之而已矣。''然则舜不禁与？'曰：'夫舜恶得而禁之？夫有所受之也。''然则舜如之何？'曰：'舜视弃天下犹弃敝蹝也。窃负而逃，遵海滨而处，终身䜣然，乐而忘天下。'"

② 1994年《德国刑事诉讼法》第52条、1988年《意大利刑诉法》第199条规定：近亲属可以拒绝作证，证人可以拒绝回答可能使自己的近亲属负刑责的问题，法官一般不得就可能损害证人亲属名誉的事实发问，法官应当告知被告人的近亲属有拒绝作证的权利。参见范忠信《中西法律传统中的"亲亲相为隐"》，《中国社会科学》1997年第3期。

③ 父母与子女的等价交换关系不同于一般的"共时性"等价交换关系（如通常的商品交换和情感交流），而是一种"历时性"的等价交换关系，父母关爱、抚养幼小的子女时，并没有得到子女"共时性"的回报，而是子女长大后尊敬、赡养他们的"历时性"回报，这种"君子协定"是基于父子之间亲情的天然的、特殊的对等关系而得以实现，所以，一个人关心不关心他人的孩子或父母是个道德问题，而抚养自己的孩子、赡养自己的父母不仅是个道德问题，亦是一个法律问题。正是基于父子间的天然历时性的对等关系，一个人不赡养自己的父母是犯罪，他赡养自己的父母也是自然而然的，称不上高尚的道德行为；反过来一个人与他人父母之间没有这种天然的历时性对等关系，一个人不养他人父母不是犯罪，他养他人父母就不是理所当然的，而是一种高尚的行为。

系，没有这个基本关系，人类社会哪怕是微小的进步也是不可想象的。纵使在"私有财产神圣不可侵犯"的今天，父母也不能以此为由推脱抚养子女的责任，子女也不能以此为由推脱赡养父母的义务，否则都是犯罪。"父母抚养子女，子女赡养父母"和"父为子隐，子为父隐"都是天经地义的，道理也是一致的，都是基于父母子女之间的特殊关系；但前者受到普遍认同，后者则非议很大，这倒令人深思。人类社会的发展从某种意义上讲，正是这种基本关系的拓展，也就是从单纯的父子之间的天然的等价交换关系拓展为复杂的、社会上所有人之间通过法律规范的等价交换关系，从家庭这个小范围的以"隐"的形式存在的等价交换关系拓展到社会这个大范围的以"显"的形式存在的等价交换关系，其低级形态是商品经济，高级形态是现代市场经济。马克思认为商品是资本主义社会的细胞，父母子女则是人类社会关系的基本细胞。否定了这一点，"文化大革命"中子女"革"父母的命，子女以所谓的革命的名义残害自己的亲生父母，学生批斗老师，不以为耻、反以为荣，都是对人性的颠倒和社会基本道德关系、法律关系的公然否定。所以"父子相隐，直在其中"不是否定法治，而是指出个人的价值视角和社会的价值视角必然存在抵牾之处，从而导致事实判断和价值判断相冲突的法学领域的"孔子难题"，解决难题的办法恰恰不是否定父子间等价关系，寄托于个人的所谓的觉悟，使其"父子相揭"，而是认同这种对等关系，并使这种次级层次的天然的对等关系对高级层次的法律上的对等关系的阻碍失效，这就是现代的法律回避和"作证豁免权"原则，为什么要实行法律回避和"作证豁免权"原则呢，就是使"父子相隐，直在其中"这对具有天然合理性的等价关系对法律的阻碍失效，"父子相隐"恰恰指出了现代法治的出路，恰恰表现得孔子对人性和社会的洞察，做儿子的没有资格和权利控告自己的父亲，以这句话来指责孔子，实乃误解和无知。"父子相隐"只是说儿子不能告自己的父亲，或者说儿子告父亲的证据无效，这只是对父子这个狭小的关系而言的；对整个社会关系而言，所谓的"父亲"失去了"儿子"这个参照物，他只是普通的一个人，在法律面前是罪不可赦的，而且对该人之罪指控的证据不来自其子（或其他利害相关人），是更为可靠的，更有说服力的，这恰恰对法治提出了更高的要求。孟子认为，舜为天子也不能以自己的权力阻止法官逮捕杀人犯的正当法律行为，纵使这杀人犯是自己的父亲，解救父亲不能以权代法而是放弃天子之位背父逃跑，假使舜父子再作为平民被抓回绳之以法也不后悔，因为儿子的生命本来是父亲给的；所以，孔、孟的主张不能看作是否定法治而是寻求"良法"之治。

孔子对叔向的"大义灭亲"是称赞的，这和他的主张并不矛盾，因为叔向是一个审判者而非举证者，他和犯罪嫌疑人就是公职人员与当事人的关系，而非仅仅是兄弟关系了；当然从现代法学角度看，叔向应该回避，不能作他兄弟的判官。齐桓公认为易牙将自己的儿子烹给他吃足见其忠，鲍叔牙则反驳道：一个人连自己的儿子都不爱，那他还爱谁？这说明易牙自私得连儿子都不顾了，齐桓公后来果然惨死在易牙的手里。而在《赵氏孤儿》里，故事的主角将主人的儿子和自己的儿子"调包"以救其命，自己的儿子则因此而丧生，这完全是从无私和大义出发，主角的悲痛之情和英雄气概跃然纸上，难怪其经伏尔泰的改编在欧洲轰动一时。我们只能说这是对人性的超越，并非正常人能做到，法律若具有普适性，就不能对常人提出这样的要求，法律不是赞美诗①。无独有偶，古希腊的哲人苏格拉底在雅典法庭外面碰到正准备以杀人罪起诉自己父亲的欧绪弗洛，尽管欧绪弗洛认为自己的行为是对神的虔诚，苏格拉底却认为欧绪弗洛不知虔诚的真谛，劝说和成功地阻止了欧绪弗洛的行为。孔子和苏格拉底这两位贤者在这个问题上的看法真是英雄所见略同。

三 "父子相隐"和现代法治的通约性

孔子所说的"君子喻于义，小人喻于利"（《论语·里仁》）是就人的修养而言的，但单纯的修养是不能保证社会的运作的，我们要把个人修养的原则和社会运行的准则区别开来，孔子的道德哲学最强调这一

---

① 古以色列两个妇女为争一个孩子而诉到所罗门那里，当时并没有现代的亲子鉴定技术，所罗门故意说：把孩子一分为二，一人一半；一妇女赞成，另一妇女反对说：不能把孩子分为两半，这孩子我就放弃给她算了；于是伟大的所罗门把孩子判给了持反对意见的妇女。这就是对人性的洞察，真正的母亲为孩子付出那么大的代价，所以宁可败诉也不能看到对孩子的伤害，这就是"直（值）在其中"。

点，最被人忽视的也在这里。孔子清楚地看到，君子、小人毕竟是少数，常人应该也能够构成社会的主体；一个良好的社会运行机制，必须建立在对人性深刻的洞察和最大化的利用上，重在对构成社会主体常人的疏导和适用而最终带来社会之大利，这就是"以直报怨，以德报德"的对等原则，它坚决贯彻"损人必将损己"这一铁律，严惩小人"损人利己"这种不对等关系，也不强求君子"损己利人"这种不对等关系，而是保证常人"利人利己，互惠互利"的等价关系成为大多数正常人的明智的选择，毫无疑问这一原则也是现代市场经济的核心法律原则。沿着"己欲立而立人，己欲达而达人"到"己所不欲，勿施于人"再到"以直报怨，以德报德"的脉络，可以发现，在孔子那里，道德是法律的上限，是"形而下"法律的"形而上"化，关注的是"人何以是人"的问题，即人和动物相区别的"崇高性"问题[①]；法律不过是道德的底线，是"形而上"道德的"形而下"化，关注的是"人何以为人"的问题，即人和动物相区别以"类"的形式存在的"现实性"问题，"以直抱怨"固然没有"以德报怨"高尚，却具备普遍性、具体性、可操作性的特点，成为人人都能够接受和遵守的行为准则，这个准则若不能被遵守，正常的秩序就被打破，社会就乱作一团。法律虽有上述优点，但它以"惩恶"为目标，是否定性的、强制性的、僵硬死板的，而道德则以"扬善"为目标，是肯定性的、主动性的、灵活性的，二者不是对立而是共生，它们一方的短处正是另一方的长处，因而是相互依赖、相得益彰的互补共存关系。现代市场经济的发展，加强了人与人之间的经济关系，但这不是唯一的关系，且并非都出自法律规则，法律规则也不是联系人际关系的唯一纽带，道德律仍是人际关系的重要纽带，缺乏它，市场经济就是冷冰冰的，人的主体性丧失了，人间的温暖丧失了，社会的文明之光丧失了。所以像"乐施好善"、"助人为乐"等不对等关系仍是人性光辉的体现，但因为它不是对等关系，所以没有

[①] 孟子明确指出："人之有道也。饱食、暖衣、逸居而无教，则近于禽兽。圣人乃忧之，使契为司徒，教以人伦——父子有亲、君臣有义、夫妇有别、长幼有序、朋友有信。"（《孟子·滕文公上》）。

普遍性，所以不能用法律来强求之，它只能取决于良好的社会风气和个人的道德自觉。

孔子既不是一个道德至上主义者，也不是一个法律至上主义者，道德和法律对人类文明绝对是不可或缺的，但都有自身不可克服的缺陷。几千年的德治是失败的，但把社会治理之"宝"完全押在法治上，也是会出问题的，建立法治国家，法律至上绝不意味着法治能解决社会的一切问题；对二者中的任何一方极端化、片面化、教条化，甚至以一方排斥、统合、消解另一方，在理论上是错误的，在实践上是行不通的。孔子的人性观可概括为："性相近，习相远。"（《论语·阳货》）孟子的"性善论"和荀子的"性恶论"从两个不同的方向发展孔子的人性观，丢弃了孔子人性观"丰富、辩证、全面、顺乎自然、可操作性"的合理因素，是"极端、片面、扭曲"的人性观，其在中国几千年专制社会的表现就是外表的道德完美主义和内在的恶法酷政的畸形结合。孔子的"性相近，习相远"和休谟的"正义只是起源于人的自私和有限的慷慨，以及自然为满足人类需要所准备的稀少供应"[①] 对人性的认识是适中的，都认识到人的两面性，都强调人自身的道德性（德化）和社会环境的塑造作用（法治），走的是一条"内圣外王"之道；所以孔子坚持"道之以政，齐之以刑，民免而无耻；道之以德，齐之以礼，有耻且格"（《论语·为政》）。也就是德化、法治的双轨道运行，这即使在今天也是深刻的。当然，孔子的思想诞生于商品经济不发达的时代，确实不足以应对现代市场经济的挑战，我们不能对孔子提出过高的要求；但这样的市场经济法律不过是对"核心原则"的"损益"[②]，孔子早就指出了

---

① ［英］休谟：《人性论》（下册），关文运译，商务印书馆1980年版，第536页。
② 见"殷因于夏礼，所损益可知也；周因于殷礼，所损益可知也；其或继周者，虽百世，可知也"（《论语·为政》）。"损益"就是权时而处中，礼法随着时代的发展而不断地改变，该增加的则增加，该删减则删减，但一个民族的文化精神、道德理念、法律原则等合理内核是不变的，法律所体现的以"仁"为核心、以人为目的的原则和本身的正当性是不可改变的，所以孔子非常自信周后百世也离不开这个原则的。时中在儒家主导的中华文化中，起着法学方法论的作用：坚持革新而反对墨守成规，尊重传统而反对随心所欲，对中华法文化有重大影响。

这一点。由于时代之隔，孔子的法律思想相对于今天市场经济的法律思想而言，是种子，是幼苗，而不可能是枝、花、叶、果，内核是相同的，而外观表现形式是不同的。抓住这一点，孔子的道德哲学和现代市场经济的通约性也就再明显不过了。孔子提出"人而无信，不知其可也。大车无輗，小车无軏，其何以行之哉！"（《论语·为政》）现代市场经济就是法治经济、道德经济、信用经济，这个"信"，既可被动地从"法律"来理解，没有这"信"就要受到法律的惩罚；也可主动地从"道德"来理解，没有这"信"就要受到道德的谴责；但结果是一致的：人无"信"不立，社会无"信"不运行。"信"就是言语真实、守信用、诚实无欺，其内核在于"货真价实"、"物有所值"，不以次充好，不以假乱真，其表现形式是"等价交换"，孔子说："言必信，行必果。"（《论语·子路》）休谟认为："人类虽然可以维持一个没有政府的小规模的不开化的社会，可是他们如果没有正义，如果不遵守关于稳定财物占有、根据同意转让所有物和履行许诺的那三条基本法则，他们便不可能维持任何一种社会。"①休谟把"履行许诺"即"信用"视作维系正常社会秩序的三大法则之一；在现代市场经济法律中，"诚实守信"是基本的原则。如此，"新儒学"的复兴也就有了坚实的基础。

马克思说："法的关系正像国家的形式一样，既不能从它的本身来理解，也不能从所谓人类精神的一般发展来理解，相反，它们根源于物质的生活关系。"②"先有交易，后来才由交易发展为法制。"③美国法学家、大法官霍姆斯称："法律的生命不是逻辑，而是经验。"④我们不能苛求，生活在小农经济和宗法社会那种物质生活关系下的孔子，能够提出现代市场经济和市民社会这种物质生活关系所产生的法律思想，必须先有股票交易活动，然后才能有证券法，而不可能是恰恰相反的；所以孔子的思想里不可能有证券法之类的概念，柏拉图、亚里士多德等也还

---

① ［英］休谟：《人性论》（下册），关文运译，商务印书馆1980年版，第581页。
② 《马克思恩格斯选集》第1卷，人民出版社1995年版，第32页。
③ ［德］马克思、恩格斯：《德意志意识形态》，人民出版社1961年版，第60—61页。
④ ［美］霍姆斯：《普通法》，冉昊、姚中秋译，中国政法大学出版社2006年版，第1页。

是不可能有证券法等现代市场经济的物质生活方式才能产生出的法律。但是法律思想毕竟是人类社会的法律思想,是伟大的思想家和法学家对当时物质生活方式和经验生活进行深思熟虑探究的结晶,他们的睿智和逻辑思维能力是非常重要的,这点并非芸芸众生都能够做到的。在古今物质生活方式和经验生活相一致的地方,他们的法律思想至今仍闪烁着智慧的光芒。我们也可以看出,随着现代化的飞速发展和物质生活关系的极大改变,许多以往的法律关系逐渐退出历史舞台,但像"容隐"、"欠债还钱"等法律关系并未改变,因为产生它们的物质生活关系并没有改变,只要父亲面对的是付出很大代价抚养的孩子,只要子女面对的是有养育之恩的父母,那么"容隐"是合理的;只要物质条件还没有丰富到满足所有人的所有需要,那么"债"是存在的,"欠债还钱"也是合理的。特别是今天,科学发展提高人们办事效率,而生养孩子是个例外,十月怀胎之苦历来没变,养育孩子之累也非科学能解决,"容隐"不仅没消失,而是被强调,广泛存在于各大法系。假如有一天生养孩子是毫无代价的举手之劳,那么父母和子女之间的特殊关系也不复存在,"容隐"会自动消失而无需我们的争论了;而就目前的展望而言,"容隐"赖以生存的物质生活方式并没有消失的任何迹象。

第二节 休谟的法律正义观

休谟区分正义的人为之德和仁爱的自然之德,人为之德平等对人却产生了不平等的结果,自然之德不平等对人却趋向平等的结果,两种德性只有"和而不同"地和谐相处,才能保证社会既有效率又有平等。我国在过去社会发展由平等取向向效率取向转变的基础上,实现由效率取向向公正取向的再次转变,也就是在实现正义中建立和谐社会。

正义是个永恒的主题,对于什么是正义却是"仁者见仁,智者见智"。可以说,历史上的哲学家和法学家都有一套自己的正义理论,处于其中的休谟不是最著名的,谈到正义理论,我们通常想到的是先于休谟的古代哲学家柏拉图、亚里士多德和后于休谟的当代哲学家罗尔斯,近代的休谟处于一个尴尬的位置,但这原因并不能归于休谟正义理论的魅力，而是归诸我们对之的发掘能力。休谟的正义观，基础是扎实的、目标是明确的、逻辑是清晰的，他对正义的窄范围处理是独树一帜的，对构建社会和谐具有理论启发性。

一 正义概念梳理

象形文字的"正"，由"一"和"止"构成。"一"是反映本原的范畴，《老子》说："道生一。"（第四十二章）它的具体化就是人们统一的行为准则，人们在行进中所必须把握、遵守和趋向的标准。但仅有这还是不够的，中国先古的实践辩证法非常发达，《老子》指出："反者道之动。"（第四十章）行进得过了头，就是过犹不及，就是僭越而不是遵守、背离而不是趋向所要把握的标准，因此，行进趋向"一"还必须"止"退于"一"，也就是行为处事恰到好处、适可而止的适度原则，所以"正"又和"中"相连为"中正"，就是正直、不左不右、不偏不倚。"义"的本训为"宜"，适宜、合宜之意，和"正"有相通之处。正义就是"是其所应是，为其所应为，得其所应得，非其所应非，止其所应止，去其所应去"的行为原则和价值标准。

在西方，正义和法官、直线是同一个词，意思是对人间善恶是非进行评判，以示不偏不倚地分配给人们"应得"之物。古希腊柏拉图认为，正义存在于社会有机体各个部分间的和谐关系之中，如果每个阶级的成员都专心致力于本阶级的工作，且不去干涉另一个阶级的工作，那么就是正义的。即"正义就是只做自己的事而不兼做别人的事"。正义的基本原则就是：每个人必须在国家里执行一种最适合他天性的职务。"当生意人、辅助者和护国者这三种人在国家里各做各的事而不相互干扰时，便有了正义，从而也就使国家成为正义的国家了。"[①] 亚里士多德说："政治学上的善就是正义，正义以公共利益为依归。按照一般的认识，正义是某种事物的平等观念。"[②] 西塞罗说：正义是使每个人获得其应得的东西的人类精神意向，赫拉克利特认为正义就是斗争，毕达哥拉

---

① ［古希腊］柏拉图：《理想国》，郭斌和、蒋平译，商务印书馆1986年版，第8—9页。

② ［古希腊］亚里士多德：《政治学》，吴寿彭译，商务印书馆1965年版，第148页。

斯认为正义是数的和谐,德沃金认为正义是对不平等社会所强行施与的评定,斯宾塞和康德都将自由作为正义的归宿。正义就是"应……",应当是什么、应分做什么、应该得什么,是一个针对人和由人组成的社会、政府、组织的行为原则和价值判断,就抽象的意义,原则而言,这个定义得到西方各学派的认同,当代政治哲学家米勒指出:"正义的哲学不能与正义的社会分离;换句话说,只有被放置到它们的特定的社会情境中去,正义观才有意义……尽管正义的特定要求在不同的实践间各不相同,应得的观念是贯穿在这些不同的表现中的共同线索。"[①] 但它一旦具体化,走向不同的实践领域,分歧也就随之产生了;因为正义作为价值判断,尽管人们在观念上达成总体上一致,即应该如何的合理性,但一旦具体化,在实践中,各人和事的角度不一样,对"应该如何的合理性"理解就不一样,所谓"一人的美味正是另一人的毒药","横看成岭侧成峰",都以为自己对正义的理解很到位,其实不过是盲人摸象片面性的错觉。"正义有着一张普洛透斯似的脸,变幻无常、随时可呈不同形状并具有极不相同的面貌。"[②] 原因在于正义被认为是一个根本性的、概括性非常强的大概念、种概念,是人类价值观值最高概念,它固然可以由次一级的价值观念如效率、平等、博爱等去解释,却不能由它们去定义,它们只是正义的一个视角、一个侧面、一个要素而不等于正义本身,它们是有种、属差别的,正如我们不能用人去定义动物、不能用男人去定义人一样。正义之所以呈现不同的面貌,原因正在这里;正在于从单一视角看问题,只见一座山的一面而非整座山、只见一头象的鼻子而非整头象,只见森林里的一棵树而不见整个森林,把构成正义的各个要素对立起来,非此即彼,而不能够融合各要素,均衡地看问题。

二 人为之德和自然之德的界分

(一)正义的界定。休谟一反西方传统对正义的定义,坚决反对视

[①] [美] 米勒:《社会正义原则》,应奇译,江苏人民出版社2001年版,第122页。

[②] [美] 博登海默:《法理学:法律哲学与法律方法》,邓正来译,中国政法大学出版社2004年版,第261页。

正义为包罗万象价值体系的笼统概念，正义并非最大、最高的概念，并非德性的全部，而只是德性的一种。休谟将德性分为自然之德和人为之德，自然之德是指由人的原始本能或自然冲动而产生，包括人类情感的慷慨、仁慈、同情等和天然才能方面的机智、幽默、勤劳等；人为之德是指人类应付环境需要，通过进行思考和权衡制定出人为措施或设计所产生的美德，如正义、淑德、忠顺、许诺。尽管休谟认为正义是人为之德的核心，但正义不同于整个德性。这种区分正是休谟正义观的独创之处，传统正义观对正义的定义过于宽泛，把正义等同于整个德性，对正义抱有太大的期望，以为只要正义实现了，所有的问题就解决了，只要存在问题，就是正义没到位，这恰是正义所力不能及的，正义在超负荷运行中被扭曲了。休谟从道德情感主义出发，认为正义感不是建立在观念上，而是建立在印象上，正义是一种人为的而不是自然的德。休谟批评传统的正义概念道："人们通常把正义下定义为：使每个人各得其应有物的一种恒常和永久的意志……我已经约略提到这个意见的谬误。"①财产权（得其应有物）不可能独立于正义之外或在正义之前就有了；休谟进一步说："它给予我们以一种义务感，使我们戒取那个对象，而把它归还于其最初的占有者。这些行为正是我们所谓正义的确当意义。"②

（二）正义之产生。那么正义是如何产生的呢？在休谟看来，"正义只是起源于人的自私和有限的慷慨，以及自然为满足人类需要所准备的稀少供应"③。这就是说正义产生于一种正义环境，就主观而言，是人的自私和有限的慷慨，就客观而言，是自然的稀少供应。假如没有这种正义环境，如虚拟的黄金时代，那时，四季温和以致人类无须备有衣服和房屋，大自然提供足够的食物而无需任何人劳动，贪婪、自私、残忍就不曾听说，人们只有慈爱、怜悯和同情甚至你、我、他的出别也排除在幸福人们的心灵之外，那么"财产权和义务、正义和非正义等概念也就

---

① [英]休谟：《人性论》（下册），关文运译，商务印书馆1980年版，第567页。
② 同上书，第568页。
③ 同上书，第536页。

随之而不存在"①。事实上，极大丰富的东西、极端欠缺的东西和根本不存在的东西，对人类不存在纷争和正义问题。"由于我们的所有物比起我们的需要来显得稀少，这才刺激自私；为了限制这种自私，人类才被迫把自己和社会分开，把他们自己的和他人的财物加以区别。"② 因此，休谟断言："利己心才是正义法则的真正根源；而一个人的利己心和其他人的利己心既是自然地相反的，所以这些各自的计较利害的情感就不得不调整得符合于某种行为体系。"③ 正义起源于人类的协议，以补救由人类心灵的某些性质（自私和有限的慷慨）和外界对象的情况（容易转移）结合起来所产生的某些不便，所以正义不同于自然之德，而是人为之德，它是从对人类的交往和社会状态的必须用途中派生出来的，"公道或正义的规则完全依赖于人们所处的特定的状态和状况，它们的起源和实存归因于对它们的严格规范的遵守给公共所带来的那种效用。在任何值得考虑的环境下，倒换一下人们的状况如：生产或者极端丰足或者极端必需，根植于人类胸怀中的或者是完全的温良和人道，或者是完全的贪婪和恶毒，即通过使正义变成完全无用的，则你们由此就完全摧毁它的本质，终止它所加于人类的责任"④。休谟举例说，在极端的情况下正义法则被终止，如饥荒中不经所有人同意均分粮食，覆舟后抓住所有能够抓住的救生手段和工具而不尊重既定的所有权限制，面对匪寇进行防卫而不论夺取可能属于谁的剑或盾，都不能算是犯罪。⑤ 而正义的环境也即"社会的通常的境况是居于所有这些极端之间的中间状态"⑥。

（三）作为人为之德的正义。正义是人为之德，"产生这种正义感的那些印象不是人类心灵自然具有的，而是发生于人为措施和人类协议……因此，这些规则是人为的，是以曲折和间接的方式达到它们的目

---

① [英]休谟：《人性论》（下册），关文运译，商务印书馆1980年版，第534页。
② 同上书，第535页。
③ 同上书，第569页。
④ [英]休谟：《道德原则研究》，曾晓平译，商务印书馆2001年版，第39页。
⑤ 同上书，第37—38页。
⑥ 同上书，第40页。

的的，而且产生这些规则的那些利益，也不是人类的自然的、未经改造的情感原来所追求的那样一种利益"①。人为之德和自然之德尽管都能增进人类福利，但区别甚大：自然之德直接作用于人类，是无条件的，出于人类的本能，无需制度和体系作保证，也无需他人合作，直接产生特定的"善"的后果，是由每一个单独的行为发生的，并且是某种自然情感的对象，例如母亲在慈爱之心支配下不顾一切地减轻孩子的痛苦并立刻使孩子获得利益；人为之德则以迂回的方式服务于社会，是有条件的，要制度作保证，需他人之合作，未必直接产生特定的"善"的后果，甚至恰恰相反，但这是就局部而言，就整个人类而言，正义的法则对人类的生存和繁荣是必需的，它从总体上有利于人类，尽管正义规则的实施带来某些不欲的后果，尽管它不能防止某些特定的苦难和罪恶。休谟特别强调指出："我们如果允许在各种场合下，随着应用这个规则时所发现的各种特殊效用，各不相同地来应用这个规则，那么我们就永不能达到防止争端的这个目的了……因此，必然的结果就是，所有物必须稳定的那个一般规则，不是根据特殊的判断而被应用的，而是被必须扩展到整个社会的，不能由于好恶而有改变的其他一些一般规则而被应用的。"② 出于自然之德的仁爱，我们把钱赠给一个正直的青年而不是一个败家子；但出于人为之德的正义，法官恰恰应该把父亲的遗产判给哪怕是败家子的儿子继承而不是另一个不相关的虽品行端正的年轻人，哪怕他比败家子更需这笔钱，哪怕他得到这笔钱比败家子得到这笔钱对社会更有益处。自然之德体现人性的光辉和伟大，但正义之德对人类社会的作用更大，是人类智慧的显现。对于这两种德性，休谟作了很深刻的比喻："人类的幸福和繁荣起源于仁爱这一社会性的德性及其分支，就好比城垣筑成于众人之手，一砖一石的垒砌使它不断增高，增加的高度与各位工匠的勤奋和关怀成正比。人类的幸福建立于正义这一社会性的德性及其分支，就好比拱顶的建造，各个单个的石头都会自行掉落到地

---

① [英]休谟：《人性论》（下册），关文运译，商务印书馆1980年版，第537页。
② 同上书，第543页。

面，整体的结构惟有通过各个相应部分的相互援助和联合才支撑起来。"① 休谟在这里揭示了正义的制度规则性品格，这种制度和规则须多方的遵守、合作和协力来维持，只有他人平等的遵守规则，我才加入这个合作体来，休谟是持一种互利性的正义观，这和单向度的自然之德是不同的。我们设想如何在穷人和富人之间实现这两种德性的。对于自然之德，富人出于同情心向穷人赠送钱物，不图回报，穷人白白地得到实惠。但对于人为之德，穷人和富人处于互利的关系中，正义是对维持这种关系的规则制度的遵守，如穷人拉车富人坐，只要穷人遵守许诺把富人拉到目的地且没多收钱，只要富人也遵守许诺没少给钱，这就是正义之举，结果是双方得利：假如穷人碰到更穷的人而不是富人，他的车没人坐，这个穷人是赚不到钱的；假如富人碰到更富的人而不是穷人，他就坐不上车，享受不到这种服务；于是不同的双方通过对规则的遵守，从满足对方的需求中使自己得利；而且相比自然之德，在正义之德中，穷人获得利益有预期性和把握性，更容易摆脱穷困的地位，更为有利，对富人亦是如此。可见就两种德性对人类社会的作用和重要性而言，自然之德无论如何高尚，实际上只起较小的、临时性的、偶然性的、补充性的作用，没有一个穷人能够在出于别人仁爱的捐赠下成为富翁；正义之德有着更优秀的品格，起着较大的、经常性的、必然性的、决定性的作用。从"身份到契约"这一进步的历史演变正是靠正义之德来保证的。没有这种互利性的正义之德，人类就陷入混乱和对所有人不利的结果，半步也不能前进。休谟断言："人类虽然可以维持一个没有政府的小规模的不开化的社会，可是他们如果没有正义，如果不遵守关于稳定财物占有、根据同意转让所有物和履行许诺的那三条基本法则，他们便不可能维持任何一种社会。"②

休谟说明，在相互交往的领域，必须遵循正义之德，遵守规则和程序而非结果，这是交换正义即自由和效率；而在非交往的领域，遵循自然之德，也就是平等，关注的不是交换的规则而是分配的结果。如果不

---

① [英]休谟：《道德原则研究》，曾晓平译，商务印书馆2001年版，第156—157页。
② [英]休谟：《人性论》（下册），关文运译，商务印书馆1980年版，第581页。

能处理好二者间的关系，使二者和谐相处，而是对立和消解，要么把德性等同于规则和效率，要么等同于（结果的）平等，都取消了正义。但从另一个角度看，正义之德也是平等，是平等地对待人，从而导致不平等的结果；自然之德也是不平等，它趋向平等的结果正是建立在不平等地对待人的基础上。按照人为之德，正义规则平等地对待人，由于各个人能力、知识、背景、勤奋程度等方面的差异导致收入的差异，有人巨富、有人小康、有人贫穷；而按自然之德，对富人多征税而弥补穷人之不足，或富人捐助穷人，缩小穷人和富人的差距使之平等或至少趋向平等。两种德性首先要保持内部的平衡，正义之德平等对人却导致不平等的结果，自然之德导致平等的结果却不平等地对待人；自然之德有直接性但不能增加社会财富，人为之德没有直接性但能增加社会财富；这样两种德性自身都不能算是圆满的，因此要和谐相处，取长补短。休谟对这两种德性都是极其重视的，休谟一方面强调正义起源于自私，法官断案铁面无情，只讲规则；另一方面又要求通过教育培养孩子的道德情感。其实，与其我们指责休谟的理论混乱，不如说我们没有认识到休谟理论的明晰性与和谐性，休谟区分两种德性，看到二者有着不同的逻辑架构、不同的功用效果、不同的适用领域；如果将二者混为一谈，社会矛盾就出来了。

首先，休谟的正义之德是人为之德，是法律正义、规则正义，是对法律规则的严格遵守而不能打半点折扣，而政府提供了这个保证。因此，以休谟、斯密为代表的古典自由主义不是放任主义，斯密所说的"看不见的手"不是指政府退出市场和社会，相反，政府恰要遵守正当的法律规则而不可以为所欲为，古典自由主义的自由社会是由法律来保证的，无论是在道德观念和政府措施方面，都带有相当的保守性、规范性而不是激进性、随意性。在"论政府的起源"这一章中，休谟指出："你和我一样都有舍远而图近的倾向，因此，你也和我一样自然地容易犯非义的行为。你的榜样一方面推动我照样行事，另一方面又给我一个破坏公道的新的理由，因为你的榜样向我表明，如果我独自一个人把严厉的约束加于自己，而其他人们却在那里纵所欲为，那么我就会由于正直而成为呆子了。"① 人类自私的本性如果在放纵的社会里不受拘束，正直之举就被当作愚蠢的行为，人性就被扭曲，社会就会堕落、退化。财产权产生于正义之德而不是相反，正义之德主要是为了保护财产权，定纷止争，使人类免于混乱而走向和谐。正是为防止人性的私欲横流和破坏，政府诞生了。休谟指出："对于每一次执行正义都有一种直接利益，而执行正义对于维持社会是那样必需的。这就是政府和社会的起源。人们无法根本地救治自己或他人那种舍远图近的偏狭心理。他们不能改变自己的天性。他们所能做到的就是改变他们的境况，使遵守正义成为某些特定的人的直接利益，而违反正义成为他们的辽远利益。"② 执行正义虽是政府的主要优点，却并非唯一优点，"政府还不满足于保护人们实行他们所缔结的互利的协议，而且还往往促使他们订立那些协议，并强使他们同心合意地促进某种公共目的，借以求得他们自己的利益"③。舍远图近是我们行为中的致命弱点，私人不会自动地关心公益事业；人们很难就公益事业达成一致，执行公益计划就更难，各人都想省却麻烦和开支，而把全部负担加在别人的身上，算计着自己去坐享其成，公益不能在单个人之间自发地办成。政治社会就容易补救这种弊病，于是，"桥梁就建筑了，海港就开辟了，城墙就修筑了，运河就挖掘了，舰队就装备了，军队就训练了；所有这些都是由于政府的关怀，这个政府虽然也是由人类所有的缺点所支配的一些人所组成的，可是它却借着最精微的、最巧妙的一种发明，成为在某种程度上免去了所有这些缺点的一个组织"④。正义的法则需要通过论辩和反思来达到，正义之德相对于自然之德就具有理智的品格，它通过对人类智慧的发挥来避免个人在本能上的缺陷，政府就是这样一个发挥人类智慧的组织，有缺陷的人进入这个组织就发挥了各自的智慧而免去了其作为单个人所不能免去的缺陷。如果没有政府，人就会陷入孤独的、最多是群居的动物本能式的生活状

---

① [英] 休谟：《人性论》（下册），关文运译，商务印书馆1980年版，第576页。
② 同上书，第577—578页。
③ 同上书，第578页。
④ 同上书，第579页。

态，在这种状态下，考虑到人自身的天然禀赋及其相对于动物的缺陷，人的生存能力赶不上动物。休谟指出："最被自然所虐待的似乎是无过于人类，自然赋予人类以无数的欲望和需要，而对于缓和这些需要，却给了他以薄弱的手段。在其他动物方面，这两个方面一般是互相补偿的。"① 但是，人通过发挥自己的聪明才智，通过互利性的正义之德而建立区别于动物本能的"类"生活方式，以协作提高能力、以分工增长才干、以互助减少意外和偶然事件的袭击，"人只有依赖社会，才能弥补他的缺陷，才可以和其他动物势均力敌，甚至对其他动物取得优势"②。人就克服了作为单个人的缺陷，使本来很小的单个力量在"互利性"的流程中不断地发展壮大，于是人成为动物的主宰。可见，正是政府通过保护和促使正义之德的执行而带给了每个人出于本能所不能享有的利益，以休谟为代表的古典自由主义对此有深刻的认识。马克思也表达了同样的观点，他说："人的本质不是单个人所固有的抽象物，在其现实性上，它是一切社会关系的总和。"③

其次，正义依赖于平等，正义处于中间状态，在极端的不平等下，正义的规则无效，如上面所举的逃荒者和落水者的例子。正义之德的实现也依赖于自然之德，休谟同样重视自然之德，强调仁爱、同情、善良、慷慨等是人类的美德，强调对弱者给予无私的、单利性帮助，借以消除社会的不平等；休谟指出："许多自然的德都有这种导致社会福利的倾向，这是无人能够怀疑的。柔顺、慈善、博爱、慷慨、仁厚、温和、公道，在所有道德品质中占着最大的比例，并且通常被称为社会的德，以标志出它们促进社会福利的倾向。"④ 不过，或许出于理论的疏忽，或许是由于时代的限制（休谟时代，政府的财力相当于社会是有限的），休谟既没有对资本主义的不平等给予深刻的批判，也没有提出通过政府给予穷人单利性的社会保障和福利的措施；休谟认为自然之德无

---

① ［英］休谟：《人性论》（下册），关文运译，商务印书馆1980年版，第525页。
② 同上书，第579页。
③ 《马克思恩格斯选集》第1卷，人民出版社1995年版，第56页。
④ ［英］休谟：《人性论》（下册），关文运译，商务印书馆1980年版，第620—621页。

须制度的保证是早期资本主义的特征,当代资本主义制度扬弃了这个落后的理念,赋予政府以"人性",自然之德恰恰主要是通过制度来保证的,当然,个人慈善的力量也是很大的。马克思以公平观念拯救资本主义,对资本主义的不平等给予最强烈的批判,如果单纯的正义规则导致社会的极端不平等,那么正义就是自毁根基从而走向灭亡;如果资本主义社会没能吸收马克思的平等观念,任贫富分化继续下去,那么资本主义的灭亡不是危言耸听而是现实;"二战"以后,资本主义国家逐渐将社会保障和社会福利制度化,自我注入了生存的活力。从休谟到马克思再到今天资本主义社会的政府理念,反映理论生产的必然过程和路径,穷人的直接生存靠的是自然之德,但只有先在正义之德的基础上,通过对规则的遵守建立富裕社会和有财力的政府,特别是"二战"以后,资本主义国家的政府财力有大幅增长,才有可能给予穷人无偿的自然之德。平等是正义的基础,任何一个社会,只要存在着严重的不平等和两极分化,就不能厚颜无耻地妄谈正义、文明和先进。而且今天的消费社会和休谟时代的生产社会有很大的不同:在生产社会,自然之德确实如休谟所说的,是完全单利性的,富人捐赠穷人不会从中受利;而在消费社会,富人却能从这种捐赠中间接受益,并非纯粹的于己不利的行为,穷人用富人的捐赠购买商品,富人通过捐赠穷人提高穷人的购买力而出售更多的商品赚更多的钱,一个聪明的政府无偿地保障穷人的基本消费能力,不仅是人道的,对社会的发展也是有利的。

最后,休谟的和谐正义观表明,人为之德和自然之德的分野必然带来效率和平等的张力,解决问题的办法既不是走向极端化,要么是以效率牺牲平等的两极分化社会,要么是以平等牺牲效率的平均主义社会;更不是取消这两种张力,将两种性质不同的德性强行糅合在一块,造成两种德性都不伦不类的理论混乱,像罗尔斯所说的"在与正义的储存原则一致的情况下,适合于最少受惠者的最大利益"[①]。而是这两种德性和谐相处,各就各位,各得其所,"和而不同"。依照休谟的正义观,正义就是遵守规则平等地对待人,平等地保护每一方的利益,不能偏向某一

[①] [美] 罗尔斯:《正义论》,何怀宏等译,中国社会科学出版社1988年版,第302页。

方利益（哪怕是像罗尔斯所说的应受同情的最少受惠者），正义的天平不管向哪一方倾斜，都意味着它被宰制了，就不配再称作正义了；休谟特别强调指出："当我拯救苦难中的人时，我的自然的仁爱就是我的动机；我的拯救有多大的范围，我就在那个范围内促进了我的同胞们的幸福。但是我们如果考察提交任何正义法庭前的一切问题，我们就将发现，如果把各个案件各别地加以考虑，则违反正义法则而作判决，往往和依照正义法则而作判决，同样地合乎人道。法官把穷人的财物判给富人；把勤劳者的劳动收获交给浪荡子；把伤人害己的手段交于恶劣的人的手中。但是法律和正义的整个制度是有利于社会的；正是着眼于这种利益，人类才通过自愿的协议建立了这个制度。"① 休谟是规则功利主义的奠基人，由人为之德和自然之德所构成社会德性是着眼于效用的，效用是正义、忠实、正直、忠诚等人为之德的唯一源泉，也与人道、慷慨、博爱、怜悯等自然之德不可分离，在他看来，"对公共利益的趋向，和对促进社会和平、和谐和秩序的趋向，总是通过影响我们本性结构中的仁爱原则而使我们站在社会性的德性一边"②。休谟的正义观是坚决而又明晰的，把正义之德和自然之德搅混在一起的理论混乱，必然引起实践的混乱，其前景要么是两极分化的社会，要么是"乌托邦"式的平等社会，要么是既没有平等又没有效率的"停滞"社会，但不是休谟所说的"和平、和谐和秩序"社会。

休谟的正义观，基础是扎实的，在于它建立在对人性（自私和有限的慷慨）和资源（稀少供应）的准确判断上；目标是明确的，正义之德消除混乱、带来和谐，具有功利性；逻辑是清晰的，正义之德平等待人而产生不平等的结果，它是一种"刚性"德性，不具备"柔性"的功能，因此不能以正义之德排除自然之德，不能把所有的"善"都寄望于正义上；他对正义的窄范围处理是独树一帜的，休谟将德性分为人为之德和自然之德，正义只是人为之德的一种（虽然是其核心），而不是无所不及的，如果不限定正义的职责范围，将分外的事强加在正义上，

---

① [英] 休谟：《人性论》（下册），关文运译，商务印书馆 1980 年版，第 621—622 页。
② [英] 休谟：《道德原则研究》，曾晓平译，商务印书馆 2001 年版，第 82 页。

三　休谟法律正义观的现实意义

构建和谐社会必须处理好平等与效率的关系，今天的两极分化日益加剧了人们的不满情绪，人们指责社会的不公正在于其不平等，但平均主义的苦果我们是先于两极分化而领教过了。怎样建立一个既平等又有效率的公正、和谐社会？这一目标不可能在一个含糊混乱的理论指导下实现，休谟的正义观很有借鉴意义。休谟的答案非常明确，用正义之德解决效率问题，提高整体利益，正义之德对穷人富人、对所有的人一视同仁，才能迫使所有人按法律规则办事，创造一个有效率的社会；用自然之德解决平等问题，重新对整体利益进行分配，自然之德则是偏向穷人的，借以缓解和消除不平等。而且两种德性可以间接的方式相互渗透：正义之德以互利的形式拯救不平等，如穷人在遵守规则的交往行动中赚钱，以单利的形式拯救不平等，如穷人受赠和得到社会福利，那是自然之德的事，不是正义之德的责任，正义不具备此功能，正如哈耶克说："正义并不关注各种交易的结果，而只关注交易本身是否公平。"[1] 正义之德直接创造效率，自然之德的实现也有助于形成正义的环境间接地促进了效率，如社会保障和福利，通过提高低收入者的收入而提高他们的购买力和社会消费率，通过提高消费率而促进效率。休谟对平等是一种中庸主义态度，他反对绝对平均主义，"不论这些关于完全平等的观念可能看起来多么貌似有理，它们其实在根本上都是不可行的"[2]。其害处是：人们的技艺、关怀和勤奋程度的差异总是打破平等，而抑制这种德性就会使整个社会沦为最极端的贫困，使匮乏和乞讨变成整个社会现象；运用高度的权威来保证平等易导致专制，哈耶克也认为："平等地对待人们（treating people equally）与试图使他们变得平等（attempting to make people equal）这二者之间始终存在着重大的区别。前者是一个自由社会的前提条件，而后者则像托克维尔所描述的那样意味着'一种

---

[1] [英]哈耶克：《法律、立法与自由》（第一卷），邓正来等译，中国大百科全书出版社2000年版，第220页。

[2] [英]休谟：《道德原则研究》，曾晓平译，商务印书馆2001年版，第46页。

新的奴役形式'（a new form of servitude）。"① 休谟也反对绝对的不平等，"人人，如果有可能，都应当能享受自己劳动的成果：占有充分的生活必需品以及基本的生活日用品。没有哪个人会不相信，正是这种平等十分适合于人类的天性，它增进穷人的幸福，却丝毫无损于富人的幸福"②。罗尔斯的错误在于把这两种德性混淆了，他所谓的"有利于最弱者"的正义原则是错误的，因为正义在于不偏不倚、平等待人，正义的天平倾斜了，不管出于何种目的、达到何种结果都是不正义的，更不符合社会的整体和长远利益；"有利于最弱者"不是由正义直接来实现，而是由自然之德来实现。十六大报告明确指出："初次分配注重效率，发挥市场的作用，鼓励一部分人通过诚实劳动、合法经营先富起来。再分配注重公平，加强政府对收入分配的调节职能，调节差距过大的收入。"通过正义之德实现效率，通过自然之德调节和减缓不平等，这个观点和休谟所区分的正义之德和自然之德的思路是一致的。具有现代理念的企业家在面临抉择的情况下应该好好思考休谟的观点：一个能力差甚至品行不端的穷亲戚想进你的企业谋生，你也有帮助他的愿望，那是否就招他进来呢？休谟提醒你，正义之德就是要平等对待人，那个人能力差哪怕是你的亲戚也不能招进来，违背这个规则你只有破产之路；解决的办法就是你严格遵守正义之规则使企业兴旺发达，然后无偿地向这个能力差的穷亲戚赠钱；也就是说不可以将两种德性混为一谈，否则你是哪一种德性也无法实现。罗尔斯以一种含糊的方案来调整平等与效率的关系，他的企图是对的，但绝对算不上"对症下药"。自80年代起特别是进入90年代以后，德、法、意等大陆资本主义国家逐渐丧失了对美英两国的发展优势，无论在经济发展速度和失业率上都处于落后的局面，这其中，僵化的劳工制度是一个罪魁祸首。这种劳工制度不能平等对待资本家和工人，对工人过于偏向和过于有利而对资本家附加条件太多和极其不利，迫使资本家在招用工人时不得不慎之又慎，能够做到尽

---

① ［英］哈耶克：《个人主义与经济秩序》，邓正来译，生活·读书·新知三联书店2003年版，第22页。

② ［英］休谟：《休谟经济论文选》，陈玮译，商务印书馆1984年版，第14页。

量不用的就尽量不要。从长远来看，这既增加了失业率而对工人不利，又浪费了人力资源而降低了经济增长率，于是，欧盟的高失业率、低经济增长率和美英的低失业率、高经济增长率形成了对比。耐人寻味的是，尽管这种劳工制度已到了非改革而不可的地步，但对之进行改革却遇到强大的阻力，法国政府试图修改劳工法却招致大规模的罢工。当然，应因该看到，我们的劳工法和西欧正好是相反的，它过于偏向资方而对劳方不利，连生命都很廉价，工伤不断触目惊心，也极大地挫伤了工人的工作意志，而导致"民工荒"，最终不利的是整体社会利益。

休谟还表明了"正义之德"的涵摄性基础。休谟指出："侵害或非义的概念涵摄着对他人所犯的不道德和恶。"① 如果正义之德得不到遵守，自然之德也就没有生存的土壤；在一个正义得不到规范的社会，其他的德性如诚实、仁爱、勤劳等都会受到极大的压抑，正如他所说："如果我独自一个人把严厉的约束加于自己，而其他人们却在那里纵所欲为，那么我就会由于正直而成为呆子了。"而在一个正义规范良好的社会，其他的德性能够得以较好的发展和施行，休谟说："当那个利益一旦建立起来，并被人公认之后，则对于这些规则的遵守自然并自动的发生了一种道德感。"② 高全喜在研究休谟的政治哲学中指出："一个人的行为可以从他的动机来考察其善恶的本性，但是如果一旦进入社会政治领域，那么善恶问题就被正义问题所取代了。"③ 斯密更明确地表达了这个观点："与其说仁慈是社会存在的基础，还不如说正义是这种基础。虽然没有仁慈之心，社会也可以存在于一种不很令人愉快的状态中，但是不义行为的盛行却肯定会彻底毁坏它。……行善犹如美化建筑物的装饰品……相反，正义犹如支撑整个大厦的主要支柱。如果这根柱子松动的话，那么人类社会这个雄伟而巨大的建筑必然会在顷刻之间土崩瓦解，在这个世界上，如果我可以这样说的话，建造和维护这一大厦似乎

---

① ［英］休谟：《人性论》（下册），关文运译，商务印书馆1980年版，第528页。
② 同上书，第574页。
③ 高全喜：《休谟的政治哲学》，北京大学出版社2004年版，第107页。

受到造物主特别而宝贵的关注。"① 法治相对于德化的基础性地位，没有法治作保证，恶不除必然是善不扬，不正直倒成为聪明之举，小人成为聪明人，君子是傻瓜，人的道德感和荣誉感就没有生存土壤，人性之恶就泛滥成灾。

第三节　哈耶克"法律先于立法"命题的三重意蕴

"法律先于立法"这一命题在哈耶克的法哲学中具有基础性的"枢纽"地位，集批判性、建设性、价值性三重意蕴于一体。批判性意蕴批判了视法律为立法产物的错误观点，建设性意蕴肯定了立法的积极作用，价值性意蕴表明了（自生的）法律优先于（立法的）法律。正确理解"法律先于立法"这一命题，也就把握了哈耶克法哲学的精髓。

哈耶克是法治社会的坚定捍卫者，这是他区别于罗尔斯、诺齐克等其他当代自由主义大师的显著标志之一；而且哈耶克的法治是基于英美传统的普通法之治，即私法之治，立基于公法之治的法治在哈耶克看来是有名无实的，它不能解决个人自由而不可能是真正的法治。可以说对两类"法律"的区分是哈耶克法哲学的一个显著特征，而且这种区分也经历了一个从模糊到清晰的过程，历时从《自由秩序原理》到《法律、立法与自由》十余年之久。在《自由秩序原理》中，哈耶克指出两种法律：一种是抽象且一般意义上的规则或"实质意义上的法律"（law in the material meaning），另一种是仅具形式意义的法律（law in the merely formal sense）或由立法当局生产的被称之为"法律"的命令；哈耶克认为后者"实际上是一种重要的压制性工具。将上述两种法律概念混为一谈，并将法治的信念丢失殆尽（法治在这里是指，人们在制定并实施那种实质意义上的法律的时候，并不是在强制推行他们的意志），实是致使自由衰微的主要原因之一"②。在《法律、立法与自由》中，哈耶克

---

① ［英］斯密：《道德情操论》，蒋自强等译，商务印书馆1997年版，第106—107页。
② ［英］哈耶克：《自由秩序原理》（上册），邓正来译，生活·读书·新知三联书店1997年版，第194页。

对两种法律的区分更为明确,并引出该文的命题,大大提升了其自由主义法哲学的理论高度。

法律是人类社会产生、存在和发展的一个前提性条件。休谟认为:"人类虽然可以维持一个没有政府的小规模的不开化的社会,可是他们如果没有正义,如果不遵守关于稳定财物占有、根据同意转让所有物和履行许诺的那三条基本法则,他们便不可能维持任何一种社会。"① 休谟的这一观点为他的推崇者哈耶克所继承,任何一个社会都不能离开法律,但在没有政府,没有立法之前,法律已经存在于社会并在起作用了。

立法,从表象上看,"即以审慎刻意的方式制定法律"②。这就给人一种错觉,法律就是立法者创造出来的。而且这种假象和错误的舆论导向一拍即合产生强大的冲击力足以混淆视听,以致现代人视法律是立法产物观点的正确性为不言而喻的。在哈耶克看来,这种观点正是建构论唯理主义的一个谬种,因为:"早在人类想到自己能够制定或改变法律之前,法律已然存在很长一段时间了。"③ 和建构论的法律进路正好相反,哈耶克提出"法律先于立法"④ 这一命题,本文试分析、梳理和评价其所具有的三重意蕴。

一 批判性意蕴

在哈耶克看来,古希腊"自然的"与"人为的"二分法导致了认识上的混乱,笛卡尔的唯理主义则彻底改变了人们对理性的正确认识。"我思故我在"是笛卡尔哲学的出发点,"怀疑一切"的态度,使笛卡尔拒不承认任何不能以逻辑方式从"清晰且独特的"前提中推导出来从而不受质疑的东西的真实性,从此出发,笛卡尔就剥夺了所有不能以这种方式得到证明的行为规则的有效性。自柏拉图始的西方哲学传统对理性是倍加推崇的,直至笛卡尔而达到登峰造极的地步。理性原指人的心

---

① [英]休谟:《人性论》(下册),关文运译,商务印书馆1980年版,第581页。
② [英]哈耶克:《法律、立法与自由》(第一卷),邓正来等译,中国大百科全书出版社2000年版,第113页。
③ 同上书,第115页。
④ 同上书,第113页。

智明辨是非、善恶的能力，洛克就认为："理性与其说是自然法的制定者，倒不如说是自然法的解释者。"① 但是理性在笛卡尔那里却改变了意思，"仅意指一种从明确的前提中进行演绎并据此建构这种规则的能力"②。因此人们所取得成就的一切东西也就是他所进行的笛卡尔意义上的推理过程的产物；根据这种建构主义立场，"人仅凭理性，就能够重构社会"③。那么，推而广之，法律也就是人运用理性进行立法的产物；唯理主义自然法和法律实证主义也就分享着同一观念："双方都认为所有的法律都是根据理性创造出来的，或者至少是可以根据理性而得到充分证明的。"④ 哈耶克认为这种立法先于、优于法律的观点既于学理上无据，又与事实相悖，因为"法律本身却从来不是像立法那样被'发明'出来的，因此与这种法律不同，立法的发明在人类历史上要相对晚出一些"⑤。"法律不但比立法行为或有组织的国家古老得多，甚至立法者和国家的权力都是来自已经存在的公正观。"⑥ 那种信念在当下所盛行的形式乃是所有的法律都是、能够是也应当是立法者随心所欲发明的产物，正是建构主义的错误观点。

既然立法是"以审慎刻意的方式制定法律"，那么说"法律先于立法"岂非不合逻辑？回答是否定的，相反，哈耶克把二者进行对比，意在揭示出二者的不同。通过立法而制定的法律，哈耶克将其称为"明确知识"、"知道那个"（knowing that 赖尔最先提出）、"阐明的规则"（the articulated rules）、外部规则、公法、组织命令。先于立法的"法律"，则是"默会知识"（tacit knowledge 博兰尼最先提出）、"知道如何"（knowing how 赖尔最先提出）、"未阐明的规则"（the unarticulated

---

① ［英］哈耶克：《法律、立法与自由》（第一卷），邓正来等译，中国大百科全书出版社 2000 年版，第 46 页。
② 同上书，第 21 页。
③ 同上书，第 5 页。
④ 同上书，第 21 页。
⑤ 同上书，第 113 页。
⑥ ［英］哈耶克：《经济、科学与政治——哈耶克论文演讲集》，冯克利译，江苏人民出版社 2000 年版，第 527—528 页。

rules)、内部规则、私法、正当行为规则或一般性法律。哈耶克本人也明确表达了这个观点："普遍的正当行为规则与政府组织规则之间的区别，同私法（private law）与公法（public law）之间的区别紧密相关，有时候前者还明显等同于后者。综上所述，我们可以用这样一句话来概括：经由立法之方法而制定出来的法律主要是公法。"①

如此区分两类法律，堪称哈耶克的独创：就形式而言，是立法的法律与自生的法律之别；就实质而言，又是强制的法律与自由的法律之分。建构主义的"法律"就是指"明确知识"、"知道那个"、"阐明的规则"、"外部规则"、"组织规则"、"公法"等，而哈耶克的"法律"固然包括这些，但他尤其强调的是"默会知识"、"知道如何"、"未阐明的规则"、"内部规则"、"正当行为规则"、"私法"等。哈耶克指出："如果'知识'仅意指个人有意识的和明确的知识（conscious and explicit knowledge），亦即能使我们陈述此事或他事为何的知识，那么将文明的发展与知识的增长等而视之，就可能会造成严重的误导。"② 原因在于这种明确知识只是促使人们成功知识的一小部分。在《法律、立法与自由》中，哈耶克在这个问题上的认识更为明确，认为"早在人类的语言发展到能够被人们用来发布一般性命令之前，个人便只有在遵循某个群体的规则的前提下，才会被接纳为该群体的一员。在某种意义上讲，这样的规则也许还不为人所知道且有待发现，因为从'知道如何'（knowing how）行事或者从能够辨识他人的行为是否符合公认的惯例，到能够用文字陈述这类规则，仍有很长的路要走"③。早在人们把行为规则诉诸于文字之前，人们已经学会了遵循并实施了这些规则，虽然"这些规则只是作为一种'知道如何'（knowledge how）行事的知识、而不是作为那种可以用如此这般的术语予以表明的'知道那个'（knowledge

---

① ［英］哈耶克：《法律、立法与自由》（第一卷），邓正来等译，中国大百科全书出版社 2000 年版，第 208 页。
② ［英］哈耶克：《自由秩序原理》（上册），邓正来译，生活·读书·新知三联书店 1997 年版，第 23 页。
③ ［英］哈耶克：《法律、立法与自由》（第一卷），邓正来等译，中国大百科全书出版社 2000 年版，第 114 页。

that）的知识而存在的"①。

更有甚者，视法律为立法的产物势必导致严重的后果。在哈耶克看来，立法是人类充满严重后果的发明之一，它赋予了人类实现某种善所需的威力巨大的工具，向人类开放了诸多全新的可能性，但只要人类还没有学会控制它，就不能够确使它不产生大恶。立法赋予人类一种支配自己命运的权力观，但与其说这是一个谁有这种权力的问题，倒不如说是这种权力的限度的问题，"只要我们还以为这种权力只有被坏人操纵时才会产生恶果，那么可以肯定地说，它仍是一种极度危险的权力"②。这种危险的后果是：（1）导致激进主义和法律稳定性的破坏。法律是立法的产物，法律既为人所立，当为人所破，伏尔泰就说："如果你想要好的法律，那么就烧掉你现有的法律，并去制定新的法律。"③ 卢梭更断言："除了活着的人的意志所创制的法律以外，根本就不存在任何其他的法律。"④ 法律完全成了立法者主观意志的产物，法律至上演变为主权者（立法者）至上，主权者一变，法律随之而改变，法律自身是没有独立性的，也就不可能有稳定性。（2）法律公正性的破坏。"如果法律完全是有意设计的产物，设计者指定的无论什么法律肯定是公正的法律，不公正的法律便成了一种自相矛盾的说法。"⑤ 从立法是法律的唯一渊源这个观点演化出对政治发展产生重大影响的两个观念："其中的第一个观念认为，一定存在着一个至高无上的立法者（a supreme legislator），而且他的权力也是不能加以限制的，因为不这样的话，就需要有一个更高的立法者，如此循环往复，就会无穷无尽。第二个观念则宣称，那个至高无上的立法者所制定的任何东西都是法律，而且也只有反映他意志

---

① ［英］哈耶克：《法律、立法与自由》（第一卷），邓正来等译，中国大百科全书出版社2000年版，第119—120页。
② 同上书，第113页。
③ 同上书，第26页。
④ 同上。
⑤ ［英］哈耶克：《经济、科学与政治——哈耶克论文演讲集》，冯克利译，江苏人民出版社2000年版，第528页。

的东西才是法律。"① 正是法律实证主义的盛行，才使法律卫士们面对专制政府卷土重来而无防范之力，以至法律实证主义的领军人物凯尔森也无可奈何地认为："从法律科学的角度来看，纳粹统治之下的法律（Recht）也是法律（Recht）。我们虽说可以对这样一种状况表示遗憾，但是我们却不能因此而否认它是法律。"② 这是占统治地位的实证主义对法律的错误界定而必然的自食其果。"二战"后对纳粹分子的纽伦堡大审判就遇到这样的难题，他们辩解说他们的所作所为是根据法律（纳粹制定的法律）而来的、是合法的、因而是无罪的。

哈耶克对建构论法律观的批判是毫不含糊的、绝不妥协的、一以贯之的，当然也是相当策略的、敏锐的、到位的。从其专著《法律、立法与自由》的命名来看，法律、立法、自由三者的排序是匠心独运的，体现了哈耶克法律观的逻辑必然性。

二　建设性意蕴

哈耶克对唯理主义的批判不意味着他是一个反理性主义者，恰恰相反，哈耶克对理性的认识是建设性的。必须强调指出，哈耶克反对的是"唯理主义"而非"理性主义"；其目标不是将理性弃而不用，而是为了确保理性的建设性的有效运用。哈耶克明确宣称："如果唯理主义所欲求的乃是尽可能有效地运用理性，那么我本人就是一个唯理主义者。然而，如果唯理主义这个术语意味着有意识的理性应当决定每项特定的行动，那么我就不是一个唯理主义者。"③ 哈耶克主张"法律先于立法"，绝对不是反对人们运用理性进行立法，相反，自发生成的法律需要立法对它加以纠正。确实，法律在其他方面可能朝着极不可欲的方向发展，这"不意味着在发生这种情况的时候，以刻意审慎的立法对其进

---

① ［英］哈耶克：《法律、立法与自由》（第一卷），邓正来等译，中国大百科全书出版社 2000 年版，第 140 页。
② ［英］哈耶克：《法律、立法与自由》（第二、三卷），邓正来等译，中国大百科全书出版社 2000 年版，第 91 页。
③ ［英］哈耶克：《法律、立法与自由》（第一卷），邓正来等译，中国大百科全书出版社 2000 年版，第 33 页。

行纠正就不是惟一可行的方法"①。由于各种原因,自生自发的秩序会陷入自身不能摆脱至少不能迅速克服的困境;那么,"以此方式演化生成的法律都具有某些可欲的特性的事实,并不能证明它将永远是善法,甚或也无法证明它的某些规则就可能不是非常恶的规则;进而,这也就意味着我们并不能够完全否弃立法"②。哈耶克还强调作为救济手段的立法的必要性:(1)案例法的单行道发展使其欠缺回溯性;(2)司法过程的渐进性阻碍了法律对全新的情势作出可欲而迅速的调适;(3)法律的发展建立在错误基础上或产生了不公正的结果;(4)掌握某项法律发展的特定阶级所固守的传统观点促使他们把那些不可能满足更为一般的正义要求的东西视为正义者。③ 在上述情况下,那些根据现存先例对特定案件所作的判决是力不能及的,所需要加以修正的就不仅仅是个别规则,"而且也包括业已确立的判例法系统中的某些组成部分"④。再者,新的法律在实施前予以颁布,广为人知,"它才可能确当地履行所有法律应予履行的适当功能,亦即指导人们预期的功能"⑤。

全否认立法,就完全否认了理性对法律发展的作用,从而坠入非理性主义的泥潭,这与哈耶克的主张是格格不入的。对"唯理主义"与"反唯理主义"进行界分并不妥当,既不准确又致误解,哈耶克认为较为妥当的是:"对建构论的唯理主义与进化论的理性主义进行界分,或者套用卡尔·波普尔的说法,对幼稚的唯理主义(a naive rationalism)与批判的理性主义(a critical rationalism)进行界分。"⑥ 视法律为立法产物的建构论在哈耶克看来是幼稚的唯理主义,"对理性力量的高估,会经由人们幻想的破灭而导使他们对抽象理性的指导作用作出强烈的反

---

① [英]哈耶克:《法律、立法与自由》(第一卷),邓正来等译,中国大百科全书出版社 2000 年版,第 135 页。
② 同上书,第 136 页。
③ 同上书,第 137 页。
④ 同上。
⑤ 同上书,第 138 页。
⑥ 同上书,第 33 页。

抗，进而导使他们对特定意志的力量给予盲目的吹捧"①。它除了起破坏作用外而不能有什么作为。哈耶克坚持的是进化论理性主义法律观，它与唯理主义的自然法理论及法律实证主义都是大相径庭的，法律既不是超自然力量的构造之物因为它离不开人之理性的作用，亦非任何人心智的刻意建构之物因为人之理性并没有如此之大的作用，这是理性中庸主义的法律进路，正如哈耶克所说："不论在何种意义上讲，进化论认识进路都不居于法律实证主义与大多数自然法理论之间，而是在一个维度上与它们中的任何一者相区别——当然，这个维度也同法律实证主义与大多数自然法理论相区别的那个维度不尽相同。"② 在自古希腊始的"自然的"与"人为的"二分法谬误之外，哈耶克提出独特的第三类现象，亦即"后来被亚当·弗格森（Adam Ferguson）称之为'人之行动而非人之设计的结果'（the result of human action but not of human design）的那种现象"③。立法正是人类运用理性的抽象行动，但要排除将其视作"人之理性设计的结果"的理论预设而是视作"人之行动的结果"；唯有作此理解，立法作为理性的运用才是建设性的，而不是破坏性的。也就是说，理性在立法中的建设性作用不是说它能"创造"法律，而只是"发现"业已存在但不显现的法律并用明确的形式把它表达出来；这正如万有引力一直客观地存在着，牛顿只是发现了它并用科学公式表达之，而绝对不是创造或发明了万有引力；在牛顿发现万有引力之前，苹果落地已然存在着。休谟精辟地指出：稳定财物占有、根据同意转让所有物和履行许诺"这三条法则是在政府成立以前就已存在"④。立法机构将这三原则确立为法律绝不是创造了法律，而是发现了法律并明文表达之。

---

① ［英］哈耶克：《法律、立法与自由》（第一卷），邓正来等译，中国大百科全书出版社2000年版，第36页。

② ［英］哈耶克：《法律、立法与自由》（第二、三卷），邓正来等译，中国大百科全书出版社2000年版，第91页。

③ ［英］哈耶克：《法律、立法与自由》（第一卷），邓正来等译，中国大百科全书出版社2000年版，第19—20页。

④ ［英］休谟：《人性论》（下册），关文运译，商务印书馆1980年版，第581—582页。

法律先于立法并非否认立法，而是通过对立法权力的限制以制定出更好的法律。哈耶克赞成休谟所提出的："一切权力都以意见为基础，并受意见的限制。"① 立法者并不是至高无上的，其被认为的绝对权力不是无可辩驳的，而是受到质疑的。所以哈耶克认为："在一个所有的权力都以意见为基础的自由社会里，这种终极性权力并不直接决定任何事情，但却能够经由界定肯定性权力的实施方式而对所有的肯定性权力进行控制。"② 这样就能够建立其理想的法治国家，法西斯专政至少不能在法理上粉墨登场了。

三　价值性意蕴

按照一般人的常识，立法者制定的法律才是真正的法律；哈耶克却不以为然，他从理性进化主义观出发，把社会演进和法律进程中默默起作用的习俗、惯例、规则、默契等，视作真正的法律。当然，哈耶克也认识到："有权制定一种不同类型的法律（即政府组织的规则）的权力机构却是始终存在的。"③ 但这种由立法机构颁布的法律与前者相比就不是唯一的、绝对的法律，充其量不过是为实现特定目的而实施的具有工具性质的组织规则和命令，其效力和价值要低于前者，而建构论者的观点则完全相反。正如哈耶克明确指出的："阐明的规则（the articulated rules）却不会因此而完全替代未阐明的规则，而只能在一个尚未阐明的规则的框架内发挥作用并得到理解。"④ 也就是说，出自立法机构的"阐明规则"的权威恰恰来自先于其存在但不显现的"未阐明规则"，前者只有得到后者的有效支援才能发挥其积极作用；排除法律的正当性和价值性，将其仅仅视作国家授权的强制性规则是错误的，因为只有立法者的决定满足了人们的预期，它才是"享有主权的"，"而一旦主权者没有满足这种预期，那么对这种主权的效忠也就会随之不存"⑤。真正

---

① ［英］哈耶克：《法律、立法与自由》（第一卷），邓正来等译，中国大百科全书出版社2000年版，第141页。
② 同上书，第142页。
③ 同上书，第137页。
④ 同上书，第122页。
⑤ 同上书，第141页。

的法律不是对个人的正当自由进行限制，而是对国家的不当权力进行限制。立法而致的法律（阐明规则）必须具有一种内在的支撑，一种隐藏在规则背后（未阐明规则）的价值；这就表明了二者谁出自谁、谁优于谁、谁决定谁的价值维度，这就是哈耶克"法律先于立法"的价值性意蕴所指；那么，哈耶克此命题就不能被误解为对常识的挑战，毋宁说它是对真理的揭示。所以我们认为，"法律先于立法"这一命题实际上确立了两类法律：其一是实践性法律，对应于他所说的"默会知识"、"知道如何"、"未阐明的规则"、"内部规则"、"正当行为规则"、"私法"等；其二是理论性法律，对应于他所说的"明确的知识"、"知道那个"、"阐明的规则"、"外部规则"、"组织规则"、"公法"等。笛卡尔唯理主义及其在法律领域的变种实证主义认为后者高于前者甚至视前者的法律性为子虚乌有，[①] 哈耶克则认为前者具有决定性作用和最高价值，前者是实质的法律、自由的法律、自生的法律，后者是形式的法律、强制的法律、立法的法律，前者在时间上先于后者，在品质上优于后者，在效力上高于后者；前者是自足的，后者不是自足的，其作用和价值唯有立足于前者之上才是可能的。"法律先于立法"也就表明了哈耶克全部理论尤其是法哲学的一个前提性观念：实践知识高于理论知识，实践理性高于理论理性，实践性法律高于理论性法律。萨维尼认为："法律并无什么可得自我圆融自治的存在，相反，其本质乃是为人

[①] 法律实证主义代表人物边沁认为："整个法律……可以被界分为两个部分，其间的第一部分乃是那些真的由人们制定出来的法律——它们是由那些被普遍认为经确当授权并有权立法的机构制定出来的法律……。这个法律部分可以……被称之为真实的法律（亦即真实存在的法律或立法者制定的法律［real law, really existing law, legislator-made law］）；在英国的治理架构中，它已然以制定法（statute law）之名著称……。由另一部分法律所做出的安排，……则可以被冠以下述称谓：非真实的法律、并不真正存在的法律、想象的法律、拟制的法律、虚假的法律和法官造的法律（unreal, not really existing, imaginary, fictious, spurious, judge-made law）；在英国的治理架构中，这一部分法律事实上是由普通法（common law）和不成文法（unwritten law）这些词不达意的、没有特色的、颇不恰当的名称来指称的。"奥斯汀认为："没有立法行为，也就不可能有法律。"参见［英］哈耶克《法律、立法与自由》（第二、三卷），邓正来等译，中国大百科全书出版社2001年版，第69—70页。

类生活本身。"① 和哈耶克同时代的政治哲学大师欧克肖特也持类似观点，他认为知识分为两种：被制定为规则的技术知识和只存在于运用中而非形诸于规则的实践知识；而依理性主义主张，实践知识根本就不是知识，没有知识不是技术知识，理性的霸权意味着技术的霸权，技术知识是唯一满足理性主义者选择的确定性标准的那种知识；但欧克肖特的看法相反：技术知识决不是自全的，它的自全性是错觉产生的，立基于其上的确定性也是一种错觉。② 马克思对理论对实践的派生性的认识比哈、萨、欧等人更早、更深刻、更明确，他指出："人们决不是首先'处在这种对外界物的理论关系之中'。正如任何动物一样，他们必须首先是要吃、喝等等，也就是说，并不是'处在'某一关系中，而是积极地活动，通过活动来取得一定的外界物，从而满足自己的需要。由于这一过程的重复，这些物能使人们'满足需要'这一属性，就铭记在他们的头脑之中了。人和野兽也就学会'从理论上'把能满足他们需要的外界物同一切其他的外界物区别开来。"③

"法律先于立法"更是哈耶克宣扬其自由主义的睿智策略：消除法律与自由之间的紧张，促进二者的良性互动，可以说哈耶克的这个策略是成功的。反观实证法学，是不可能在其自身框架内解决二者的冲突，因为实证法学视国家立法而制定的法律（哪怕是恶法）为唯一绝对之物，其绝对的强制力成了自由的对立面；边沁宣称："每一部法律都是一种罪恶，因为每一部法律都是对自由的侵犯。"④ 卢梭更是陷入"人生而自由，又无时不在枷锁之中"的悖论。而从"法律先于立法"这一命题看，哈耶克区分了两类法律，立法的法律并没有绝对的强制力，它若对人们的自由构成专横的强制，那就丧失了自身的合法性，就不能

---

① ［德］萨维尼：《论立法与法学的当代使命》，许章润译，中国法制出版社2001年版，第24页。

② ［英］欧克肖特：《政治中的理性主义》，张汝伦译，上海译文出版社2004年版，第11—12页。

③ 《马克思恩格斯全集》第19卷，人民出版社1963年版，第405页。

④ 参见［英］哈耶克《自由秩序原理》（上册），邓正来译，生活·读书·新知三联书店1997年版，第69页。

被自由的个人所服从；法律就其本性而言就是保护人民的自由，自由意味着不受他人的束缚和强暴，它不可能存在于没有法律的地方；正如洛克所说："哪里没有法律，哪里就没有自由。"①

因为法律先于立法，三权分立中的立法权至上也受到哈耶克的批判，他指出："显见不争的是，在英国为我们这个世界贡献出那项弥足珍贵的代议政府制度的同时，它也给我们带来了议会至上（parliamentary sovereignty）那项可怕的原则；而根据议会至上这项原则，代议机关不仅是最高的权力机构，而且也是不受限制的权力机构。"② 在法律的进程中，哈耶克非常重视法律人作用，而这种作用的充分发挥恰在于优良的司法制度而非立法本身。曼斯菲尔德认为，普通法"并不是由特定案例组成的，而是由一些一般性原则构成的，当然，这些原则从那些案例中得到了证明和解释。"③ 哈耶克对这句话理解为：普通法官"要有能力从那些指导他们的先例中推导出能够被适用于新案件的具有普遍意义的规则"④。在这个司法过程中，普通法法官形成了发现一般性原则的能力，而依赖已立法好了的规则大全进行审判的法官则很难获此殊能。所以哈耶克认为："在没有现成的一般性原则可适用的情况下，构造抽象规则的能力当然会不断地得到发挥，而机械的运用文字程式则会扼杀这种能力。"⑤ 因此，法官造法的英美普通法系高于以立法主导法律体系的大陆罗马法系，以至哈耶克说："权力分立制度之所以在英国得到确立，并不是因为仅有'立法机关'立法，而恰恰是因为它并不立法：这是因为在英国，法律是由那些独立于指导和支配政府的权力——亦即那个被错误地称之为'立法机关'的机构所具有的权力——的法院

---

① 参见［英］哈耶克《自由秩序原理》（上册），邓正来译，生活·读书·新知三联书店 1997 年版，第 203 页。
② 参见［英］哈耶克《法律、立法与自由》（第二、三卷），邓正来等译，中国大百科全书出版社 2000 年版，第 271 页。
③ 参见［英］哈耶克《法律、立法与自由》（第一卷），邓正来等译，中国大百科全书出版社 2000 年版，第 133 页。
④ 同上。
⑤ 同上书，第 134 页。

决定的。"① 由此才导致"令 18 世纪其他欧洲国家的人民羡慕不已的英国人所享有的那种自由"②。

人们或许惊讶，英国至今还是"王国"，至今还没有一部成文宪法，其人民的自由如何保证？其实按照哈耶克的观点，"法律先于立法"，保证人民自由的是（自生的）法律，立法（的法律）唯有立基于其上才和自由是相容的，也唯有立基于其上才具有合法性，才是真正的法律；这就揭露了法律实证主义者视立法的法律为唯一绝对之物的错误认识，"恶法亦法"这一悖论也就丧失了其存在的根基。

第四节　德沃金视域下的宪法"道德解读"及其前景展望

"道德解读"在美国声名狼藉，却又在司法实践中功劳卓著。"做得却说不得"的道德解读的两个面向"貌离神合"：真诚造就大法官的英明，谎言促成大法官的提名！德沃金批驳了对道德解读赋予法官绝对权力和反对民主的两大指控，分析了道德解读是如何保护公民权利的，为道德解读正名，使道德解读由"做得"走向"说得"。在我国，宪法进入诉讼能够体现宪法作为根本大法的权威，应该进入实质性探讨阶段。

现代法治社会进入权利时代，司法判决是对公民权利的保护，必须具有正当性。但是由于法律的有限性，当法官依据现有的法律规则作出司法判决时，却可能严重地损害了公民的权利，缺乏可接受性。在这种情况下，主张机械司法的法官只能是一错到底，做出损害公民权利的不公正判决，这种以法的安定性牺牲法的正义性的司法意识形态并不符合现代法治的要求。正如德沃金指出："这种法官为执法而执法，不管随之而来的苦难、不公正或毫无效果。在正义与法律之间，好法官宁愿选

---

① 参见［英］哈耶克《法律、立法与自由》（第一卷），邓正来等译，中国大百科全书出版社 2000 年版，第 132 页。

② 同上书，第 131 页。

择正义。"① 当然，法官还有其他的救济方法维护个案正义，在德沃金看来，道德解读是行之有效的方法。

一 言行悖论

法治社会被认为是法官社会，人们对法官的期待是相当高的，知识渊博、思维深邃、智慧高超、人格伟大。前三者的评价可以达成较为客观、一致的定论，后者则受制于评价体系而呈现出相向的面向，法官处于悖论之中，一个面向是伟大——真诚的法官，另一个面向则是渺小——谎言的法官。这个评价体系在德沃金看来就是"道德解读"之言和行相悖的两个面向，法官对道德解读的"行"是高尚的真诚，对道德解读的"言"则是可耻的谎言。初一看，我们不禁怀疑法官是否陷入了人格分裂，但德沃金的研究表明，真诚与谎言看似水火不容、实则水乳交融，都是"道德解读"评价体系对法官的要求，法官除此几乎是别无选择。"道德解读"在美国声名狼藉，却又在司法实践中功劳卓著。道德解读造就了联邦最高法院所有最伟大的宪法判例，成就了最伟大的法官，但是"做得却说不得"对道德解读也是一语成谶。道德解读如此奏效令法官爱不释怀，有哪个法官不幻想通过道德解读制造一个伟大的判例而使自己一举成名？道德解读如此恶名又令法官对其表里不一，心欲之而口毁之，又有哪个法官冒着"自戮"的风险敢在听证会上表达出自己对道德解读赞许的真诚？于是，正如德沃金所言，在提名安东尼等大法官的听证会上，"老一套的可耻谎言还是占据了一席之地"②。你想真诚吗？那对不起，你通过不了提名，你当不了大法官，那么你想制造伟大判例，成为伟大法官的梦想就要提前破碎了。可见美国法官的谎言是被逼出来的，如果说被逼出的谎言不是谎言，那么大法官也并不是人格分裂的。当然，如果能给道德解读"正名"，那么大法官何需说谎！这正是德沃金所努力要做的。

---

① [美] 德沃金：《法律帝国》，李常青译，中国大百科全书出版社 1996 年版，第 8 页。
② Ronald Dworkin, *Freedom's Law: The Moral Reading of American Constitution*, Harvard University Press, 1996, p. 6.

德沃金把道德解读定义为"阐明一种解读和贯彻政治性宪法的特定方法"①。"道德解读提出这样一个观点,我们所有的人——法官、律师、普通公民——都认为某些法律条文促进了人们对政治的合理性和公正性的认识,并据此共识来解释和运用抽象的法律条文。"② 道德解读之出现,在于"许多当代宪法都用极其空洞、抽象的言辞宣布个人具有对抗政府的权利"③。而一涉及具体的棘手问题,宪法里却不见踪影,但法官却不能回避,所以说,"还有一些章节涉及了较为宽泛的问题,如第三章讨论了我们熟知的一项指责,即联邦最高法院在近10年来所确立的许多宪法'权利'(如堕胎权等)实际上并未真正写进宪法,它们只不过是大法官们自己发明出来的"④。美国宪法中一些保护个人权利的条文之规定,是以抽象的道德语言起草的,它们涉及抽象的道德原则并以这些道德原则作为参照限制政府的权力。道德解读在美国宪法实践中深深扎根,道德解读的实践不具有革命性,法官们在日常工作中,凭本能就感觉到,唯有借助道德判断,方能将宪法的抽象道德付诸实现于具体案件,除此别无良方;但是实践道德解读的法官如敢于公开接受、承认甚至赞美道德解读,那就具有革命性的勇气了。"即使宪法专家也几乎从不承认过道德解读的巨大影响,而那些已经采用道德解读的法官对此更是讳莫如深。他们宁愿用种种牵强附会的理由来为他们的立场作辩解。而道德解读却常常被贬为一种极端的观点,似乎没有一个真正敏锐的宪法学家能够接受它。"⑤ 因此,尽管法官的政治道德影响他们的宪法判决,用宪法要求道德解读来解释这种影响也是轻而易举,但他们舍近求远、避易求难,用其他并没有说服力的理由来解释他们的判决,如立法者的意图或宪法结构,而没有勇气承认对判决的道德解读。

---

① Ronald Dworkin, *Freedom's Law: The Moral Reading of American Constitution*, Harvard University Press, 1996, p. 2.
② Ibid..
③ Ibid..
④ Ibid., p. 1.
⑤ Ibid., p. 3.

二 恶名远扬

道德解读何以在美国名声不佳，因为道德解读将政治道德引入宪法的核心，这种诠释的权威是联邦最高法院的大法官，道德解读的异议人士借此指责说，宪法的道德解读赋予法官无限的权力并将自己的道德观以法律的形式强加于民众，不仅混淆法律与道德的区别，还削弱了公众至上的道德自主权，并引起对究竟怎样解释宪法这个理解上的混乱，还最后使政治家们在如何选用大法官这个问题上作出错误的判断。因为美国的总统是民选的，为了取得选民的支持，他们都对法院"篡夺"人民的特殊立法权表示强烈的愤慨，坚决提名和批准遵守宪法的保守法官，也就是尊重而不是蔑视人民意愿的法官，并想当然且又顽固地认为热衷于道德解读的法官当属"蔑视人民意愿的法官"之列。和总统一样，参议员也出自民选，为获得选民支持，自然要表现出与道德解读划清界限的坚定立场。总统和参议员的这种态度迫使法官口是心非，"对被提名者来说，对道德解读哪怕流露出微弱赞许的态度——认为宪法条文是道德原则并必须通过道德判断才能付诸实践——便是自戮；而提出'道德解读'这类问题的人也会感到他们自己将会被置于尴尬之地"[1]。在听证会，被提名的大法官不得不伪装自己，信誓旦旦对复杂的宪法案严守道德中立，忠诚宪法原文和尊重人民意愿，但在心里已开始盘算着如何通过道德解读来成就自己的英名。一旦通过提名，听证会上的谎言随即烟消云散，道德解读不是寿终正寝而是大行其道，这令作为提名者的政治家们大失所望和后悔不迭，他们无法理解以自己的精明怎么会看走眼和选错人，但是如前分析，他们注定选不出令他们满意的大法官，因为拒绝道德解读的法官必然是庸碌无为的，而实践道德解读的法官又是"蔑视人民意愿的"，这两种情况都让总统先生难堪。艾森豪威尔认为他总统任职期间的仅有两个错误都是在大法官的挑选上，沃伦大法官使最高法院进入历史上最激进的时期之一，布伦南荣升大法官后，便成为当代最自由、最坦率的宪法道德解读的实践者之一，里根和布什总统在大法官的人选上也是"历史在重演"。颇为吊诡的是，这些让他们后悔不

---

[1] Ronald Dworkin, *Freedom's Law: The Moral Reading of American Constitution*, p. 6.

选的、被他们"错误"地任命的大法官,恰恰是美国历史上有作为的、有影响的、伟大的大法官。

  无论总统还是参议员,都未必是法学家,并非了解道德解读的真谛,把道德解读误解为"蔑视人民意愿"纯粹是子虚乌有,但是三人成虎,谎言说一千遍即成真理,一代代总统和议员对这个问题的理解和态度是前赴后继,或许真的是误解,但根子还在于实用主义哲学,为争取选民而不得不如此。看来非但法官,就是总统和议员也是逼上梁山,因为总统和议员既然并非法科,怎么能够凭头脑判断道德解读的性质,不过是贪婪的双眼盯着选民的投票,投选民之所好罢了,并想当然地认为道德解读违背人民的意志,选民是反对道德解读的,谴责道德解读意味着滚滚而来的选票。美国政治家的这种钟爱司法问题的情结,也许在其他国家的政治家看来纯属小题大做、幼稚可笑,但绝对符合美国的政治运行逻辑,对美国政治家是大题大做、老谋深算,一百多年前托克维尔就指出:"在美国,几乎所有政治问题迟早都要变成司法问题。因此,所有的党派在它们的日常论战中,都要借用司法的概念和语言。大部分公务人员都是或曾经是法学家,所以他们把自己固有的习惯和思想方法都应用到公务活动中去。陪审制度更把这一切推广到一切阶级。因此,司法的语言差不多成了普通语言;法学家精神本来产生于学校和法院,但已逐渐走出学校和法院的大墙,扩展到整个社会,深入到最低阶层,使全体人民都沾染上了司法官的部分习性和爱好。"① 实际上,选举前夕,很多法律问题,如堕胎,成为选民关注的焦点。堕胎问题在全国范围内的州际政治运作和选举中一下子占据主导地位,原教旨主义和其他反堕胎团体四处活动,在很多地区毁灭着他们所要攻击的政治家,但是关心妇女权利的团体也不甘示弱地宣传辩论,借此能让妇女普遍相信她们必须把对政治利益的考虑集中到堕胎问题上来,"一个因贫穷而不可能到堕胎合法化的州的孕妇只能在两个同样悲惨的结局中选择一个:要么做违法的不安全的堕胎,要么接受这个可能毁灭她一生的、多余的孩

---

① [法]托克维尔:《论美国的民主》,董果良译,商务印书馆1988年版,第310页。

子"①。由此看来，即使在选民中，对堕胎问题也是分歧甚大，并非一边倒，作为一个宗教影响很大的国家，美国的选民确实对堕胎给予超过其他国家所想象的关注，"《洛杉矶时报》有一个全国性的民意测验统计：61/100 的美国人认为堕胎在道义上是错误的，57/100 的人认为堕胎是谋杀，但 74/100 的人相信，不论怎样说，'堕胎是一个必须由每个妇女自我决定的事'"②。这份"民测"有点吊诡，前两项对反堕胎的主张是有利的，后一项对堕胎的主张是有利的，这种矛盾的统计数据让政治家颇伤脑筋，为了达到争取选民选票这一个明确的目的，却面临着支持堕胎和支持反堕胎两个模糊的选择，老到的政治家极有可能做出一个被证明是轻率的决定，无论支持或反对堕胎，都有可能大获全胜或输得精光或波澜不惊。美国的大多数总统候选人是反对道德解读的，反对堕胎的，但这种立场并非法律本身，而是来自对选票的估量；这种立场只是赌博，并无胜算。所以德沃金评论说："布什总统不明智地试图将堕胎问题纳入党派政治，这么做是否在政治上有利于共和党还是未知数。许多评论家认为这将有损于共和党（不仅仅在有选择的几个州，而且在全国范围内），因为许多在罗伊判例后成长起来的妇女对布什政府攻击她们理所当然的权利极度愤慨，并且相信这种权利对妇女在社会上和经济上的独立至关重要。"③ 但我认为，德沃金对老布什"不明智"的定性也是武断的，布什不过是做一场博弈，不明智或明智的两种可能都是存在的，反堕胎对争取罗伊案后成长起来的妇女的选票不利，但对争取宗教情结浓厚的选民是极为有利的，关键是这二者之间如何平衡的问题。在争取选票的问题上，政治家比法学家狡猾得多，德沃金对布什"不明智"的指责也是"不明智"的，但这正好说明，总统对道德解读的态度来自他们对选民态度的解读，总统并没有自己独立的态度，最大的问题是他们对选民的态度判断上可能出错。

1973 年的罗伊诉韦德案的判决在美国全社会激起轩然大波，从那时

---

① Ronald Dworkin, *Freedom's Law: The Moral Reading of American Constitution*, p. 66.
② Ibid., p. 44.
③ Ibid., p. 66.

起,反堕胎组织和政治保守派坚持不懈地游说以扳回对罗伊案的判决,他们还试图说服里根总统提名反堕胎法官就职于联邦法院。这就不难理解,美国总统对道德解读的敌视立场了。

三 功勋卓著

道德解读的革命性不在实践上,而在法官和法学家对它的鲜明态度上,正是在这一点上,德沃金是一位革命性的勇士,他挺身而出为道德解读摇旗呐喊。道德解读的功勋和恶名并行不悖造成了宪法理论的混乱,导致了美国公众对宪法制度的特征和重要性的误解,德沃金像孤独的勇士力挽狂澜,他在众口一词的讨伐声中对道德解读发出独特的赞美之音:"美国人心目中的理想政府不仅受制于法律,而且受制于原则,而这一模式正是我们的历史对政治理论的一个最重大的贡献。其他的国家和文化已意识到这一点,美国式典范已越来越多地、越来越有效地被采用和模仿。可是,我们却认识不到自己的贡献。我们应该为自己的贡献而自豪并对这一成果加以保护。"[1] 美国大法官布伦南在总结能动司法时说:"宪法的天才人物不是依靠一个静止的和已失去的世界中宪法可能具有的任何静态的含义,而是依靠使那些伟大的原则适应于解决现代问题和现代的需要。"[2]

道德解读并不使法官随心所欲,道德解读受到历史背景、宪法整体性和司法实践这三个方面的制约,它们明确地限制了道德解读给予法官太多的回旋余地,指责道德解读赋予法官绝对权力也是夸大其词。首先,对宪法的解释必须以制宪者所说的作为依据,法官必须有历史意识,关注历史背景,转向历史是为了何为制宪者当初想要说的,美国宪法条文的许多规定是以极其抽象的道德语言起草的,根据道德解读,这些条文必须从所用语言本身描述的本质来理解,道德解读要求法官们对宪法的道德原则做出一个最恰当的定义,这一定义要符合美国的历史背

---

[1] [美]德沃金:《自由的法——对美国宪法的道德解读》,刘丽君译,上海人民出版社2001年版,第8页。

[2] [美]霍维茨:《沃伦法院对正义的追求》,信春鹰、张志铭译,中国政法大学出版社2003年版,第199页。

景和文化传统。其次,道德解读还受到宪法的整体性的约束,法官不可以用自己的信仰对宪法作出解释,不可以将对抽象的道德条款的诠释表述成任何特别的道德判断,法官的道德判断要在原则上与宪法的整体结构体系相一致,与过去占支配地位的法官的宪法解释相吻合,他们对宪法所做的解释是系统的、前后连贯的,法官们就像合作写章回小说的作家们,法官的每个判例必须融贯于整个法律体系中,就像作家的每一章都融贯于整个章回小说中。最后,法律中的大多数案件,甚至大多数宪法案件都不是疑难案件,一个法官凭借其专业技能就可以作出裁决,并没有运用他个人的道德信仰的余地,司法实践中的大多数案件也无需道德解读。

道德解读是否反民主?德沃金用"结果分析"而非"程序分析"的标准予以否认。例如,以焚烧国旗作为抗议方式被法律规定为犯罪,但有人认为此法律侵犯了民主的自我管理,错误地限制了言论自由,并以此为由对其提出合宪性质疑,最高法院也支持这一控告并废除了这一法律,那么最高法院根据道德解读作出的判决就不是反民主而是推进民主。宪法如何保护民主?一种选择是,以一种成文宪法作为最基本的法律,该宪法详尽地描绘一个关于民主条件的概念,并预见到所有可能出现的争议或讨论,这种选择是水月镜花,没有切实可行性。被德沃金认可的第二种选择是,在宪法中对民主的条件做出一个非常抽象的表述,而这些抽象的原则却留给一些机构解释,在有些国家是议会,有些国家是宪法委员会,在美国是联邦最高法院,它认为某一立法不合法,就有权予以推翻。我们无法规定某种程序来测定哪些条件与民主的要求相符合,也无关乎上述哪些机构符合民主的条件,"道德解读是这样一种理论,即它告诉人们应该如何去理解宪法中的一些特别条款,哪些问题是应该提出来的,并且要找到答案。只有这样,我们才能理解这些法律条款的真正含义和目的要求。道德解读并不解决下列问题,如:这些问题必须由谁来提出?谁的回答具有权威性"[①]。民主的立法机构所制定的法

[①] [美]德沃金:《自由的法——对美国宪法的道德解读》,刘丽君译,上海人民出版社2001年版,第44页。

律也并非都符合宪法对公民的权利保护,因为立法者很容易受到多种政治压力的影响,甚至被利益集团收买和控制,所以,"对那些政治上属于少数团体的权利保护,立法机构就不是一种最安全的机构"①。而最高法院通过道德解读予以保护,是促进了民主,那种对法官的道德解读不民主的指责,在德沃金看来是老生常谈的坏哲学,这般人虽然使用了法律和民主的概念却从未真正理解这两个概念,"如果法院具有完善有力的宪法理由来否决多数派对某些个人自由的权利的限制,那么法院判决也就会推进而不是损害了民主的价值"②。削弱宪法保护并不一定促进民主,反对道德解读的人士祭民主大旗的理据是不充分的。自18世纪启蒙运动以来,政治家们就何谓真正的民主展开针锋相对的争论,"第一种是多数至上主义观点:选民的多数派总是握有大权得以做任何他们认为正确的事或对他们有利的事。第二种是共同兼顾的观点:它强调民主不仅仅是由多数人所统治并为大多数人利益服务,而是由全体人民决定并为了全体人民实行统治。共同兼顾的民主概念,要求每一个公民不仅在统治管理权上拥有平等的地位,而且每一个人应受到平等的关注和尊重"③。民主制的多数至上主义者认为道德解读赋予法官的权力而侵害民主权,但是德沃金并不认同这种民主观点,多数人的专制不仅是一种民主制的瑕疵,而且是对民主制的否定,德沃金所倾向的是,"民主的共同兼顾理念正是美国在建国时所选择的,也是大多数公民愿意保留的"④。"二战"以来,从多数至上主义向共同兼顾的民主制度的演变是民主的发展方向,"在这种民主体制中,男人和妇女的基本权利由法官根据抽象的成文宪法作出决定"⑤。所以说这种民主制度和道德解读是相容的。坚持多数至上的民主观坚决否定这一点,认为法院判决在个人权利问题上服从暂时的多数人意见将使美国更加民主,但是德沃金认为,

---

① [美]德沃金:《自由的法——对美国宪法的道德解读》,刘丽君译,上海人民出版社2001年版,第44页。

② 同上书,第95页。

③ 同上。

④ 同上。

⑤ 同上书,第96页。

"这些判决所服务的民主类型是野蛮和异化的。许多具有坚定的民主传统的国家现在都将这种民主类型作为一种假民主而予以拒斥,他们在引用我们美国人所创造的民主的理念和光辉典范,如果我们现在却开始抛弃我们对民主理论所作出的最卓越而无价的贡献,那将是一个历史性的耻辱"[1]。欧洲人权公约给予法官废除或修改公约国议会所作的决策的权力,三分之二的欧洲国家加入该公约,英国国内也活跃着试图游说英国加入该公约的力量,该公约是反对英国18世纪以来一直致力于多数至上主义思想以及议会的无限至上原则。当前,民主制的方向是:"离开多数至上主义而倾向更为有力的司法审查机构,这样的机构将抽象的宪法性保障解释为关于原则的问题。比如1988年,加拿大最高法院判决加拿大限制堕胎的法律无效的原因是,按照加拿大权利和自由的宪章,这样的法律侵犯了妇女权利。"[2]

道德解读就是通过解释抽象的宪法条文来维护正义,法律解释的本质是找到完美无缺的结果,特别是在宪法解释中更是如此,法官若想避免悲剧性的结局,就会对道德解读宠爱有加,所以德沃金说:"宪法是美国的道德之帆,我们必须有勇气来坚持它其中所蕴含的信念。这种信念是:我们每个人都是道德共和国的平等公民,这是一种伟大的信仰,只有乐观主义者才可以将这一信仰付诸实践。"[3] 在德沃金看来,由法律规则和法律原则组成的整体性法律是无漏洞的完美体系,美国宪法中保护公民权利的抽象条款寥寥数语,但通过大法官的道德解读,却可以覆盖于每个公民的权利保护中,如堕胎权、安乐死权。一支在房间微不足道的小蜡烛一经点燃就可以照亮整个房间,宪法的直接文字表述就相当于一支小蜡烛,宪法经过道德解读就像蜡烛被点燃一样,其覆盖面被无限地扩大,道德解读使宪法神通广大。德沃金对权利法案,也就是美国宪法的前十条修正案进行分类:一是具体的条款,如第三条修正案规

---

[1] [美]德沃金:《自由的法——对美国宪法的道德解读》,刘丽君译,上海人民出版社2001年版,第96页。

[2] 同上书,第101页。

[3] 同上书,第50页。

定，军队在和平时期未得屋主同意不得进住任何民宅，这无需道德解读；二是中等抽象程度的条款，如第一条修正案确保公民的言论自由、出版自由及信教自由，只需一定程度的道德解读；三是一些关键条款在起草时以尽可能抽象的政治道德的术语写就的，最重要的是第十四条修正案规定了法律的平等保护，公民的生命、财产和自由不经正当程序不得剥夺，最需要道德解读，"一旦我们将宪法条文既作为调整实体法，又作为调整程序法的基本法，那宪法的范围之宽泛是惊人的"①。这三种类型的原则纵横交错地构成了一种政治典范："它们构建了一个社会的公民的平等和自由的宪法大纲。"② 由于第十四条修正案仅规定政府对基本自由表示同等关注和尊敬，没有在细节上明确它们的内涵和要求，这就要求法官确定同等关注原则在个案中是如何体现的，确定何谓真正的基本自由，"法官必须对哲学家们、政治学家们以及广大百姓辩论不休了几个世纪的有关政治道德问题作出回答"③。法治社会，人们对法官的期望是非常高的，不仅是职业道德，还有司法智慧，也就是赫拉克勒斯这样具有"超人技巧、学识、权力和耐心"的理想型法官。

四 案例分析

《自由的法——对美国宪法的道德解读》分析了一些宪法判例，浓墨重彩的是罗伊判例。1973年的罗伊诉韦德案是美国宪法史上影响深远的判例，触动了社会各阶层的神经，引发了旷日持久的法学领域内的批评。联邦最高法院对罗伊案以7∶2的多数通过的判决宣布了宪法保护妇女在妊娠早期实行堕胎手术的权利，主张"在妊娠期最初3个月期间进行的堕胎不为刑事犯罪，而在胚胎母体外存活可能性出现后的堕胎则为犯罪，但为保护孕妇生命而作的堕胎不在此例"④。在罗伊案例前的一系列涉及绝育、婚姻、避孕等的案件中，"联邦最高法院认定，所有

---

① [美]德沃金：《自由的法——对美国宪法的道德解读》，刘丽君译，上海人民出版社2001年版，第103页。
② 同上。
③ 同上书，第104页。
④ 同上书，第77—78页。

公民都享有一种普遍权利，这种普遍权利受到以宪法第十四条修正案为基础的关于正当程序的法律上的保护，那就是，公民可以自由决定由婚姻和生育引发的伦理即私人的各种事宜。大法官布莱克门在罗伊判例的意见书里已大量引用了这些后来被称为'隐私权'判决的先例。他认为，虽然这些案件与堕胎案所针对的是不同的问题，但人们基于这种普遍权利以决定自己在生育中的角色这一基本原则，却可适用于堕胎权"①。当然，也有法学家认为，同样有力的辩论也可以不基于正当程序条款和隐私权先例，而是平等保护条款，反堕胎法由于违反平等保护条款而违宪，"这样的反堕胎法律导致对妇女的极大不利，在某种情形下，它会毁掉她们享有男人通常所具有的生活的机会。立法机构依旧由男人们把持，他们中的许多人坚信未婚先孕的女人应该受到惩罚而不是同情，他们中几乎无人能够（尽管他们愿意）全面评估她们的痛苦境遇"②。吊诡的是，平等保护条款既可以为反堕胎法张目，同样可以为堕胎法张目。"宪法第十四条修正案宣布：没有一个州可以否定任何一个人具有的'法律平等保护权'，如果胚胎受这一条款保护，那么州就有权像保护其所辖范围内其他人的生命那样保护胚胎的生命。"③ "平等保护条款要求州将法律保护一视同仁地扩延至所有人，以打击谋杀和人身侵犯。这样，假如胚胎是宪法意义上的人，任何以允许堕胎来歧视胚胎宪法权的州法都会以违反平等保护原则而被诉以'嫌疑犯'。"④ 站在胎儿的视角，平等保护条款反对堕胎法；站在母亲的视角，平等保护条款又支持堕胎。

里根和老布什两位总统都义正词严地谴责最高法院篡夺人民的特权，在他们的竞选总统的纲领中都抨击了1973年最高法院对罗伊诉韦德案的判决，这一判决保护了堕胎权，他们决心挑选忠实于人民的法官来推翻这个判例。机会终于来了，保守派的政治家们满以为自己会稳操

---

① [美]德沃金：《自由的法——对美国宪法的道德解读》，刘丽君译，上海人民出版社2001年版，第66页。

② 同上书，第80页。

③ 同上书，第63页。

④ 同上。

胜券，但结果令人瞠目结舌。1992年6月29日，联邦最高法院对东南宾夕法尼亚州诉凯西堕胎案作出判决，德沃金评论道："将来这一结果可能会被证明是这一时代最重要的最高法院的一个判例，这不仅是因为它再次肯定并加强了法院于1973年在罗伊判例背后的法律推理，即一个孕妇在胚胎的母体外存活性这个时间点出现之前具有自由堕胎这一宪法权利，而且还因为三位主要大法官也重新确认了关于美国宪法本质的一种更为普遍的观点，而这恰恰是他们在接受提名时被期望去毁灭的东西。"[①] 这三位大法官奥康纳、肯尼迪、苏特皆由里根或布什政府提名，其中两位大法官曾在过去对罗伊判决持保留态度，这次却加入了布莱克门和史蒂文斯两位自由派法官的阵营，再次肯定罗伊判决，使凯西案以5:4的微弱多数通过。这三位大法官的临阵倒戈，粉碎了里根和布什推翻罗伊案的美梦。三位大法官的联合意见表明他们与四位反对罗伊判决的保守派法官分道扬镳，他们在联合意见中共同持有一种重要而基本的信念，宪法所保障的主要个人权利应当被界定为一种所有公民对自由和公正的共识，"我们的宪法是一份契约，从美国的第一代人传到我们手里，然后再传薪接火至下一代……我们所承担的责任是：按照先辈的理念对这份契约的完整含义作出解释"[②]。据此，他们解释了宪法第十四条修正案的正当法律程序条款——禁止各州不经过合法程序而剥夺公民的自由，必须被理解为用来保护所有公民的最基本的个人自由，不论这些权利在美国宪法其他条款中是否被提到。联合意见的重大历史意义在于，"他们的联合意见附加了一个至为关键的论辩，即为什么对堕胎的自由选择权是基本权利，由此他们极大地强化了罗伊判例，因为布莱克门在对罗伊案所作的判决意见里没有强调这一论辩，罗伊判例以后的20多年来，在全国范围内对堕胎问题的反响和辩论使这一论辩受到重视。所以，三位大法官的联合意见建立了一大功勋"[③]。他们认为，关于堕胎

---

① [美]德沃金：《自由的法——对美国宪法的道德解读》，刘丽君译，上海人民出版社2001年版，第167页。

② 同上书，第172页。

③ 同上。

的决定之所以应受到特别的宪法保护，是因为这些决定涉及人们一生中最隐私、最私人性的选择，"自由的中心是人们对生命的存在、生命意义和宇宙万物以及人类生命的神秘性等概念作出自我界定的权利"①。美国是一个宗教国家，亦是法治国家和宪政国家，如果一个州对有关伦理和宗教的观点形成官方信念并强加给个体妇女，就是以宗教干涉世俗生活，就违背政教分离的原则，违背了宪法的宗旨，当然是一种错误的做法。一个致力于自由的高尚社会将允许妇女个体根据她自己的"精神准则"信念作出决定，因此意见书指出："如果这些信念是在州的强制下形成的话，那这样的信念将不能定义人格的属性。"② 德沃金在本书中还分析其他的一些判例，但罗伊判例最典型，是道德解读的最好范例。

　　道德解读的两个面向"貌离神合"：真诚造就大法官的英明，谎言促成大法官的提名！美国是个实用主义哲学主导的国家，这是我们判断"道德解读"的指针。德沃金的抱负是使这两个面向"神形合一"，彻底改变道德解读的形象和名声。如果美国人民相信德沃金所批驳的对道德解读赋予法官绝对的权力和违背民主的指责，美国人民就会把票投给提名和通过持道德解读信仰的大法官的总统和议员，那么在听证会上，大法官表达自己对道德解读的态度是理直气壮而非遮遮掩掩、旗帜鲜明而非含糊其辞，这样才能消除大法官在提名时真诚和谎言并存的人格悖论，道德解读不仅做得，更可以说得。

　　五　前景展望

　　必须承认，道德解读在当下中国的法治实践和司法理论中都是前沿问题。因为中国的最高法院并不具备美国最高法院的司法审查权限，宪法在我国也没有完全进入诉讼，"从我国司法实践来看，法院完全直接适用宪法来判案的情况应该说还没有，像上述有限适用宪法但依具体法

---

　　① ［美］德沃金：《自由的法——对美国宪法的道德解读》，刘丽君译，上海人民出版社2001年版，第172页。

　　② 同上书，第173—174页。

律判案的情况也不多，而且处在'于法无据'的'非法'状态"[①]。但是正像王振民指出的："笔者试图找到中国宪法不进入诉讼的任何'法'的依据，然而结果令人吃惊，中国宪法不可以在司法机关适用，竟没有任何法律或政策依据，而是'习惯'！"[②] 宪法不进入法院的具体诉讼，主要是依据两个司法解释：（1）1955年7月30日最高人民法院研字第11298号对当时的新疆高级人民法院作过一个批复"在刑事判决中，宪法不宜引为论罪科刑的依据"；（2）最高人民法院在1986年10月28日给江苏省高级人民法院《关于制作法律文书应如何引用法律规范性文件的批复》（法（研）复〔1986〕31）中，指出哪些可以称为法律而在制作法律文书中被引用，这包括法律、行政法规、地方性法规、自治条例和单行条例。不可以引用的规范性文件包括国务院各部委发布的命令、指示和规章，各县、市人民代表大会通过和发布的决定、决议，地方各级人民政府发布的决定、命令和规章以及最高人民法院的意见和批复等。但是这种"依据"也是不充分的，第一个司法解释限定在刑法领域，且用的是"不宜"而非"不可"；在第二个司法解释中，宪法不在明确的肯定中，也不在明确的否定中，并没有明示"宪法不进入法院的具体诉讼"，态度是暧昧的而非明确的。再者，宪法是广义的法律，所以单就这一司法解释而言，宪法进入诉讼的理由比不进入诉讼的理由还要多一些。最后也是最重要的，即使司法解释明确规定宪法不进入诉讼，那也是违宪无效力的，"一般法律是不可以中止宪法的执行力的，'子法'不可以废除'母法'，这个基本的法律定理应该是不容置疑的"[③]。宪法是国家的根本大法，宪法能否进入诉讼是由宪法决定的，宪法既然没有规定宪法不能进入诉讼，那就能推定宪法可以进入诉讼。宪法应该进入诉讼，在于发挥宪法的效力，使宪法对公民权利的保护不

[①] 王振民：《我国宪法可否进入诉讼》，《法商研究》1999年第5期。王在该文中列举"法官在判决时均不同程度地引用了宪法的规定作为判决依据"的四个案例，都是涉及公民的基本权利的；还举出了一个法院没有受理的直接的宪法诉讼案件。王文发表已14年了，还看不出在这个问题上的进展。

[②] 王振民：《我国宪法可否进入诉讼》，《法商研究》1999年第5期。

[③] 同上。

是水月镜花而是实实在在;也在于宪法规定了可诉性的内容,特别是公民的权利,宪法将公民的权利放在显赫的位置,绝不是用来做摆设的,而是可以落到实处的;还在于对宪法功能的发挥,弥补部门法的缺陷,"即使是宪法的'原则性'、'概括性'部分,也是可以进入诉讼的。宪法的'原则性'、'概括性'正好可以弥补具体法律的过于具体性。太具体的东西看似严密,其实还有很多漏洞。因为越具体的东西,其覆盖面越有限,所以必须要有一个概括性的东西来作最后屏障。在成文法国家,宪法存在的一个重要理由就是弥补一般法律的漏洞,避免出现法律真空。所谓法网恢恢、疏而不漏,在一定意义上正是指在一般法律的后面,还有一个最高法即宪法把关,可以避免法律漏洞的发生。如果出现这样的情况而不敢大胆引用宪法条文去解决实际问题,宪法的这个功能也就没有发挥出来"![1]

我国正处于法治进行时,法律生活急剧变化而法律却没有及时跟上,一些法律之规定明显地违背正义和损害公民的权利,在这些非常特殊的情境下,宪法原则本来可以是大有作为的。从这点来看,当我们说现代法治进入"权利时代"时,具有最大覆盖面的宪法却没有进入诉讼程序来保护公民的权利,这于法理上说不过去,更不能适应司法实践所提出的要求。宪法学者林来梵也指出:"我国宪法基本上还是没牙,至少没见过它咬过什么。但我们因此就对宪法的这种苦情听之任之,甚至等闲视之,认为宪法本来就是'闲法',那就根本违背了法治的精神,而且也不符合人家新康德主义曾经揭示过的不能从实存中直接推断出当为规范命题的那个说法。总之,宪法是根本大法,不能全然没牙!"[2] 实际上,如果宪法不能进入诉讼,就不能有实际的作为,就是没有牙齿,就釜底抽薪掉法律最核心的特征:强制性。法律和道德的最根本区别是其强制性,也就是说法律是有牙齿的行为规范,道德是没有牙齿的行为规范,如果宪法没有牙齿,它连一般法律的特征也不具备,就不配称作根本大法;如果宪法没有牙齿,它对一般法律就没有威慑约束力,一般

---

[1] 王振民:《我国宪法可否进入诉讼》,《法商研究》1999年第5期。
[2] 林来梵:《宪法不能全然没牙》,《法学》2005年第6期。

法律张牙舞爪随意吞噬公民的权利宪法也无可奈何。纵使说它是母法，也是根本就没有生育能力的母法，既然没有生育能力，也就没有生育，称作"母"就是相当的牵强，这也是我国现行宪法的尴尬境况。2003年的"孙志刚事件"中，三位博士"上书"全国人大常委会，建议审查《城市流浪乞讨人员收容遣送办法》是否违宪，力图启动违宪审查的机制，但并没有达到目的，而是在"上书"后的一个多月，由国务院宣布废止20多年前所制定的该《办法》，"这个结局当然受值得欢迎，但从法理上说，如果当时的全国人大常委会能及时受理审查建议，主动开启审查程序，作出违宪判断，之后再由国务院宣布接受这一判断，宣布废止该法，那么，这将作为中国现行违宪审查制度的第一次实践，而被载入新中国法治的煌煌史册，其意义和正当性也还可能超过了2001年由最高人民法院在一份批复中所处理的所谓'宪法第一案'"[①]。实际上，在德沃金为美国的宪法道德解读"正名"时，宪法解读早已在美国司法实践中大行其道，且成绩斐然，而我国目前在这方面几乎是空白，这正是我国的法学研究和司法实践所必须正视的问题。

---

① 林来梵：《宪法不能全然没牙》，《法学》2005年第6期。

第四章

法治的法哲学断想

一 法治反恐要反对连坐

法治就是一种生活方式，一种美好的生活方式，一种值得我们追求的良好目标，为了达到良好的目的，需要我们采取良好的手段，亚里士多德强调法治是良法之治就是他已经看到了，良好的目的必须用良好的手段去实现，邪恶的手段是无法用良好的目的粉饰的，因为邪恶的手段最终只能导致邪恶的结果和目的。

北京大学一教授"连坐"的主张显然割裂了法治的目的与手段的关系。连坐是古代使与犯罪者有一定关系的人连带受刑的制度，又称相坐、随坐、从坐、缘坐。《史记·商君列传》："令民为什伍，而相牧司连坐。"连坐的目标是维护君主的专制统治，其理论的集大成者是法家商鞅，商鞅在秦国变法颁布连坐法，在户籍编制的基础上实行的，使"夫妻交友不能相为弃恶盖非，而不害于亲，民人不能相为隐"。"其势难匿者，虽跖不为非焉。"（《商君书·禁使篇》）实行连坐法的目的，就是要使人民互相保证，互相监视，互相揭发，没有人敢违反旨在维护君主专制的邪恶法律。连坐势必造成"父子相揭"，斩断人间的亲情伦常，与儒家"父子相隐"的法律伦理观背道而驰。

现代法治下的刑法目标是打击犯罪、保障人权，保障人权是最为根本的使命，打击犯罪也要建立在保障人权的基础上，所以确立罪刑法定、无罪推定、非法证据排除规则等一系列人权保障措施。连坐的目标只是打击犯罪，完全忽视保障人权，甚至牺牲保障人权以打击犯罪，这与现代法治理念背道而驰。现代法治强调司法法治原则，也就是"以事实为根据，以法律为准绳"。以事实为根据，是指司法机关对案件作出处理决定，只能以被合法证据证明了的事实和依法推定的事实作为适用法律的依据，我国所发生的冤假错案，主要源于歪曲事实，通过刑讯逼供、诱供、耳目侦查等不正当手段获得非法证据，而"连坐"比刑讯逼供走得更远，"连坐"根本不需要事实，当然也无需通过刑讯逼供、诱供、耳目侦查等不正当手段获得非法证据，只要确定确定某人与罪犯具有一定的联系，无需他是否有犯罪事实就可以定罪了，在大力挞伐刑讯逼供的今天，比之有过而无不及的连坐怎么能够堂而皇之走到理论层面上来，只能归之于一股反法治的沉渣泛起罢了。

这位教授大概也知道"连坐"是不正当的，强调正是为了"反恐"这一正当目的才需要使用"连坐"这一不正当手段，似乎正当的目的就能使不正当的手段正当化，所以他主张"通过野蛮实现文明"。也就是说，"连坐"之手段是不正当的，是野蛮的，这他也承认；但连坐的野蛮手段正是为了文明的正当目的，目的能使手段正当化，为了正当的目的就可以不择手段，哪怕是连坐这样的野蛮手段在"实现文明"这一正当目的下也立即被装扮得冠冕堂皇了。这种主张也扭曲了目的和手段的辩证关系，目的并不能使手段化正当化，不择手段也不可能达到良好的目的，恰恰相反，由于目的比手段离我们更远，更具有隐蔽性和欺骗性，目的正当性却需要手段的正当性来说明，手段离我们更近更直白，我们要通过手段认识目的，通过手段的正当性实现目的正当性，而那种通过不正当的手段实现正当目的企图从来都是缘木求鱼甚至南辕北辙。从逻辑来讲，不择手段就是不正当的，就如黑就是不白的，企图正当化不择手段，犹如企图将黑色颠倒为白色一样荒谬。

如果连坐得以实行，那我们就会处在一种忐忑不安的心理状态，连坐打破了那种"只对自己行为负责"的心安理得状态，让一个人对与他相关的人的犯罪行为负责任，而与他相关的人是否犯罪是不确定的，也不在他的控制范围之内，这就使他随时都有"被"犯罪的可能，他就处在一种没有预期的、不确定的、朝不保夕的恐怖心理状态，这是一种难以忍受的生活状态，绝不是法治下的良好生活方式。我相信，这位教授也不希望这样的生活方式，他之所以提出如此荒谬的主张，就是因为这种主张的受害者是新疆恐怖分子周遭的维族同胞，而不是他这位远在北京的大学教授，痛苦不会降到他的身上，他也不会设身处地想到维族同胞的痛楚。没有一个人愿意自己被犯罪，但连坐的实质就是无辜者被当作罪犯处罚，这位主张连坐的教授实际上只是愿意别人被犯罪，将"己所不欲勿施于人"这句换位思考的古训忘记得干干净净。"己所不欲勿施于人"应该是人类社会最伟大的原则之一，它所强调的是以不侵害他人的权利之准则来保证自己的权利不被侵犯，如果我们每一个人不侵害他人的权利，那自己的权利也不被侵犯，一个人作为主体不侵犯他人和他作为对象不被侵犯是统一的。反过来一个人作为主体侵犯他人和他作为对象被侵犯也是统一的，一个将自己"不欲"施与他人的人最终也会成为他人"不欲"所施加的对象。社会是一个匿名系统，每一个人都既是主体又是对象，但这两种身份确实有着时间的差距，以至使人们容易患上短视症和自恋症，作为主体时随所欲为丝毫不考虑对象的感受，丝毫感觉不到时间的轮回辗转，自己也会轮回到昔日恣意虐待的对象这个角色。一个人不要从自己的狭隘视角恣意损害"他者"的权利，因为在另一个视角里他又成为另外人的"他者"，人己紧密相连，尊重他人就是尊重自己，损害他人就是损害自己。连坐如同杀人、抢劫、偷盗、诈骗、谎言等各种恶行一样，没有普遍性，成为法律打击的对象，就如没有人愿意成为杀人、抢劫、偷盗、诈骗、谎言的对象外，没有人愿意成为连坐的对象，连坐也就无任何正当性可言。

包括维族同胞在内的每一个中国公民都是恐怖的受害者，反恐也是包括维族同胞在内的每一个中国公民的利益所在，包括维族同胞在内的每一个中国公民都是反恐的力量，我们的法律应该保护而不是侵害维族同胞的权利。恐怖是一种极端不理性的行为，连坐也是不理性的主张，是法律的恐怖，以连坐反恐的企图，是以恐怖反恐怖，只能制造出更多更大的恐怖，势必陷入以暴易暴的恶性循环，使那些本是无辜的民众受到牵连，这种反恐方式无异于火上加油，越反越恐怖。

孟子早就说过："行一不义，杀一不辜，而得天下，不为也。"连坐何止是"行一不义，杀一不辜"？连坐绝不能达到反恐之目的，与法治思维背道而驰，法治的良好目的要求我们用良好的手段去达到，法治反恐就要反对连坐。

二 法官的良能

司法是一种专业性很强的职业，要求法官具有相应的职业知识和职业道德。从2003年起，律师考试改称为司法考试，法官必须通过司法考试，司考过关就表明法官具备审判的基本知识技能。但是，道德与知识具有不同的特点，道德具有实践性，是一个"行"的问题；而知识具有理论性，是一个"知"的问题，二者还有不同的成长运行机制，苏格拉底所言的"德性就是知识"、"无人有意作恶"等命题被道德实践证明是错误的，知识的多寡与道德善恶没有什么直接的关联性。知识的多寡可以通过一纸试卷测定，而道德的善恶却无法通过一纸试卷测定，纵使司法考试的内容有职业道德方面的考题，那也是在测试有关职业道德的知识，而非职业道德本身。正因为如此，虽然司法对法官提出了知识和道德的双重要求，但司法考试只能检验法官的知识能力，而对法官道德修养的检验无能为力，那么，通过司法考试进入司法机关的法官，在知识能力上已经测定没有多大问题，而在道德修养上因为无法通过考试测定，有没有问题还真是一个悬而未决的问题。这个问题带到法官的司法审判中，就会引发新的问题，现在的一些案件法官并没有审好，疑难案件成为社会沸沸扬扬的焦点，冤假错案成为当事人挥之不去的阴影，法官也被一次次推到舆论的风尖浪口上。究其原因，问题并不出在法官的知识能力上，而在道德良知上。也就是说，法官并不缺乏法律知识和审判技巧，但是以权谋私，枉法裁判，审判技巧并没有用在正道上，而是不公正判决或把不公正的判决伪装成公正的判决。这表明，法官仅有审判技能还是远远不够的，这种技能必须受到法官良心的约束和照耀，成为一种正方向和正价值的能力，也就是良能。法官的技能如果脱离良心的约束，就会为虎作伥，成为邪恶的工具，那就犹如脱缰的野马，能力越大危害也越大。所以法官的知识能力非常重要，但这种能力不是"恶能"，只能是"良能"，也就是职业知识和职业道德有机结合的一种品性。

在古汉语中，"良能"有以下含义：（1）天赋之能。"人之所不学而能者，其良能也。"（《孟子·尽心上》）（2）指贤良而有才能之人。"又王涣、任峻之为洛阳令，明发奸伏，吏端禁止……亦一时之良能也。"(《后汉书·循吏传序》)(3)贤良的才能,"久试吏治,颇著良能"(白居易:《除裴向同州刺史制》)。本文所讲的法官的良能是第三种含义,也就是除恶驱邪、匡扶正义的能力,一种正能量的能力,以别于那种为非作歹、践踏正义的负能量的能力。

一部好车,不仅马达好开得快速,还要方向盘灵开得对头,谁敢去开一辆方向盘失灵甚至就没有方向盘的车?那不仅会南辕北辙偏离目标方向,还可能开进河塘深渊开出性命之虞。一个优秀法官,他的知识能力犹如车的马达,他的道德修养犹如车的方向盘。正如一部车的方向盘的损害之危害性甚于马达的损害,法官的道德败坏之危害性甚于知识能力的欠缺,所以美国耶鲁大学法学院院长哈罗德告诫法学院新生:"永远别让你的技巧胜过你的品德。"司法被认为是社会正义的最后一道防线,法官的审判方向应当是公平正义,司法公正是法官的不懈追求、最大挚爱和自评标尺,但这一切都建立在法官的职业道德上。如果法官道德败坏,唯"钱、权、色、利、绩"是图,他就会改变审判方向,上下其手玩弄法律,翻云覆雨愚弄当事人,公平正义就会成为消失的彩虹,邪恶不公就会成为肆虐的暴雨。例如,古时一州官在审核死刑案件时贪赃枉法,将判词中"用铁锨致乙死亡"的"用"改为"甩",将案件的主观性质由故意变为过失,以此达到开脱罪犯的目的。再如清末江苏一周姓公子骑马狂奔伤人致死,其父买通小吏将文书中的"驰马"改为"马驰",将犯罪行为变为意外事件,以便合法地对罪犯开脱罪责,从轻处罚。这两个案件中,法官没有公正仁德之心,但擅长巧言令色的修辞艺术,冤枉无辜者或开脱作恶者,却显现给人们以正义合法的假象,这样的能力是负能量的,我们需要的是正能量的能力。

亚里士多德认为,法治包含着遵守法律和所遵守的法律是制定得良好的法律这两层含义,但是良好的法律还要求法官适用得良好,如果法官能力低下或德行恶劣,良好的法律也被践踏得面目全非,法律也就改变正义女神的形象而在赵作海、浙江叔侄等冤案中成为凶神恶煞。为什么法治发展到今天,司法取代立法成为法律的中心,原因就在于立法上我们制定法律的良好性是能够得到保证的,问题出现在司法上,法律适用的良好性得不到保证,司法不公正导致了冤案的发生。因为法律毕竟是由法官适用的，法律的良好适用有赖于法官的良能，但并非每个法官都有高超的能力和良好的道德，诸如上海高院法官和律师出入高档娱乐场所的报道正反映了法官职业道德的现状，也直观地揭示了司法不公正的根源。

如何确保法官的职业道德，一是道德教育的"顺推"，使法官羞耻于恶行；二是制度保障的"倒逼"，使法官不敢于恶行，二者当应双管齐下，但后者更为有效、可靠和重要。鲁国的相公公仪休为什么具有不收受他人之鱼的良好道德呢，他自己的解释是："以嗜鱼，故不受也。今为相，能自给鱼；今受鱼而免，谁复给我鱼者？吾故不受也。"也就是说，在那种制度下，收受他人之鱼的微小利益会被免职失去俸禄买鱼的更大损失所抵消，实在是得不偿失的不明智之举。在健全的制度下，法官的恶行最终会因严厉惩罚而失去利益，而良好的德行才是最好和持久的利益保障，那么纵使法官依然是唯利是图的本性，他的能力使用方向也只能是"良"而不是"恶"，良好的道德正是他的利益所在和明智选择。扬汤止沸不如釜底抽薪，制度建设相比于道德说教，对确保法官的良能具有根本性的意义。

三　法律至上的前提是符合正义

法律是善良和公正的艺术，法律的善良秉性是其正当性和可接受性的基础，因此，两千多年前的亚里士多德就强调法治不仅仅是遵守法律这一层含义，还包含着所遵守的法律是良好的法律这另一层含义，这两层含义才构成完整的法治。就此而言，法治之法不仅仅具有形式的躯体，还有正义的灵魂。法律是正义的表现，法律的效力之源和正当性基础正在于它是合乎正义的；一旦法律被邪恶附体，那它就徒具法律的空壳，就没有效力和正当性可言，也就不应当成为人们行为规范的依据。遵守法律也不应该仅仅是形式上的，只有正义的法律才值得尊重和遵守。

诚然，法条主义或者司法克制主义也有一定的道理。但是，若把法律看作是脱离正义的独立存在，把遵守法律当作无条件的要求，哪怕牺牲正义也在所不惜，那就是法理上的短视症，没有看见法律之上还有正义。

1955年12月1日，一位美国黑人女裁缝帕克斯下班后，如往常一样坐在公交车中排的座位。座位坐满后，上来一位白人男子，按当地法律，黑人在座位满时必须让座给白人。在司机喝令下，当时车上的其他3位黑人站起来了，但是帕克斯拒不让座。随后赶到的警察叫道："不站起来，就逮捕你。"帕克斯只是平静地说："不。"这声平静的"不"字，在法制史上犹如巨雷震耳欲聋，代表了所有黑人对种族歧视法律的抗议和拒绝，是正义的呼吁，是权利的诉求。这也让我们明白，今天我们所有享受的正义和权利，并不是自然而来的，而是通过斗争争取来的。帕克斯之伟大就在于她以拒不让座的抗争方式为黑人争取权利。最终，美国最高法院裁定在公交车上实行种族隔离制度违宪。这就是说，种族歧视的法律违背正义，因此失去了效力。

哪一位最坚定的法条主义或司法克制主义者能找到充分的理由反对美国最高法院的上述判决？自然法永远高于人定法，正义高于法律。一种行为如果严重违背道德，即使是合乎邪恶法律的，也没有合法性，也会最终受到正义法律的惩罚，任何人都不能以服从邪恶的法律命令为借口而超越一定的道德伦理界线。在法治社会，法律至上应该是受到一定的限定的，那就是正义的法律才是至上的。任随邪恶的法律畅行无阻绝不是法治而是反法治，是对正义的亵渎。不要误以为依照法律行为就是法治，而要认识到只有依照善良的法律行为才是法治。

在民主法治国家，邪恶的法律是越来越少的，但也不代表着法律都是正义的，例如美国的种族歧视法律直到20世纪60年代才被废除。有的法律，由于人的理性的有限性，出现了不能伸张正义的漏洞，在这种情况下就不能死守法条。还有的法律，制定时是符合正义的，但面对社会发展所出现的新情况，却变成了不正义的规定。

在绝大多数情况下，法律和正义是一致的，适法也就是维护正义。但若二者出现了严重的背离，法官为了正义就应该抛弃邪恶的和有漏洞的法律。法律之上有正义，法律至上的前提是法律符合正义，法官的上司是法律，而法律的上司是正义。那么正义的上司是什么呢？笔者认为，正义就是社会的"宇宙"，如果说"宇宙"是时间上无始无终，空间上无边无垠，那么正义是社会最高和最终的价值，正如不能说自然界里有什么东西比宇宙大,也不能说社会里有什么价值比正义还高,因此正义是没有上司的。

四 法眼观苏格拉底之死

古希腊三贤彪炳史册,虽同为思想巨擘,师生一脉相承,却生而有异,死亦相殊。柏拉图以 80 岁高龄无疾而终,结局最好;亚里士多德 62 岁死于疾病,稍有遗憾;苏格拉底 70 岁时被雅典五百人会议判处死刑死于鸩毒,结果最惨。当然这是世俗的看法,苏格拉底并不如是观,苏格拉底毅然放弃各种逃生的机会,在法庭上慷慨陈词、滔滔雄辩遂成千古绝唱,从容赴死铸造万世留念。

从某种意义上说,苏格拉底是无与伦比的预言家,他的死亡减少了天平一端的自然寿命的砝码,却增加了天平另一端的历史分量的砝码,他的死亡实际上造就了一个新生的苏格拉底,成为西方文明的重大历史事件,对西方的法政哲学产生了巨大的影响。在三贤中,唯有苏格拉底的死亡是重量级的、有历史价值的、有研究意义的。死亡对苏格拉底是亦祸亦福:他在恶言之中死去,以"亵渎神明"和"腐化青年"两项罪名被起诉,在发表著名的"申辩"之后,经五百人会议投票表决,被以 280 票对 220 票判决有罪;他在善语之中复生,醒悟过来的雅典人为他建立纪念碑,严惩三位指控者美勒托、阿尼图斯和吕孔,苏格拉底从死亡时的罪名演变为西方文明精神导师的美名。

苏格拉底申辩最后一句话是:"我们离开这里的时候到了,我去死,你们去活,但是无人知道,谁的前程更幸福,只有神才知道。"实际上,结合前面的辩词,苏格拉底至少肯定他本人知道,他本人的前程更幸福,因为死亡不过是灵魂从卑微之处迁往高贵之处,那里有正义、真正的法官、有生前正直而死后成为神的诸多英雄,能在这样心仪的环境与高贵人士促膝谈心、朝夕相处当然是求之不得的,死也值得。这是苏格拉底的复杂心态:激昂不掩盖无奈、雄壮不遮蔽悲戚、果敢散发着<u>丝丝悔意</u>、机智暗藏着片片狡猾、无念包含着点点杂念,单纯得并不单纯,死还要想着死的好处,苏格拉底对自己既高度欣赏又稍微同情。他伟大得超凡脱俗,激昂、雄壮、果敢、机智、无念等非凡的珍贵秉性富聚其身,熠熠发光;他再伟大也是人,无奈、悲戚、悔意、狡猾、杂念等人性弱点也如影相随，只不过是在前者照耀下略显暗淡，这贵贱两面性同时融合在苏格拉底身上，看不到这一点，对苏格拉底的认识是偏颇的，对苏格拉底之死的法律解读也是肤浅的。此时的苏格拉底已经别无选择，如果他选择逃生，固然不是一件难事，历史如何评论他，他又如何面对自己执着的信念？凡夫俗子好死不如赖活，高贵名士岂能苟且偷生，我们应尊重他们的选择。但苏格拉底不仅追求生的意义，也追求死的意义，他的那种死亡方式：对轻薄指控者、无良审判者、不义判决书的嘲弄和对死亡世界神话仙境般的素描，是一部轻松的喜剧，那是在揶揄弄置其于死地的法庭；对偿还邻居一只公鸡的临终嘱咐、对正义法律的至死追求、对儿子求善戒狂的殷切期望，是一部沉重的悲剧，那是在警醒以之为镜鉴的历史。

　　斯人已去，今人凝思。

　　法治要求慎用死刑。在大卫的著名油画《苏格拉底之死》中，主人公裸露的瘦弱身子衬托出坚强的意志，一边高举左手对弟子们谆谆教诲，一边伸出右手欲从弟子手中接过毒酒杯，老师的淡定无畏和学生的聚精会神巧妙地融合在一个本是恐怖的死亡场面，震撼人心。但这是艺术，感染性有余而真实性不足，面对死亡，我们看见英雄脸上的大义凛然，却不见其内心深处的惊涛拍岸，说到底，谁不留恋生命而恐惧死亡？苏格拉底不过是凭其英雄气概镇住恐惧而表现得淡然，确实很淡然但也是看起来很淡然。法治是一种生活方式，法律也是服务于人们的生活，而生命是生活的依托，生命都没了，还谈什么。作为西方文明发源地的雅典，在这方面做得确实不够好，好端端的公民常常被流放和处死。公元前406年，雅典海军击败斯巴达，10名海军将领因为阵亡战士尸首未及时收回而被起诉，担任公民大会轮执主席的苏格拉底认为审判不公，投了唯一的反对票，但没能挽救海军将领的性命，反而和民主派结怨，埋下其后来死亡的伏笔。考虑到雅典当时的人口较少而被判死刑的人相对较多的情况，就算"亵渎神明"、"腐化青年"、"阵亡战士尸首未及时收回"等指控成立，今天看来也不至于死罪吧，但那时是死罪，雅典法律的问题是相当突出的，而在废除或慎用死刑的今天，苏格拉底之死是不可能复制的，法律的悲剧是可以避免的。

法治是良法之治。苏格拉底一方面认为审判不公,另一方面遵守接受不公正的审判,把朋友们所安排好的逃生当作是与法律相抵触的不义行为而选择放弃。误读者每每解释道,"不难理解苏格拉底之死对于西方法治文明的重大意义:也许法律会一时枉正错直,但在世俗之城里只有一个人人必须遵守的法律,只有在每个苏格拉底都服从法律的基础上,雅典人民才有法治的保障。"其实,苏格拉底之死对法治并无正面意义,只有反思意义。亚里士多德就认为,法治有两层含义:遵守法律且所遵守的法律是良好的法律。苏格拉底固然在遵守法律却是遵守不良的法律,服从不公正的审判不是保障雅典的法治而是摧毁雅典的法治,结果是雅典人最终翻然悔悟时,连改过的机会也没有,对三位指控者的仓促严厉处罚也是矫枉过正和乱用法律。

法治意味着依法而治。攸关的生死仅由会议投票数决定,这发生在雅典海军十将领和苏格拉底身上,也意味着在雅典法律被架空了,公民的权利随意受损。雅典名将阿里斯泰德以"公正者"著称,在公元前483年公民大会上被投票放逐,有个不相识的文盲农民把陶片递给他代为刻字并回答他的疑问:"经常听人歌颂他为'公正者',很烦人,干脆放逐了算了。"单纯票决制中的投票人正如亚里士多德所言,"常人既不能完全消除兽欲,虽最好的人们(贤良)也未免有热忱,这就往往在执政的时候引起偏向"。利益之争、报复心理、情感好恶等都能使所投之票偏离正轨,而"法律恰恰正是免除一切情欲影响的神祇和理智的体现"。这种多数票决制把法律的权威放逐了,与现代法治背道而驰。

五　法律的减法原理

走进武汉市汉阳区检察院,为该院深厚的法律文化底蕴所打动;认真拜读该院的《汉阳检察文化引要》小册子,每一句关于法律文化的认识都很精彩,最令人震撼的是这一句:百分之一的执法过失会失去百分之百的执法公信,简写为 $100-1=0$。这个公式对于纯数学原理来说是荒谬的,而对于法律原理来说则自有其深刻独到之处。

人的行为多种多样,大体可以分为两大类,一类是涉及事业的,另一类是涉及法律的。当我们在事业和法律上遭遇失败时,都是一个令人痛心的减法问题,但它们的减法原理是不一样的,事业的减法原理是

100-1=99，而法律的减法原理是 100-1=0。因此，法律的减法，其杀伤力远远大于事业的减法。

事业的发展，运用的是智慧，面临的是未知数，因此，失败总是伴随着事业的发展，事业的减法不是我们可以远而避之的，我们虽然也要避免事业的减法，却可以对之采取宽容的心态，不以一次成败论英雄。一个人一天赚 1 万元，100 天就是 100 万，到了第 101 天他赔了 1 万元，那么他不是穷光蛋，而是还有 99 万元。跌倒了可以再爬起来，事业失败的杀伤力有限，甚至可以为成功提供借鉴。每一个事业有成者都遭遇过大大小小的失败，但只要他不是故意失败，只要他能够总结失败教训，每一次失败都减少了他失败的领域，拓宽了他成功的领域。

遵守法律，运用的是道德，面临的是已知数。法律是道德的底线，违反法律是严重地违反道德，不仅受到法律的惩罚，而且还带来道德的耻感。每一个公民都知道道德的善恶，都知道杀人、抢劫、伤害、诈骗、贪污、受贿等行为是法律所禁止的。因此，失败并不必然伴随着遵守法律的行为，法律的减法我们是可以避免的。孔子曰："我欲仁斯仁至矣。"（《论语·述而》）那么我们可以说，一个公民，你真正想守法就能够做到守法，就能够避免法律的减法。法律的减法杀伤力巨大，法律的失败完全是成功的对立面而无任何积极意义，如事业不同，法律上是以一次成败论英雄的。一个人的行为，百次、千次、万次都是符合法律的，但哪怕只有一次严重地违反法律，那他就不是一个遵守法律的公民，而是严重违反法律的犯罪分子。一个人见义勇为地救了 10 条人命，却又故意杀害 1 条无辜的生命，那么他在法律面前不是正 9 而是负 1。一个人见义勇为地救了 10 条人命，法律不会给他多加 1 条命；这个人又故意杀害 1 条无辜的生命，那么法律就有可能剥夺他的 1 条命。法律的减法完全符合"短板理论"、"木桶理论"，不计最长、最厚、最高部分，只计最短、最薄、最矮部分，一个公民不苛求前者，而应当力避后者，绝不可践踏法律的底线，那是跌倒了却爬不起来的地方。

比较这两个减法公式，可以发现，事业减法是"计老本"的，一个亿万富翁挥霍掉数十百万仍然是亿万富翁；法律的减法是"不计老本"的，一个一辈子守法甚至经常做好事的人，一次严重践踏法律就足以成为犯罪分子。这就说明，任何人在法律面前是没有"存款"的，是不可能"吃老本的"，每一个法律行为都是独立的、崭新的，就像太阳每天从东方升起一样，每一个法律行为都要慎重对待，漠视不得、大意不得、侥幸不得、冒险不得。我们甚至认为，100-1=0这个法律减法公式还不够彻底，应该改为100-1=-1更符合法理。或许有人说，刑法在处罚上也要考虑嫌疑人有没有前科，累犯从重加重处罚，初犯并且以前表现良好的也可以从轻减轻处罚，但这是关于犯罪后处罚轻重问题，而不是罪与非罪的问题，而且只是一个参照系数。对于罪与非罪的问题上，任何人都不能认为，因为他以前做了太多的好事，现在做一件坏事可以不受法律的追究了。法律是最神圣崇高的，每一个公民都要仰视法律，在法律面前没有任何居功自傲因而恣意妄为的资本。

对于执法上的过失，也可以具体分析，如果这种过失属于智慧技术上的原因，那是事业的减法；如果这种过失属于职业道德上的原因，是由司法人员以权谋私、枉法裁判引起的，这本身就是严重的违法行为，是法律的减法。法律的减法，我们是"伤不起"的，我们要敬畏法律，面对法律的底线，要有一种如履薄冰、如临深渊的警觉，远而避之。尽管法律的减法比事业上的减法更具杀伤力，但是对于事业，我们不仅面临着"行"的问题，还面临"知"的问题，存在更多"无知"的领域，事业的失败和减法无法避免，也不应苛求，一个政治家、一个企业家、一个科学家都会在事业发展上屡遭失败。但是对于法律减法，谁不知道法律的禁止性规定呢，一个没有学过法律的文盲也知道，因此法律不是"知"的问题，而是"行"的问题，法律的减法是"明知故犯"造成的，所以是可以避免和不可以原谅的。事实上，没有人能够避免事业的减法，绝大部分人都能够避免法律的减法，这就是法律的减法原理所起的作用吧。

六 从精英到大众：实践法治的主体间性

亚里士多德是法制史上的重量级人物，他所提出的法治两原则：已制定的法律得到普遍服从，而人们所服从的法律又是制定得良好的法律，是法制史上的名论。这句话出现在《政治学》中，但我们仔细阅读《政治学》，就会发现，亚里士多德对他那个时代何为良法的看法令现代人匪夷所思。在现代人看来，奴隶制是罪恶的，关于奴隶制的法律是恶法。但作为大思想家的亚里士多德却公然为奴隶制唱赞歌，认为奴隶制是自然的、合法的、正义的，禀赋低的人天生就是奴隶，其民族就是充满奴性，而希腊人天生就是禀赋优良的优种人，天生的自由人而非奴隶，那么只有其他民族该做奴隶了，这就是先于黑格尔和纳粹的种族主义思想。当今奴隶制固然销声匿迹，但种族主义仍兴风作浪，仍是仇恨、排外、屠杀、战争、动荡的根源，是人类文明的大敌，亚里士多德毫无疑问是种族主义的始作俑者。

亚里士多德的法治悖论在于，他清醒地认识到法治应该是良法之治，却糊涂于"何为良法、何为恶法"，他把邪恶的奴隶制法律当作良法，对法律的性质作出混淆是非、颠倒黑白的判断。亚里士多德在法治问题上的失足之处是发人深省的，那就是区别法治的形态而寻找出法治的主体。法治有两种形态：理论法治和实践法治，理论法治出现在思想家和法学家学术作品中，是用语言文字对法治进行理论形态的表述；实践法治出现在芸芸众生的日常生活中，是对法治实践的直观感受，实践法治更具有决定性。法治和民主的本旨都在于实践性而非理论性，法治和民主在本质上都是直观的生活方式，而非抽象的玄思妙想，每一个具有直观生活感受的民众都可以成为实践法治的主体。

理论法治的主体是思想家、法学家、法律职业家，但实践法治的主体就是每一个公民，占绝大多数的是普通老百姓，他们的法学素养低，对法律不是"知道那个"，而是"知道如何"，他们的优势是"行之"甚于"知之"。古希腊的奴隶固然没有亚里士多德的那一套系统化的法治理论，但是奴隶制的法律是不是良好的法律，他们的发言权一点也不比亚里士多德少，他们对此的认识肯定比亚里士多德更为正确。民主和法治在实践上一点也不复杂，民主和法治属于实践性知识，而不是像万有引力、相对论那样属于理论性知识，也就是说是一种默会的知识、意会而不可言传的知识，按照赖尔的分类，也就是"知道如何"（knowing how）而非"知道那个"（knowing that）。

正因为法律的实践性，所以法律知识的主体不同于自然科学知识的主体：自然科学知识的主体只能是专家精英，如果牛顿把他的万有引力与一个文盲农夫讨论，那是非常可笑的。但法律知识的主体是日常生活中的芸芸众生，万有引力只出自牛顿一人，相对论只出自爱因斯坦一人，但法律不能出自任何一人，只能出自所有的公民，所以哈贝马斯强调，每一个公民不仅把自己当作法律的遵守者，还要把自己当作法律的制定者，公民所遵守的法律正是自己所制定的法律。在现代法治社会，民主是法治的基础，首先意味着每一个公民做主来制定和适用法律，每一个公民都是法律的主人和适格主体，他可以对一条法律的制定和适用提出自己的意见，而且这种意见就有可能是正确的和被采纳的。科学就不是这样，能够向牛顿和爱因斯坦提出万有引力和相对论修改意见的肯定是少之又少，科学的适格主体并不是每一个公民而是极少数具有相应科学素养和知识的科学家。

科学定律来自主体性，取决于主体对客体的认识是否正确，是一种"真理符合论"的观点，科学真理最先掌握在极少数人手中，他们以极高的科学素养发现出符合客观世界的科学规律，如万有引力和相对论只能由牛顿和爱因斯坦这样的科学天才发现出来，甚至在当时能够理解相对论的科学家也是寥寥无几。而法律只来自主体间性才具有合法性，这何以可能？一个文盲不能够参与万有引力的发现，何以参与法律的制定？如果把法律仅仅理解为理论性知识，这是不可能的；但当我们认识到法律的实践性时，这立即变得可能。法律与科学不同，不是一个符合不符合的真假问题，而是正当不正当的对错问题，法律的真理不是"符合论"而是"共识论"。这种共识有时就来自直观感受，是一种"意会"重于"言传"的不能够诉诸文字表达的实践知识，而不是像科学那样由经过科学知识和思维训练的科学家诉诸于文字表达的理论知识。每一个人都有先天的直观判断能力，能够感受出一个法律是否正当，能够充当法律的主体。但并不是每一个人能够具有科学知识，能够判断出科学正确与否，能够充当科学主体的人是很少的。纯粹研究语法的人是很少的，说话也是要符合语法的，可大多数没有研究语法的人依然具有说话的能力，因为说话也是实践知识，核心是"知道如何"，并不一定要"知道那个"语法的前提基础，只要经常和别人说话，在潜移默化中就能够形成"知道如何"的说话能力。理论法治类似语法，而实践法治类似说话，不懂语法也可以说好话，不懂法律理论的民众也可以很好地参与法治实践。实践法治的最大特点就是其民主性，其主体是全体公民，我们不要相信一条好的法律或一件司法判决仅由少数法律精英就能够做好的。在司法审判中，哪怕当事人确实没有任何法律知识，但他参与法律的权利不能剥夺，他参与法律的能力不容小觑，任何剥夺当事人辩护权的判决都是无效的。

实践法治优于理论法治，有时人们的直观感受比专家的烦琐论证更为真实和合理。万有引力，就牛顿一人说了算；相对论，就爱因斯坦一人说了算；但法治应该是所有公民说了才算，绝不能是某一个人说了算，实践法治的主体是复数而非单数，否则就会出大问题。法治作为实践性知识，对其认识的主体就不是任何一个人，而是大写的复数——全体公民。当法治走向实践形态时，其主体也就从精英走向大众。

七 法律人的悟性

悟性就是指人对事物分析和理解的能力。悟性不是对事物现象的简单复写，而是对事物本质的概括、提炼和展现。悟性的表现就是创造力，也就是建立在知识基础上的智慧。人的成功取决于两个因素：勤奋提供了知识，悟性体现出智慧，但是绝大部分人悟性不足，难以做出突出的贡献；当然也有少数人虽然悟性很高，却勤奋不够，也不能够将悟性转化为智慧；职是之故，各行各业的巨擘都是凤毛麟角的，因为出类拔萃者都同时是非常勤奋和有很高悟性的人，二者兼备是难得的，百里甚至万里难挑其一的。人人都可以学得知识，但将知识转化为创造力的概率要小得多，这其中固然有多种因素，关键是一个人是否有足够的悟性能够充当这种转化的桥梁。小草划破手是知识，苹果落地是知识，加法和乘法也是知识，但不是其他人而是鲁班凭借小草划破手的知识发明锯，牛顿凭借苹果落地的知识发现万有引力，高斯凭借加法和乘法的知识发现数列，原因在于他们的悟性很高，是各自领域的天才。试想，如果我们用常规的方法，从1加2再加3依次加到100，也能得出5050这个数学知识，但这对数学的发展毫无贡献。高斯的悟性就是高，他能够发现 $1+100=101$、$2+99=101$、$3+98=101$……$50+51=101$，然后用 $101 \times 50 = 5050$，并从这个运算过程中发现出用数字符号表现出的数列公式,通过悟性的运用将数学知识转化为数学的创造性智慧,从而对数学的发展做出突出贡献。

虽然法学的特点是保守性而区别于科学的创造性,但法学的发展无论在理论上还是司法实践中都有赖于创造性,这就对法律人的悟性提出非常高的要求,有时面对同样的案子,法律人的悟性不同,解决的方法之优劣也是有天壤之别的。

古以色列两个妇女为争一个孩子而诉到所罗门那里,当时并没有现代的亲子鉴定技术,所罗门故意说:把孩子一分为二,一人一半;一妇女赞成,另一妇女反对说:不能把孩子分为两半,这孩子我就放弃给她算了;于是伟大的所罗门把孩子判给了持反对意见的妇女。这就是对人性的洞察,真正的母亲基于母子之情,宁可败诉也不能看到对孩子的伤害,这本是经验的知识,所罗门却有超强的悟性将这种经验知识创造性地转化为生母鉴定,体现出司法智慧。在所罗门之前,有他这样经验知识的法律人多得是,但却未必有他这样高的悟性,这样的经典案例也就是由所罗门创造的。

一位被处罚的闯红灯者愤愤不平地对警察说:这么多人闯红灯,为什么单单处罚我?每一个警察对此会做出不同的回答,但那个成为经典的警察则问而不答、以问代答,给出了没有回答的最佳答案:你钓过鱼吗?钓过!你一次能把所有的鱼钓上来吗?不能!这不就对了吗!是啊,你一次不能把所有的鱼钓上来,你一次只钓一条鱼,我一次也不能把所有的闯红灯者抓住,我一次只抓住你一人也没有什么不公平的。这名警察的悟性之高令人佩服,他给出了一般警察无法想象的答案,而这个答案就蕴含在钓鱼这样的经验知识里,可是你若没有足够的悟性就不能发现它。

"冷战"时期,一名站岗的东德士兵开枪打死了一名翻越柏林墙的东德人。两德统一后,这名东德士兵受审,我们甚至可以推测,这名东德士兵的行为在当时受到嘉奖而记录在案,随着柏林墙的倒塌,昔日的嘉奖令就成为今天的罪证。证据是确凿的,士兵无法对杀人行为抵赖,却辩解说自己是执行东德当时的法律,所以是无罪的。如果碰上平庸的法官,要想反驳这名前东德士兵的辩护也并非易事,但是公道自有天在，这名东德士兵栽了，因为他碰上了悟性极高的法官，回答的穿透力一下子刺穿了士兵的辩护盾。这名法官只是很平常地说：你可以开枪呀，但你也可以不打中呀。我们可以分析说，是否开枪是士兵的职责问题，但是否打中反映了士兵的心理状态，是罪责问题，你开枪无罪，但开枪打中了无辜的生命就是罪恶的心理作祟，理所当然受到法律的惩罚。为什么说这名法官的悟性高，因为他知道开枪中与不中的知识，也知道枪中与不中在很大程度上取决于主观心理的知识，这些知识其他法官可能也知道，却未必有这名法官的悟性，将这些知识创造性地转化为对士兵故意杀人的主观恶性的认定，使这名士兵罪有应得。

埃尔默案发生在1882年的美国纽约州，埃尔默的祖父立下遗嘱给他一大笔遗产。埃尔默为防止祖父改变主意、改变遗嘱，就将其祖父杀害，埃尔默被捕、定罪和判刑监禁。审判的法官对是否赋予埃尔默的继承权展开争论，格雷法官认为，既然现有的法律并没有作出剥夺杀害被继承人的继承人的继承权，立遗嘱者的意愿应当得到尊重，法官也不能在对埃尔默判刑后又另加剥夺继承权的惩罚，所以应赋予埃尔默的继承权。但厄尔法官认为，纽约遗嘱法的立法者意图绝不在于让杀害被继承人的继承人接受遗产，他从普通法的先例中推导出这样一个原则："任何人不得从其错误行为中获得利益"，主张剥夺埃尔默的继承权，并得到大多数法官的支持。此后，各国的法律都明确地作出了继承人若杀害被继承人则丧失继承权的规定。厄尔法官当然知道当时纽约的法律规定之知识，但是他有足够的悟性透过知识的表象发掘出知识的本质，寻找立法者的意图，从而使埃尔默受到应有的惩罚，维护了司法正义。

对法官来讲，我不是说悟性比知识更为重要，而是说，碰上疑难案件，法官仅有知识是远远不够的，悟性是至关重要的，悟性是对知识良好运用的素质。因为疑难案件，你找不到一个明确的答案，你面对的是众多纷纭的答案，但是你的悟性越高，你的答案就越接近良好，悟性最高，就会找到最佳答案，当然也是确定的、唯一的答案，就如上述几例。就像射手可以把箭射向靶子的各个位置，但是最好的射手就会把箭射向靶子的唯一位置：中心点。每一个法官可以拥有大致相同的法律知识，但是他们的悟性不同，办案质量可能会有较大的差别，这在疑难案件中表现明显，所以选拔悟性好的法官，提高法官的司法能力当是一个很重要的问题。

八　走出鲁滨逊的荒岛之后

喻中在《走出鲁滨逊的荒岛》(《法制日报》2009年4月15日) 一文中，对"走向权利的时代"的理解是："保障权利、维护权利的法律绝对地高于、优于确认义务的法律"，从法学的立场上来看，尤其是从权利与义务的关系来看，如果每个人永远都像荒岛上的鲁滨逊那样生活，那么，每个人的权利和自由都可以是绝对的，甚至可以"想怎样就怎样"：没有任何禁忌，也没有任何义务，不需要顾及任何人，所以，现代人走出鲁滨逊荒岛，要在法律帝国里再树一面"义务"的旗帜。

在笔者看来，鲁滨逊荒岛不是权利时代的典型，不是绝对的权利，而是根本就不存在权利。维特根斯坦在《哲学研究》中就提出一条著名论证——人们不可能独自地遵守规则，一个主体如果要能够遵守一条规则，这条规则就必须对于至少两个主体而言主体间地具有有效性，哈贝马斯提出"没有主体间性"就没有规则，鲁滨逊在荒岛上孑然一身，这个荒岛上只有他一个主体，根本不存在针对他一人的法律规则，他固然可以"想怎样就怎样"，但并非是在行使法律意义上的绝对的权利。

因此，现代人走出鲁滨逊荒岛之进步，不是要限制权利，不是在法律帝国里再树一面"义务"的旗帜，而是要发现和寻找到权利，树立好"权利"的旗帜。在法律帝国里，只有"权利"这一面旗帜，而不是"权利"和"义务"两面旗帜。义务只能是手段，权利既是手段又是目的，正如康德所言：人是目的，尊重权利就是尊重人，法律帝国只能是权利本位而不可能是义务本位。

义务本位与权利本位的逻辑是不同的，在义务本位里，义务可以与权利分离，大部分人只履行义务而不享受权利，少数人只享受权利却无须履行义务，权利和义务都是绝对的，这是前法治社会的特征，人们在法律面前是不平等的；在权利本位里，权利不可以与义务分离，享受权利也意味着履行着该权利所要求的义务，所有公民既享受权利又履行义务，权利和义务都是相对的，这是法治社会的特征，人们在法律面前是平等的。康德精辟地指出：根据普遍法则，凡是妨碍自由的事情都是错误的，任何方式的强制或强迫都是对自由的妨碍和抗拒。因此，如果在某种程度上，行使自由的本身就是自由的妨碍，那么，根据普遍法则，这是错误的；反对这种做法上的强迫或强制，则是正确的，因为这是对自由的妨碍的制止，并且与那种根据普遍法则而存在的自由相一致。我们据此定义现代法治的权利和义务，权利是规定在法律规范中、实现于法律关系中，主体以相对自由的作为或不作为的方式获得利益之目的及实现目的之手段；义务是规定在法律规范中、实现于法律关系中、主体以相对受动的作为或不作为的方式保障权利主体获得利益的一种约束手段。

在前法治社会的义务本位下，义务离开权利独立存在，很多人在没有享受权利的情况下被课以义务，这是对公民人格尊严的严重侵犯，而在法治社会的权利本位下，公民只在享受权利的情况下履行相应的义务，履行义务正是为了实现权利。因为法律义务和道德的义务是不同的：法律义务是否定性的、相对的，受限制的，法律的义务是依法律权利而设定的，法律权利的范围正是法律义务的范围，一个人享有多少权利，才履行相应的法律义务，二者是对等的关系，法律不能超越一个人所享受权利范围之外去设定法律义务。相比较而言，道德义务是肯定性的、绝对的、不受限制的，道德义务的设置与权利没有关系，一个人可以在没有享受任何权利下履行道德义务，二者是单向度关系而非对等关系。例如，父母与子女的关系不同于一般的"共时性"关系（如通常的商品交换和情感交流），而是一种"历时性"的关系，父母关爱、抚养幼小的子女时，并没有得到子女"共时性"的回报，而是子女长大后尊敬、赡养他们的"历时性"回报，这种"君子协定"是基于父母、子女之间亲情的天然的、特殊的对等关系而得以实现，所以，一个人关心不关心他人的孩子或父母是个道德问题，只是道德义务，我们不能处罚一个不抚养他人孩子或父母的公民，否则就是对该公民权利的侵害；而抚养自己的孩子、赡养自己的父母不仅是个道德问题，亦是一个法律问题，是法律义务，处罚一个不抚养自己孩子或父母的公民，就不是侵害公民的权利，而是该公民根本就没有这样的权利。同样，普通人不能够救死扶伤是他们的法律权利，不应受到法律的处罚，而像警察、医生这样的职业人员并不存在这样的法律权利，应该受到法律的惩罚。不施舍和偷盗都是不道德的，不施舍是法律权利，偷盗就不是法律权利，前者不受到法律的惩罚而后者则必须受到法律的惩罚。申报个人财产对普通人不是义务，对官员来讲是义务，官员根本没有拒不申报财产的权利。权利必然是和法律联系在一起的，这就表明权利的两个最重要的特性：其一，权利要有正当性，只能是正当的需求而不可能是随心所欲的，杀人、偷盗、抢劫、强奸等都不可能是权利的，如此的行为没有正当性。而且这种正当性是置于具体情境中评定的，如饥肠辘辘的穷人就有接受政府救济的权利，而腰缠万贯的富翁就没有接受政府救济的权利。其二，权利是牵涉主体间关系的，对单个人不存在权利，杀人因缺乏正当性不是权利，自杀因缺乏主体间性也不是权利，权利是有边界的，我们不可以把一切自主选择都称作权利。权利和义务都是相对的，也都是具体的，我们要在具体的法律关系中判断权利和义务。

现代法律在根本上是保护公民权利的，正是为了保护这权利，又设定必要的义务，所以列宁说："宪法就是一张写着人民权利的纸"，现代法律社会必然是权利本位社会。"权利本位"并不导致人们义务观念的失落，恰恰相反，为了实现公民的权利，必须以履行义务为手段，必须强化义务观念，而人们履行法律义务的理由，也正是出自他们所享受的权利，超出权利范围的要求是不能够作为法律义务强加于公民的，由于权利的神圣性，法律是不能随意为公民设定义务的。这就表明，尽管权利和义务是法律的主要内容，权利和义务相互依存，诚如马克思所言"没有无义务的权利，也没有无权利的义务"，但是权利相对于义务具有目的性、自为性、在先性，义务围绕权利而旋转，在权利的控制范围内，权利和义务在法律中的地位不是等量齐观的，权利是轴心，具有主导作用，现代法律只能是权利本位而非义务本位，进入现代法治社会也就意味着进入了权利时代而非义务时代。

九　面向实践的法学的两个定位

笔者认为，当前我国的法学研究要解决两个定位问题。

首先是对法学学科性质的定位。法学当属于人文社会科学阵营，和自然科学相对应。而在人文社会科学阵营里，一般认为，法学属于社会科学阵营而非人文科学阵营。法律既不同于人文科学阵营里文史哲这样的价值性学科，又不同于社会科学阵营里经济学这样的科学性学科。经济学以数学为工具，以效率为目标，和自然科学关系密切，方法最相似，被称为社会科学的经济学帝国。相比较而言，法学的坐标较为特殊。

　　法学发展的第一阶段自然法，更多强调的是法律的价值性，自然法高于人定法，法律受到道德的统摄，这是向人文学科靠拢。十八九世纪，伴随着自然科学的发展，实证主义法学兴起，强调的是法律的实证性，法律与道德的分离，法律被当作自然科学所理解的一种可预测、计算、测量、操作的形式化特征明显的社会事实。"二战"后，通过对臭名昭著的纳粹法律的反思，经过纽伦堡大审判的洗礼，一百多年来占统治地位的实证主义法律观受到强烈冲击，拉德布鲁赫再次强调法律的正义性，自然法得到某种程度的复兴，实证主义对法律价值性的忽视得以纠正，实证主义对法律安定性、确定性的追求得到认同和发展。这样，法律的发展完成了"正、反、合"的辩证发展阶段，法律既具有趋向人文科学的价值维度，法律的正确性是法律的必备品格；法律又具有趋向自然科学的事实维度，法律的确定性是法律取代道德成为最基本的社会调节器的优势所在。

　　由于法学既具有人文性又具有科学性，因此，它与偏向人文的文史哲和偏向科学的经济学是不同的。法律是价值与事实的统一体，法律是价值对事实的统摄，法律不是价值系统而是规范系统，其有效性具有事实有效和规范有效两个面向，所以哈贝马斯称法律为"事实性和有效性之间的社会媒介"。自19世纪实证主义诞生以来，秉持价值中立的实证主义把法律当作社会事实来看待，只强调法律的形式特征，在司法判决中，把作为大前提的法律规范的有效性当作不证自明的，司法判决就是法律规范对案件事实所赋予的法定结果，像逻辑学、几何学那样的确定和快速，法律和司法判决就像一件产品一样，具有形式化、量化、可计算的、确定性的"事实"特征。在形式化理性和高效率的现代社会，法律因其事实性而满足人们对它的理性认知和运用起来的高效率，也满足了司法的形式公正性要求。缺乏这个维度，法律就是无影无踪、漂浮不定的海市蜃楼，就缺乏稳定性、明确性和预期性，人们对法律的认识处于无休止的争论之中，司法判决的效力无从谈起，所以，事实有效性是法律和司法判决有效性的重要维度。但法律仅有事实性维度是不够的，法律固然有如同逻辑学几何学那样的形式特征，但又有逻辑学几何学所没有的价值诉求。正像哈贝马斯所言，在法治社会，公民不仅是法律的承受者，而且是法律的制定者，一个不被公民认可的法律难逃被废除的命运。

其次是司法在法律中的地位的定位。近代在走向法治社会的进程中，法律的发展经过了由立法主导向司法主导的转变，这是由法律本身的实践理性所决定的。

法律在早期是立法主导的。孟德斯鸠认为法官是法律的嘴巴，韦伯认为法官是自动售货机，投进去的是诉状和诉讼费，吐出来的是判决和从法典上抄下来的理由。公民和法律人关注的是立法机关制定的法律是否公正，剔除法律中的自由敌视、正义忽视、人权漠视、特权强势、种族歧视等不符合法律价值应然要求的规定，制定出良法而非恶法成为人们关注的焦点。自"二战"后，随着法学理论的发展和立法的民主化、程序化，法律本身公正性问题的突出性日渐消退，在一个民主法治的国家，恶法逐渐成为历史遗迹，人们关注的焦点从立法机关能否制定出公正的法律转向司法机关的公正司法和司法艺术上。

更为重要的面向是，法律的实践理性表明，和公民联系最为紧密的是司法而非立法。司法给那些没有学过法律知识的大多数公民获得对法律和法治社会的非理论的经验性的正确认识，使他们在缺乏法律的"明确知识"的情况下，通过对司法判决的耳闻目睹，获得对法律的"默会知识"，从而学会运用法律来规范自己的行为，使法治社会建设获得坚实的基础。

由于公民对法律的理解是通过司法判决来实现的，这就要求司法判决必须是依法判决，法官应当把法律的要求而非自己的意志或非法律因素赋予当事人，从而使公民对法律有着熟悉的、稳定的认识和信任的态度，形成公民自觉守法的法治环境。在当今法治社会，不公正的法律是少的，但不公正的司法判决却不少，缺乏司法艺术、不具有效性的司法判决并不鲜见。由立法主导向司法主导的转变，决定了司法研究应当是法学研究重点关注的问题。

　　法律是科学性和人文性的统一、事实性和有效性的统一，司法判决忠实地反映法律的要求，因此，司法判决的有效性是事实有效性和规范有效性两个维度的平衡、协调和最佳结合。这两个维度的平衡也是静态平衡与动态平衡的统一：对于占绝大多数的一般案件，它是一种静态平衡——法律规则对案件是有效的，可以直接适用司法三段论的涵摄模式，从确定的大小前提推导出可接受性的结论，事实有效性就保证了规范有效性，两个维度之间不存在冲突，因而是静态的平衡。但在疑难案件中它却是一种动态的平衡——法律规则对本案是无效的或者说存在着漏洞，如果适用法律规则推理出不具有可接受性的结论，事实有效性不能保证规范有效性，两个维度之间存在着严重冲突，在这种情况下，应以规范有效性统摄事实有效性，重新寻找和确定适合本案的法律规范，确保判决的可接受性，从而在化解二者矛盾的进程中实现动态平衡。

　　很显然，两个维度的静态平衡需要的是法律科学或技术，而两个维度的动态平衡需要的是司法智慧或艺术，前者一般法官都能胜任，而后者则对法官的司法能力提出了很高的要求。当前，我国司法判决的两种意识形态——司法克制主义和司法能动主义，本质上将司法判决的事实（有效）性和（规范）有效性分割开来，这是一种片面的认识方法，忽视了司法判决实践理性的多视角、多维度、多面向特征。我们提倡"执两用中"的辩证思维方式，将司法判决的事实性和有效性两个维度统一起来。

十　对自由裁量权理论的反思

　　现代司法判决除了"合法律性"的要求外，还有"合法性"的要求，即司法判决是对公民权利的保护，必须具有正当性和合理可接受性。问题在于，由于法律的有限性，对于疑难案件，当我们依据现有的法律作出司法判决时，却可能损害了公民的权利，缺乏正当性和可接受性。在这种情况下，自由裁量权的提出，无非是解决司法判决"合法律性"与"合法性"的矛盾，维护司法判决的正确性；但如果在这个问题上走向极端化，那就会破坏司法判决的确定性。现代法治同时提出了对司法判决正确性和确定性的要求，所以，有必要对自由裁量权理论进行梳理和反思。

兴起于19世纪的概念法学认为，法律是人的理性的产物，而人的理性是无限的，立法者凭理性能制造出完备无漏洞的法律大全，法官的作用就是机械地操作法律，司法判决全部由法典提供，司法判决具有绝对的确定性，因此法官是不具有自由裁量权的。实证主义的代表人物边沁也持这种观点。

但是把实证主义等同于概念法学或法律形式主义也是错误的，其代表人物奥斯丁和哈特就是反对机械司法，主张自由裁量权的。法律形式主义的一个基本前提就是对于法律语言抱有太高的期望，边沁就认为语言完全是对实在法的指称，并且是清晰可辨的。这种语言观导致他提议起草这样一个法典：它将在立法者、法官、当事人之间建立一种不会有曲解的交流渠道，从而使法律的解释和适用都机械化，而这个任务低层次文官就可以胜任；法官之所以不太重要就在于法典使用的是普通人的语言，因此不再需要经过职业训练来予以解说，再者，法典全面而毫无遗漏，也就没有可供法官打着"填补立法者留下的空白"这样的招牌来进行造法的回旋余地了。和边沁相反，哈特提出语言"空缺结构"理论，那就是，法律虽然能够顺利地适用于大多数普通案件，却会在某一点上发生适用上的问题，表现出不确定性。存在语言"空缺结构"的地方，出现了法律不能适用的疑难案件，司法判决表现了不确定性，法官的自由裁量权出现了；只是这"空缺结构"的边缘地带只占少数，疑难案件也是极少数，法院的大多数案件是按照法律规则来判决的，因此自由裁量权不会破坏法律的确定性。

和前两种观点相反，法律现实主义认为法律本身漏洞百出，难以充当司法裁判的依据，法律不过是法官将要做什么的预测，因此所有的案件都是疑难案件，判决的依据不是法律而是法官的自由裁量。在法律现实主义看来，一个想要打赢官司的人若是把注意力放在法典上，简直是南辕北辙！法律不在法典中，法律只是装饰品，法律只存在于法官将要下的判决中。判决的根据因而不是法典或判例汇编，而是法官根据其个人背景作出的判决。

德沃金的理论抱负是既批判实证主义和现实主义的自由裁量权，同时又批判概念法学的机械司法对司法判决正确性维度的忽视，将司法判决的落脚点放在对公民权利的维护上，将法律权威建立在公民因尊敬法律而遵守法律这一现代法治理念之上。他主张的整体性法律，由于法律原则的介入，是一个完美的无漏洞体系，这就排除法官的个人武断和造法空间。哈特所主张的自由裁量权也就没有生存空间，法的安定性和公民权利因此得到完美的保障，这就要求在司法判决中，法官必须依照既定法律来审判，不可以绕过既定法律擅自造法判决，否则就是对公民权利和立法与司法之权责区分的基本原则的侵害。这一主张建立在法律完备、一切尽规定于其中的基础之上，唯有如此，法官才可以只须"用法"而不必"造法"便可解决一切案件。不过这个高贵之梦不同于概念法学的地方就在于其整体性，在德沃金看来，一些看似未被规则所吸纳和有效规范的案件，其实是已被法律原则所规范，既然法律原则是既有的法律的一部分，因此依照法律原则判决也就是用法和依法判决，而非法官造法活动的产物。纵使在疑难案件中，法官也绝不会出现没有法律可用的地步，充其量是缺乏赫拉克勒斯的智慧而没有找到法律而已，那就是法官的素质问题而不是法律本身的问题，司法判决不应以处于历史孤立状态中的文字为依据，它与法律中普遍存在的正义原则越接近越好，它是一个更大的智力体系即整个法律的组成部分，应与那种更大的体系在原则上相符，原则的适用过程也是法官智慧的适用过程。德沃金自信地认为，即使在疑难案例中，发现各方的权利究竟是什么而不是溯及既往地创设新的权利仍然是法官的责任。只要是一名赫拉克勒斯式的优秀法官，那他就能为疑难案件找到适当的法律而得出"唯一正解"的判决，就都能在法律内达到司法判决的确定性，就无需为新的案件自造新法，法官是个安分守己者，必须忠实于法律，更不能僭越自己的职能。造法只是立法者的事，法官不是立法者而不得染指之。而且法官造法是对人权和法律融贯性的双重破坏，如果法官造新法后以回溯的方式适用于先前发生的案件，那么败诉的一方之受罚，就不是因为他的行为违背了某些他原本应守的法定义务，而是违背了一个他行为后才被创造出来的义务。法官基于事发后才造的新法下判决，对败诉的一方是不公平的，因为事发时他不知道这个新法并作相应的调整，这就违背了法的明确性和预期性；法官造法也意味着司法判决拥有回溯的权力，违背了法不溯及既往的原则，破坏了法律的融贯性。

概念法学对立法者的理性和表述法律的语言能力估计过高，不符合司法判决的实际，对实现司法判决确定性的路径选择不当；现实主义法学则以预测论否定司法判决的确定性，这是对现代法治权威性的消解，对实践有害，尽管其在某些问题的解构上不乏真知灼见。哈特在坚持规则主义的前提下，试图以疑难案件中的自由裁量权来平衡前面两种对立观点，但是自由裁量权是法学理论中的"烫手的山芋"，其理论的荒谬之处德沃金已深刻地指出。相比前三种理论，德沃金的理论是较为精致的，但是操作难度最大，以致德沃金被迫搬出希腊神话中赫拉克勒斯这样具有"超人技巧、学识、权力和耐心"的理想型法官，读者对此多有非议。但是德沃金确实指出了现代法治的要害所在：法院是法律帝国的首都，法官是帝国的王侯，但却不是它的先知或预言家；也就是说现代法治有赖于具有超强的司法能力和超高的职业道德的职业队伍来维系，法官不仅要忠实于法律还要理解好、把握好、运用好法律，如此才能达到现代法治的理想性要求：司法判决是"合法律性"的确定性和"合法性"的正确性二者的统一，二者缺一的法治是病态的。

参考文献

一 中文文献

［英］奥斯丁：《法理学的范围》，刘星译，中国法制出版社2002年版。

北京大学西方哲学教研室：《西方哲学原著选读》（上册），商务印书馆1982年版。

［美］博登海默：《法理学、法哲学与法律方法》，邓正来译，中国政法大学出版社2004年版。

［英］柏林：《自由论》，胡传胜译，译林出版社2003年版。

［美］波斯纳：《法理学问题》，苏力译，中国政法大学出版社2001年版。

［古希腊］柏拉图：《理想国》，郭斌和、张竹明译，商务印书馆1986年版。

程仲棠：《从"杀盗非杀人"看逻辑与价值的混淆》，《中国哲学史》2005年第1期。

池应华：《"见死不救"行为的事实认定与法律评价》，《法商研究》2005年第6期。

陈兴良：《社会危害性理论：一个反思性检讨》，《法学研究》2000年第1期。

陈金钊：《司法意识形态：能动与克制的反思》，《现代法学》2010年第5期。

陈金钊：《法官司法缘何要奉行克制主义》，《扬州大学学报》（人文社会科学版）2000年第1期。

陈朝阳：《司法哲学基石范畴——司法能动性之法哲理追问》，《西南政法大学学报》2006年第3期。

[美]德沃金：《法律帝国》，李常青译，中国大百科全书出版社1996年版。

[美]德沃金：《认真对待权利》，信春鹰、吴玉章译，中国大百科全书出版社1998年版。

[美]德沃金：《自由的法——对美国宪法的道德解读》，刘丽君译，上海人民出版社2001年版。

[德]恩格斯：《家庭、私有制和国家的起源》，人民出版社1999年版。

范忠信：《中西法律传统中的"亲亲相为隐"》，《中国社会科学》1997年第3期。

高全喜：《休谟的政治哲学》，北京大学出版社2004年版。

高鸿钧：《走向交往理性的政治哲学和法学理论（下）——哈贝马斯的民主法治思想及对中国的借鉴意义》，《政法论坛》2006年第6期。

[英]哈耶克：《法律、立法与自由》（第一卷），邓正来等译，中国大百科全书出版社2000年版。

[英]哈耶克：《法律、立法与自由》（第二、三卷），邓正来等译，中国大百科全书出版社2000年版。

[英]哈耶克：《自由秩序原理》（上册），邓正来译，生活·读书·新知三联书店1997年版。

[英]哈耶克：《经济、科学与政治——哈耶克论文演讲集》，冯克利译，江苏人民出版社2000年版。

[英]哈耶克：《致命的自负》，冯克利等译，中国社会科学出版社2000年版。

[英]哈耶克：《个人主义与经济秩序》，邓正来译，生活·读书·新知三联书店2003年版。

[英]哈特：《法理学与哲学论文集》，支振峰译，法律出版社2005年版。

[英]哈特：《法律的概念》，张文显等译，中国大百科全书出版社

1996年版。

[德]哈贝马斯：《在事实与规范之间——关于法律和民主法治国的商谈理论》，童世骏译，生活·读书·新知三联书店2003年版。

[德]黑格尔：《法哲学原理》，范扬、张企泰译，商务印书馆1961年版。

[德]黑格尔：《小逻辑》，贺麟译，商务印书馆1980年版。

[美]霍维茨：《沃伦法院对正义的追求》，信春鹰、张志铭译，中国政法大学出版社2003年版。

[美]霍姆斯：《普通法》，冉昊、姚中秋译，中国政法大学出版社2006年版。

侯学勇、杨颖：《法律修辞在中国兴起的背景及其在司法审判中的作用》，《政法论丛》2012年第4期。

江国华：《常识与理性（八）：司法理性之逻辑与悖论》，《政法论丛》2012年第3期。

[德]康德：《道德形而上学原理》，苗力田译，上海世纪出版集团2005年版。

[德]康德：《法的形而上学原理——权利科学》，沈叔平译，商务印书馆1991年版。

[德]康德：《实践理性批判》，邓晓芒译，人民出版社2003年版。

[美]卡多佐：《法律的成长——法律科学的悖论》，董炯、彭冰译，中国法制出版社2002年版。

[美]卡多佐：《法律的成长》，刘培峰等译，贵州人民出版社2003年版。

[英]科特威尔：《法律社会学导论》，潘大松等译，华夏出版社1989年版。

[英]洛克：《政府论》（下篇），叶启芳、瞿菊农译，商务印书馆1964年版。

[英]拉兹：《法律的权威——法律与道德论文集》，朱峰译，法律出版社2005年版。

[德]拉德布鲁赫：《法学导论》，米健、朱林译，中国大百科全书

出版社 1997 年版。

［德］拉德布鲁赫：《法律智慧警句集》，舒国滢译，中国法制出版社 2001 年版。

［德］拉伦茨：《法学方法论》，陈爱娥译，商务印书馆 2005 年版。

［美］罗尔斯：《正义论》，何怀宏等译，中国社会科学出版社 1988 年版。

李盛明：《"见死不救"等于犯罪》，《光明日报》2011 年 11 月 15 日。

刘星：《法律是什么》，中国政法大学出版社 1998 年版。

刘星：《怎样看待中国的"法条主义"》，《现代法学》2007 年第 2 期。

林来梵：《法官不能成为"E 时代"的鸵鸟》，《民主与法制》2012 年第 22 期。

林来梵：《宪法不能全然没牙》，《法学》2005 年第 6 期。

李磊：《传媒与司法关系思考》，《理论探索》2011 年第 5 期。

［英］密尔：《论自由》，许宝骙译，商务印书馆 1959 年版。

《马克思恩格斯全集》第 1 卷，人民出版社 1956 年版。

《马克思恩格斯全集》第 2 卷，人民出版社 1957 年版。

《马克思恩格斯选集》第 4 卷，人民出版社 1995 年版。

《马克思恩格斯全集》第 19 卷，人民出版社 1963 年版。

《马克思恩格斯全集》第 23 卷，人民出版社 1972 年版。

《马克思恩格斯全集》第 47 卷，人民出版社 1979 年版。

《马克思恩格斯选集》第 1 卷，人民出版社 1995 年版。

《马克思恩格斯选集》第 4 卷，人民出版社 1995 年版。

［德］马克思、恩格斯：《德意志意识形态》，人民出版社 1961 年版。

［法］孟德斯鸠：《论法的精神》（下册），张雁深译，商务印书馆 1963 年版。

［美］米勒：《社会正义原则》，应奇译，江苏人民出版社 2001 年版。

聂长建：《误解与正解：对休谟伦理学问题是否存在的追问》，《伦理学研究》2015 年第 5 期。

聂长建：《困境与解困——从"飞矢不动"看理论和实践的关系》，《中共南京市委党校南京市行政学院学报》2007 年第 1 期。

聂长建、杨龙：《论法在内容上的否定性品格——兼释法在人类文明中何以有效之问题》，《太原师范学院学报》（社会科学版）2009 年第 3 期。

聂长建、杨龙：《孔子法哲学的三个维度》，《政法论丛》2007 年第 1 期。

聂长建、李国强：《"孔子难题"的法学意蕴》，《太原师范学院学报》（社会科学版）2007 年第 5 期。

聂长建：《利的逻辑与道德提升》，《重庆社会科学》2005 年第 3 期。

［英］欧克肖特：《政治中的理性主义》，张汝伦译，上海译文出版社 2004 年版。

舒国滢：《法理学导论》，北京大学出版社 2006 年版。

舒国滢：《法律原则适用中的难题何在》，《苏州大学学报》（哲学社会科学版）2004 年第 6 期。

孙昌军、张辉华：《"见死不救"的刑事责任分析》，《湖南大学学报》（社会科学版）2005 年第 1 期。

孙笑侠、郭春镇：《法律父爱主义在中国的适用》，《中国社会科学》2006 年第 1 期。

孙笑侠：《司法的政治力学——民众、媒体、为政者、当事人与司法官的关系分析》，《中国法学》2011 年第 2 期。

［德］萨维尼：《论立法与法学的当代使命》，许章润译，中国法制出版社 2001 年版。

［英］斯密：《道德情操论》，蒋自强等译，商务印书馆 1997 年版。

［法］托克维尔：《论美国的民主》，董果良译，商务印书馆 1988 年版。

［德］魏德士：《法理学》，丁晓春、吴越译，法律出版社 2003

年版。

[德] 韦伯:《论经济与社会中的法律》,张乃根译,中国大百科全书出版社1998年版。

王旭:《法律规则的有效性理论研究》,《比较法研究》2007年第3期。

王夏昊:《法律规则与法律原则的抵触之解决——以阿列克西的理论为线索》,中国政法大学出版社2009年版。

王振民:《我国宪法可否进入诉讼》,《法商研究》1999年第5期。

[美] 沃尔夫:《司法能动主义——自由的保障还是安全的威胁》,黄金荣译,中国政法大学出版社2004年版。

[英] 休谟:《人性论》(下册),关文运译,商务印书馆1980年版。

[英] 休谟:《道德原则研究》,曾晓平译,商务印书馆2001年版。

[英] 休谟:《休谟政治论文选》,张若衡译,商务印书馆2010年版。

[英] 休谟:《休谟经济论文选》,陈玮译,商务印书馆1984年版。

熊明辉:《法律推理的逻辑基础》,葛洪义主编:《法律方法与法律思维》(第3辑),中国政法大学出版社2005年版。

许章润:《法意阑珊 不得不然》,许章润主编:《法律的中国经验与西方样本》,广西师范大学出版社2004年版。

许章润:《法律之道即生存之道——霍姆斯〈法律之道〉问世百年与中译感言》,许章润主编:《法律的中国经验与西方样本》,广西师范大学出版社2004年版。

许章润:《法学家的智慧》,清华大学出版社2004年版。

谢晖:《论规范分析方法》,《中国法学》2009年第2期。

[古希腊] 亚里士多德:《政治学》,吴寿彭译,商务印书馆1965年版。

张文显:《二十世纪西方法哲学思潮研究》,法律出版社2006年版。

周赟:《让舆论按照司法的逻辑出牌》,《检察日报》2011年10月20日。

张继成：《小案件大影响——对南京"彭宇案"一审的法逻辑分析》，《中国政法大学学报》2008 年第 2 期。

赵敦华：《西方哲学简史》，北京大学出版社 2001 年版。

赵敦华：《中国古代价值律的重构及其现代意义（上）》，《哲学研究》2002 年第 1 期。

二　英文文献

Black, Henry Campbell, Black Law Dictionary [M], 6th ed., West Publishing Co., 1990.

Dworkin, Taking Rights Seriously, Cambridge (Massachusetts): Harvard University Press, 1977.

Hayek, Studies in Philosophy, Politics and Economics, Routledge & Kegan Paul, 1967.

Hayek, law, Legislation and liberty: The Mirage of Social Justice (Ⅱ), China Social Sciences Publishing House, 1982.

Hayek, The Constitution of liberty, London and Chicago, 1960.

H. L. A. Hart, The Concept of Law, Oxford University Press, 2nd, 1994.

J. Habermas, Between Facts and Norms: Contributions to a Discourse Theory of Law and Democracy, Translated by William Rehg, The MIT Press, 1996.

Ronald Dworkin, Freedom's Law: The Moral Reading of American Constitution, 1996.